_____ 님의 소중한 미래를 위해
이 책을 드립니다.

달러 종말의 허구

달러 종말의 허구

탈달러화 시도는 왜 실패하는가?

곽수종 지음

메이트북스

메이트북스 우리는 책이 독자를 위한 것임을 잊지 않는다.
우리는 독자의 꿈을 사랑하고,
그 꿈이 실현될 수 있는 도구를 세상에 내놓는다.

달러 종말의 허구

초판 1쇄 발행 2025년 10월 20일 | 지은이 곽수종
펴낸곳 (주)원앤원콘텐츠그룹 | 펴낸이 강현규·정영훈
등록번호 제301-2006-001호 | 등록일자 2013년 5월 24일
주소 04607 서울시 중구 다산로 139 랜더스빌딩 5층 | 전화 (02)2234-7117
팩스 (02)2234-1086 | 홈페이지 matebooks.co.kr | 이메일 khg0109@hanmail.net
값 19,500원 | ISBN 979-11-6002-966-6 03320

잘못 만들어진 책은 구입하신 서점에서 교환해 드립니다.
이 책을 무단 복사·복제·전재하는 것은 저작권법에 저촉됩니다.

"모든 제국은 두 번 무너진다.
먼저 통화를 잃고, 그다음 영토를 잃는다."

• 어니스트 헤밍웨이(미국 작가, 노벨문학상 수상자) •

들어가는 말

달러가 흔들릴 때
문명도 전환점에 선다

$

세계질서의 변화에 대해 많은 전문가들이 이야기한다. "미국 달러는 과연 기축통화로서의 지위를 굳건히 유지할 수 있는가?" 이 질문 하나만으로도 21세기 후기 산업사회와 문명 질서가 어떻게 변할지 가늠할 수 있다.

만약 "아니다"라고 한다면, "새로운 문명과 산업의 탄생을 누가 주도할 것인가?"라는 큰 질문이 남는다. 반대로 "그렇다"라고 한다면, 미국 중심의 21세기 질서는 AI 혁명과 함께 어떤 방향으로 나아갈지 살펴야 한다. 겉보기에 단순한 듯하지만, 동시에 매우 어려운 물음이다.

문명의 전환은 전쟁·질병·천재지변과 같은 거대한 격변과 함께 찾아왔다. 그러나 오늘날 인류 다수는 그런 변화를 직접 경험해본 적 없는 세대다. 우리는 그 참혹함을 몸소 겪지 않았지만, 역사와 기록은 늘 무겁고 두려운 경고로 다가왔다.

고대 그리스·로마 문명에서 민주주의와 자유 철학의 근간이 마련되었다면, 중세 봉건사회에서는 인권과 시장경제의 태동을 준비하는 산업·상업 질서가 형성되었다. 비록 서구에서 형성된 체계였지만, 유목민과 농경민의 문명적 차이는 어느 한쪽의 옳고 그름을 가르는 기준이 되지 못했다. 앞으로도 그 답을 쉽게 보여주지 못할 가능성이 크다.

중세 이후 세계질서는 식민주의와 제국주의를 거쳐 정반합의 과정을 밟으며, 고대 그리스·로마의 민주주의와 자유 철학 체계로 되돌아간 듯 보인다. 그러나 21세기 이후의 민주주의와 자유시장경제 질서는 고대와 단절된 새로운 문명적 성격을 지녀야 한다. 인류는 단순히 호모 사피엔스(Homo Sapiens)만이 아니라, 동시에 호모 필로소피쿠스(Homo philosophicus, 철학적 인간)이기도 하기 때문이다.

문명의 진화와 진보는 인류의 사고와 철학의 발전에 비례한다. 물론 이 가정을 언제나 참이라 단정할 수는 없다. 그렇다면 현대를 살아가는 우리는 어떤 새로운 가치를 민주주의와 자유시장경제 속에 담아내야 하는가?

2020년에 시작된 팬데믹은 일정한 주기를 반복할 또 다른 팬데믹의 전조일 수도 있다. 그러나 사람들은 이를 대수롭지 않게 여긴다. 빌 게이츠가 멜린다 재단을 세워 북극 빙하가 녹아내릴 때

새롭게 등장할 세균과 질병을 경고했음에도 대부분의 사람들은 무심하다.

"어차피 살 사람은 살고 죽을 사람은 죽으며, 세상은 돌아간다." 많은 이가 이렇게 믿는다. 그러나 가만히 생각해보면, 지금 우리가 지나고 있는 시공간은 과거와는 사뭇 다르다. 앞으로는 이 '다름'이 전혀 다른 문명의 차원을 열어젖힐 수 있다는 사실을 어렵지 않게 이해할 수 있다.

물론 이 모든 변화는 개인의 의지와 상관없이 일어날 수밖에 없다. 그러나 그런 세상은 '지구의 종말'에 가까운 인류의 모습일 수 있다. 모든 것을 기계에 의존하거나 전혀 다른 차원에서 존재하는 외계인에 의해 조정되는 세상이 된다면, '생각하는 인간' '철학적 인간'은 더 이상 존재하지 못할 것이다.

'지구'는 사람이 살아가는 무대다. 일정한 생태계라는 질서 속에서 다양한 '종-속-과-목-강-문-계'가 조화를 이루며 균형을 찾아간다. 그 과정이 곧 '사고'이고 '철학'이다. 따라서 '변화'는 이해할 수 있어야 하고, 또한 이해시킬 수 있어야 한다.

문명의 전환, 혹은 대변화의 시작은 몇 가지 공통된 특징을 보인다.

첫째, 총·균·쇠의 강도가 거세진다. 총은 전쟁, 균은 질병의 파괴력, 쇠는 산업과 과학 기술의 발전을 의미한다. 석기에서 청동기·철기로의 전환, 풍력에서 석탄·석유로 이어진 내연기관의 발명 등이 그 사례다.

둘째, 강대국은 스스로 무너진다. 여당의 실수를 먹고사는 야당처럼, 강한 세력이 자충수를 두어 몰락한다. 내부 균열이 심각해지면 천재지변이나 인접 강국의 침략으로 붕괴된다.

셋째, 경제에서 버블 붕괴는 대공황을 낳지만, 정치에서 패권 붕괴는 질서를 무너뜨리고 권력 자체를 사라지게 한다. 권력이 없으면 질서도 유지될 수 없다.

영국 파운드의 몰락이나 달러의 부상은 필연이 아니었다. 마찬가지로 달러의 몰락도 필연은 아니다. 기축통화는 운명이 아니라 선택의 결과다. 달러가 몰락한다면 그것은 미국 스스로 자초한 재앙일 것이다. 경제 패권의 붕괴는 재건이 가능하지만, 정치 패권의 붕괴는 국가의 쇠멸을 뜻한다.

이번 금융시장 혼란은 달러 강세와 채권의 안전신화가 동시에 흔들리는 전례 없는 상황이다. 달러 패권에 대한 회의가 현실로 다가오면서, 세계 금융의 기둥이 바뀔 수 있다는 위기감이 고조되고 있다. 과거에는 공황 상황에서 미국 상장기업, 국채, 통화 가치 사이의 신뢰가 순환적으로 작동했다. 그러나 트럼프 대통령 취임 100일 이후 지속된 금융시장 혼란은 다른 양상을 보였다. 주된 원인은 '관세 위협'이 불러온 물가 급등 가능성이었다.

최근 투자자들은 미국 국채를 외면한다. 10년 및 30년 만기 미국 국채 수익률은 5.0%를 넘보며 오르고, 달러 가치는 1월 중순 고점 이후 9% 이상 하락했다. 견고했던 상관관계가 깨진 이유는 분명하다. 미국 정부의 충동적 행보 때문이다. 트럼프 대통령의 공격적 통상 정책, 연준 의장 해임 운운, 비효율적 정책 집행, 일부 참모들의 달러 기축통화 역할에 대한 회의가 외국인 투자자들의 신뢰를 흔들었다.

외국인 투자자들은 약 32조 달러 규모의 미국 자산을 보유하고 있다. 그들의 신뢰가 흔들리면 주식시장은 꺾이고, 국채 금리는 급등하며, 미국 정부의 부채 감당 능력에도 부담이 커진다. 이는 곧 달러가 기축통화로서 누려온 '과도한 특권(exorbitant privilege)'이 흔들리고 있음을 의미한다.

그러나 최근 들어 달러 불패 신화는 심각하게 재고해야 할 상황을 맞았다. "만약 달러가 몰락한다면, 그다음은 무엇인가?"

1944년 브레턴우즈 체제 출범과 붕괴 이후 지난 80년간 달러는 세계 무역과 금융의 중심축이었다. 현재도 국경 간 대출의 절반, 외환 거래의 88%가 달러로 이루어지고 있다. 세계 경제가 달러 위에 구축되어 있다고 해도 과언이 아니다.

그렇다면 탈달러화는 가능한가? 세계 각국이 달러를 버릴 수 있을까? 최근 몇 년간 주목받은 금융 트렌드 중 하나가 바로 탈달러화다.

탈달러화는 미국 달러의 국제무역 역할을 줄이려는 각국의 시도다. 그것이 바람직한지 여부와 상관없이, 이제 막 불기 시작한 '탈달러화의 바람'이 거대한 소용돌이가 될지, 잠시 불다 사라질 회오리바람이 될지는 지켜봐야 한다. 이미 BRICS 국가들은 달러 외 통화를 통한 무역 채널을 구축하고 있다.

트럼프 대통령의 국제 무역전쟁은 바로 이 점을 겨냥한다. 달러 기축통화 지위가 도미노처럼 무너질 수 있는 상황에서, 중국의 집요한 달러 패권 흔들기에 대응한 그의 본격적 반격이 진행되고 있다.

따라서 우리는 다섯 가지 질문을 신중히 살펴야 한다. 첫째, 달러 가치의 몰락은 시작되었는가? 둘째, 도덕과 윤리의 몰락은 미국 예외주의와 민주주의의 붕괴를 시사하는가? 셋째, 미국의 기회·리더십·신뢰의 몰락은 시장경제의 쇠락을 의미하는가? 넷째, 새로운 힘의 부상은 누구인가? 중국의 경제적 부상이 미국의 총체적 리더십을 대체할 수 있는가? 다섯째, 미 달러화를 대체할 자산으로 금·은·암호화폐의 미래는 어떻게 보아야 하는가?

곽수종

CONTENTS

| 들어가는 말 | 달러가 흔들릴 때 문명도 전환점에 선다 _____ 6

$ CHAPTER 1
트럼프의 오독: 달러 패권이 불안하다

시대전환, 새 판이 짜인다 _____ 20
트럼프는 누구인가? 미국 질서의 변수 | 트럼프, 시대변화의 오독 | 닮았지만 닮지 않은 매킨리와 트럼프 | 선출된 권력과 선출되지 않은 권력의 동거 | 트럼프 2.0의 불안한 출발

'중국의 세기'로 본격 진입하다 _____ 29
'중국의 세기', 그 서막 | 미래의 갈림길

관세 변수와 세계 경제 성장 시나리오 _____ 34
관세와 불확실성의 시대 | 2025년 이후 경제 성장 전망 시나리오 | 세계는 어떻게 여기까지 오게 되었는가?

외교와 국익 사이, 괴리는 더욱 심화된다 _____ 49
이상주의와의 단절, 국익 중심의 외교 | 외교의 기원, 전쟁을 늦추는 지혜 | 미국의 위대한 착각, 중국을 변화시킬 수 있다 | 중국의 강력한 입지와 도전

CHAPTER 2
$ 달러의 매력과 균열: 기축통화의 힘과 한계

돈의 발명, 교환의 혁명 ___ 70
'돈'은 인간이 만든 유일한 신뢰 시스템 | 돈은 '가치'의 상징적 표시물 | 잉여 생산과 '자본'의 제도권 속으로 진입 | 돈에는 독특한 향기가 있다

달러의 시작, 미국의 시작 ___ 80
달러 체계가 드디어 만들어지다 | 브레턴우즈 협정이 체결된 배경 | 금과 미 달러화의 등장

달러의 시련, 신뢰의 시험 ___ 89
드골의 도전과 브레턴우즈 체제의 붕괴 | 2003년 미·중 환율 개혁 압박과 일본의 구상 | 두 번째 시련, 중국이 초강수를 둔다면? | 미국이 중국을 업어서 키웠다 | '중국의 세기'가 도래하다 | 미국 달러화는 국제 공용어인 영어와 같다 | 과도한 특권, 미 달러화의 지배 역사

미국의 숨겨진 야망, 팍스 아메리카나 ___ 113
달러 지배력으로 인한 이점들 | 부채 중독에 빠진 미국 달러 | 중국도 변화의 중심에 서 있다 | 달러의 금융권력, '지지 않는 태양' | 미 달러화의 향기 | 미 연방준비은행의 독립과 중요성 | 스티브 마이런, 미국의 마키아벨리? | 달러의 위상 하락이 느린 불꽃처럼 진행된다

달러 약세, '고통의 세계'가 임박 ___ 144
수입해서 소비하는 경제로 고착되어가다 | 무역전쟁에 이어 자본전쟁까지 초래할 가능성 | 약달러의 세계, 미국경제의 유불리 | 미국 신용등급 강등은 상징적인 사건 | 미국 국채 경고음은 달러화 약세 전조? | 트럼프와 미국 권력의 원천 | '세계화의 망령'이 다시 되살아나다

CHAPTER 3
$ 달러 패권의 흔들림: 종말인가, 전환인가

신제국주의와 세계 3강대국 ___ 176
트럼프의 구상과 미·중·러 3극체제 | 19세기 제국주의 시대로의 회귀 | 신제국주의로의 귀환?

시진핑 · 푸틴 · 트럼프, 독재의 부활과 파급력 ___ 183
독재와 미국 핵심가치의 파괴 | 로펌, 언론 및 대학 등 전방위적인 압박 | 정부 비판자에 대한 위협과 보복이 처음은 아니다

트럼프 정책의 변덕과 신뢰의 붕괴 ___ 193
독재자의 드러난 발톱 | 가격 인상과 품귀 현상 | 잘못된 집착과 잘못된 계산

미국 채권 불신과 금융질서의 균열 ___ 200
달러보다 채권부터, 오점 찍힌 채권 | 미국 채권시장을 흔드는 요인 | 미국, '신흥국 함정'에 빠질 위기 | 신흥시장 채권의 매력 | 미 채권 가격 하락의 진짜 원인 | 40년 후 미국 달러화의 기축통화 지위

미국 달러가 여전히 '왕'인 이유 ___ 216
달러가 왕좌에서 내려올 수 없는 이유 | 달러 패권 유지 요인과 대체 통화의 한계 | 디달러화 운동의 확산과 BRICS의 도전 | 달러의 미래와 탈달러화 논쟁

CHAPTER 4
$ 금과 암호화폐: 달러를 대체할 수 있을까

달러화 신뢰 위기, 금융질서가 흔들린다 ___ 228
달러화 체제 전환기의 시작 | 미국 달러의 기축통화 지위는 위협받는가? | 신흥국경제의 환율 및 금리정책 위험성

경제 비관론, 회복 신호가 안 보인다 _____ 235

다이먼의 비관론, 그러나 그의 은행은 더 잘나간다 | '너무 낙관적이면 바보처럼 보인다' | 금융사의 '묘지'와 JP모건

자산시장의 변화, 돈의 흐름이 바뀌고 있다 _____ 241

불안정하고 예측 불가능한 미국 경제와 미국 시장 | 불편한 시기가 시작되다 | '세 얼간이' 혹은 '세 친구, 삼총사'

투자 수익 전망이 무의미해지고 있다 _____ 254

투자자들은 어떤 전략을 취하는 게 좋을까?

중국의 패권 도전은 아직 이르다 _____ 261

큰 힘에는 큰 책임이 따른다 | 슈퍼파워 지위에 도달하기 위한 진입 장벽 | 국가의 포괄적 부에서 미국이 중국을 압도 | 미국에게 던져진 숙제

금값의 상승, 달러의 불안을 비추다 _____ 276

미국 달러화가 가진 권력에 대한 경고음 | 미 달러화를 대체할 수 있는 다섯 가지 자산 | 금의 가치를 재발견하다 | 금의 기축자산으로의 부활 가능성 | 금이 미 달러를 대체할 수 있는가? | 금 가격은 어디로 향하고 있는가?

비트코인, 달러를 흔드는 혁명인가? _____ 291

달러 '대체'가 아닌 '보완': 암호화폐의 자리 | 비트코인의 출범과 그 의미 | 현대적 가치 저장 수단으로 평가되는 비트코인 | 전략적 비트코인 비축의 잠재적 장단점 | 트럼프와 암호화폐 | 미국을 비트코인 초강대국으로 만들겠다는 트럼프 | 미국 정부는 보유한 비트코인을 활용할 계획 | 비트코인이 달러를 대체할 수 있을까? | 스테이블코인, 미 달러화 기축통화 지위 유지를 위한 보루?

| 참고문헌 | _____ 318
| 미주 | _____ 322

시대전환, 새 판이 짜인다
—
'중국의 세기'로 본격 진입하다
—
관세 변수와 세계 경제 성장 시나리오
—
외교와 국익 사이, 괴리는 더욱 심화된다

CHAPTER 1

트럼프의 오독:
달러 패권이 불안하다

INTRO

21세기 세계질서를 논의할 때 가장 먼저 떠오르는 질문은 "미국 달러가 앞으로도 기축통화 지위를 유지할 수 있는가"이다. 이 단순하면서도 본질적인 질문은 곧 '새로운 문명의 전환을 누가 주도할 것인가, 기존 질서가 어떻게 재편될 것인가'라는 문제와 직결된다.

역사를 돌아보면 제국의 흥망은 언제나 거대한 전환기를 동반했다. 전쟁·질병·기술혁신이 얽히며 문명은 새로운 단계로 넘어갔고, 그 과정에서 기존 질서는 흔들리며 새로운 패권이 등장했다. 그러나 오늘날의 전환은 과거와 달리 전례 없는 속도와 규모로 진행된다는 점에서 더욱 주목할 만하다.

달러화의 안정성은 단순한 금융시장의 문제가 아니다. 그것은 민주주의·시장경제·국제안보라는 근본 가치 체계와 연결되어 있다. 따라서 달러 패권이 흔들린다는 것은 곧 세계질서의 기초가 뒤흔들리는 일이다. 이는 단순한 통화 교체가 아니라 정치·경제·사회화 전반에서의 대변화를 예고한다.

1장에서는 달러화의 기축통화 지위를 둘러싼 질문을 중심으로, 21세기 문명 전환기의 특징을 짚어본다. 첫째, 인류가 경험해온 세 가지 전환 동력인 전쟁·질병·기술혁신을 살펴본다. 둘째, 강대국이 내부 균열로 인해 스스로 몰락해온 역사적 패턴을 통해 미국의 현재를 성찰한다. 셋째, 경제적 버블의 붕괴와 정치적 패권의 붕괴가 중첩될 때 발생하는 파급력을 분석한다. 이는 달러 패권의 흔들림이 단순한 금융 현상이 아니라 국가 존립과 직결된 문제임을 보여준다. 넷째, 달러 몰락 가능성을 둘러싼 논쟁 속에서 과연 대안은 무엇이며, 그 변화가 인류 문명 전체에 어떤 의미를 지니는지를 살펴본다. 이처럼 1장은 미국 달러화의 기축통화 지위를 매개로 세계질서의 변화를 탐구하며, 이어질 2~4장의 논의를 위한 출발점이 될 것이다.

시대전환,
새 판이 짜인다

21세기 세계질서는 '달러의 기축통화 지위가 유지될 수 있는가'에서 출발한다. 이 물음은 곧 문명의 전환과 주도권의 향방을 가늠하는 핵심 열쇠다. 전쟁·질병·기술 혁신이 역사를 흔들어왔듯, 오늘의 변화도 세계 질서를 새롭게 규정할 것이다.

$ 트럼프는 누구인가? 미국 질서의 변수

도널드 트럼프는 누구인가? 그의 성장 과정은 어떠했을까? 그는 정치인인가, 아니면 방송인인가? 현재 트럼프는 대체 무슨 생각을 하고 있을까? 그의 대통령 임기 1기와 2기는 어떻게 달라졌을까? 그가 무차별적으로 휘두르는 '관세'라는 무기는 방어용인가, 공격용인가? 러시아-우크라이나 전쟁을 취임 직후 바로 종전까지 이루어낼 수 있다고 한 그 이상한 자신감은 단순한 농담일까, 아니면 무언가를 암시하는 발언일까?

'보편관세'와 '상호관세'는 겉으로는 무역 불균형을 바로잡기 위한 정책처럼 보인다. 그러나 그 불똥은 결국 미국 달러의 기축통화 지위로 튈 수밖에 없다. 1969년 이후 노벨 경제학상 수상자 가운데 미국 국적자가 57명에 달한다는 사실은, 미국이 학문과 정책에서 압도적 우위를 점해왔음을 보여준다. 그렇다고 해서 한 나라의 대통령이 단순히 부동산 사업가적 관점만으로 글로벌 경제 질서를 좌지우지해도 되는 것일까? 이 질문은 곧 모순을 드러낸다. 노벨 경제학상 수상자들이 많다고 해서 미국의 정책이 언제나 옳은 것은 아니며, 그렇다고 미국이 영원히 패권국가로 남는다는 보장도 없다.

역사적으로 트럼프처럼 한 번의 임기를 건너뛰고 재임에 성공한 대통령은 단 한 명뿐이다. 바로 제22대(1885~1889년)와 제24대(1893~1897년)를 지낸 그로버 클리블랜드(Grover Cleveland)다. 그는 남북전쟁 이후 당선된 첫 민주당 소속 대통령이었다. 흥미롭게도 트럼프가 개인적으로 존경한다고 밝힌 인물은 클리블랜드 다음 대통령인 윌리엄 매킨리(William McKinley)다. 매킨리 역시 재선에 성공했으나, 불의의 암살로 대통령직은 부통령이던 시어도어 루스벨트에게 넘어갔다.

시어도어 루스벨트 대통령은 1890년 셔먼 반독점법(Sherman Antitrust Law)을 전격적으로 실행한 인물이다. 19세기 말에서 20세기 초로 이어지는 격동의 전환기에, 미국 대통령들의 철학과 국정 운영은 글로벌 질서 변화에 직접적인 영향을 미쳤다. 오늘날 트럼프를 둘러싼 논란 또한 같은 맥락에서 읽을 필요가 있다.

$ 트럼프, 시대변화의 오독

시장경제 질서의 변화에 셔먼 반독점법이 중요한 역할을 했다면, 1933년 프랭클린 루스벨트 대통령의 '금 몰수령(Emergency Banking Relief Act)' 역시 큰 의미를 지닌다. 1933년 4월 5일 루스벨트 대통령이 서명한 행정명령 6102는 미국 내 금화, 금괴, 금증서의 사재기를 금지하는 조치였다.[1]

이 명령은 즉각적인 비판을 받았다. 일부는 이를 "1900년 금본위제법[2]에서 이루어진 약속과 제1차 세계대전 동안 '자유채권'[3]과 '승리채권' 구매자에게 했던 약속을 정면으로 위반한 것"이라며 비도덕적이라고 주장했다. 또 다른 이들은 이 조치가 신용과 통화 공급을 인위적으로 팽창시켜 거짓된 호황을 만들고, 그 뒤에는 붕괴와 불황이 불가피하게 이어질 것이라 비난했다.

루스벨트의 금 소유 제한은 이후 제럴드 포드 대통령이 금화·금괴·금증서의 개인 소유를 합법화하는 법안에 서명하면서 폐지되었다. 미 의회는 곧바로 '공법 93-373(Pub. L. 93-373)'을 제정해 1974년 12월 31일부터 시행했다.

이처럼 '금 몰수령', 1971년 '닉슨 쇼크', 1975년 '브레턴우즈 체제 붕괴'는 서로 연결되어 있다. 그 의미와 맥락은 본문에서 좀 더 상세히 다루겠다. 중요한 점은, 기축통화국이 된다는 것은 단순히 경제권력을 독점한다는 뜻이 아니라는 것이다. 산업과 상업의 발전, 과학과 기술, 군사·안보적 관점까지 아우르며, 실물경제와 자본시장 모두를 지켜낼 수 있는 힘을 갖는다는 뜻이다.

더 나아가 국력과 국격의 확대는 국민의 시민의식 수준, 나아가 문명·문화사의 성숙과도 맞닿아 있다. 이를 위해서는 자유시장 체제를 기반으로 한 경제 질서 운용, 그리고 민주주의적 정치 질서를 통한 투명하고 정직한 거래와 타협의 제도화가 필수 조건이다.

닮았지만 닮지 않은 매킨리와 트럼프

매킨리 대통령과 트럼프 대통령 사이에는 몇 가지 유사한 점이 보인다. 첫째, 재벌들의 후원을 받았고, 둘째, 영토 확장에 큰 변화를 이끌었으며, 셋째, 적극적인 관세 정책을 시행했다. 물론 매킨리 대통령은 집권 말기에 관세 정책이 반드시 긍정적 효과만을 가져오지 않는다는 사실을 독백처럼 고백한 바 있다. 그러나 트럼프 대통령은 청년 시절부터 줄곧 '관세를 통해서라도 미국을 속이며 무역 흑자를 챙기는 국가들을 응징해야 한다'는 확고한 신념이 있었다.

트럼프가 스물다섯 살이던 1971년, 미국은 19세기 후반 이후 처음으로 무역 적자를 기록했다. 그는 미국 경제 패권의 절정기에 성장했지만, 성인이 될 즈음 그 특별한 시대는 막을 내리고 있었다. 냉전체제 속에서 '자유민주주의 수호'라는 명분으로 막대한 자금을 쏟아부으며 한국전쟁과 베트남전쟁을 수행했고, 독일·일본의 전후 복구 과정에서 미국이 소비시장 역할을 떠맡은 결과는 1차 오일쇼크와 달러 가치의 급락이었다. 브로델이 1970년대 후반 미국을 두고 '가을'에 접어들었다고 표현했지만, 트럼프 세대에게 그것은 이미 '겨울'처럼 느껴졌을지도 모른다.

불과 한 세대 전만 해도 미국인들은 자국이 유럽을 능가했고, 뉴욕이 런던을 대신해 세계의 중심이 되었다고 믿었다. 그러나 이들은 이미 "태양이 저물고 있다"는 불안을 느끼고 있었다. 바로 그 시기, 트럼프는 다른 나라들이 미국을 앞질렀을 뿐 아니라 "미국을 속이고 있다"고 주장하기 시작했다.

트럼프는 전형적인 공화당 사업가의 시각을 지녔다. 정부 의존을 외면하고, 세금과 규제를 불만스러워하며, 자신의 사업에 유리한 것이 곧 나라에도 이롭다고 확신하는 태도다. 그러나 대다수 공화당 사업가들과 달리, 그는 세계를 착취 대상이 아니라 미국을 이용하는 '호구(the patsies)'로 바라본다는 점에서 차별화된다.

1987년, 트럼프는 〈뉴욕타임스〉와 두 개 신문에 전면광고를 싣기 위해 9만 4,801달러를 개인 비용으로 지출했다. '미국 국민에게(To the American People)'라는 제목의 공개서한에서 그는 일본·사우디아라비아 등 미국의 군사적 보호를 받는 국가들에 군사비를 청구해야 한다고 주장했다. 광고는 결국 "우리 위대한 나라가 더 이상 조롱 당하게 놔두지 맙시다(Let's not let our great country be laughed at anymore)"라는 문장으로 끝맺었다.

$ 선출된 권력과 선출되지 않은 권력의 동거

트럼프의 정치적 메시지는 1990년대와 2000년대 초반에는 큰 반향을 얻지 못했다. 그 시기는 '골디락스(Goldilocks) 경제'라 불리며 풍요와 낙관이 공존하던 시대였기 때문이다.

20세기 후반까지 미국에서는 국가 방위 예산은 패권국으로서 당연히 부담해야 할 대가이고, 무역은 그 보상이라는 인식이 지배적이었다. 1991년 소련의 붕괴는 이러한 믿음을 확인시켜주는 사건으로 받아들여졌다.

당시 미국은 제조업이 중국으로 이전하는 것에 대해 크게 우려하지 않았다. 자본이 중국으로 몰려들면 결국 사회주의 경제체제와 정치질서가 붕괴하고, 서구식 자유주의 시장경제를 받아들일 수밖에 없을 것이라는 전망이 우세했기 때문이다. 따라서 일자리 손실은 노동자와 지역 사회에는 위협이었지만, 국가 쇠퇴의 전조로 보이지는 않았다. 산업과 상업이 떠나더라도 금융자본과 기술 기업의 부상이 새로운 번영의 원동력이 될 것이라 여겼기 때문이다. 이처럼 미국의 우위는 견고해 보였다.

그러나 트럼프 대통령은 두 번째 임기 첫 100일 동안 무려 140개가 넘는 행정명령을 내리며 상황을 뒤흔들었다. 무역·이민 단속·외교 정책·정부 지출 등 국가의 입장을 대대적으로 전환했고, 하버드대학교와도 충돌을 빚었다. 이민 정책을 강화해 유학생과 대학 교수의 비자 발급 및 연장을 제한하기도 했다.

주요 조치는 다음과 같다. '멕시코 대기 정책' 재도입, 마약 카르텔을 테러 위협으로 지정해 추방 강화, 성별을 남성과 여성만 인정, 다양성·형평성·포용성(DEI) 관련 연방 프로그램 종료, 틱톡(TikTok) 운영 허용(의회 금지 법안에도 불구), 바이든 정부 시기의 법무부 조치 전면 재검토 지시. 아울러 그는 '선출되지 않은 권력'인 억만장자 일론 머스크가 이끄는 비용 절감팀, 일명 '정부효율부(Department of Government Efficiency)'를 활용해 정부 전반의 개혁을 밀어붙였다.

공화당 전략가 브래드 토드는 "트럼프가 두 번째 임기에는 준비된 상태로, 자신의 역할을 더 깊이 이해하고 있다"고 평가한다. 이번에는 누굴 신뢰할지 더 잘 알게 되었고, 더 많은 사람들에게 계획 수립과 집행 권한을 위임함으로써 정책이 훨씬 정교하고 순발력 있게 추진되고 있다는 것이다. 그는 "이번 행정부의 준비 수준과 권한 위임은 이전 행정부를 압도한다"고 덧붙였다.

트럼프 2.0의 불안한 출발

트럼프 두 번째 임기에 대한 시장 반응은 첫 임기와 전혀 달랐다. 트럼프 1.0(2017년) 초기에는 S&P 500 지수가 약 5% 상승했고, 다우존스 지수도 4~5% 올랐다. 바이든 대통령은 2021년에 더욱 강한 상승세를 기록하며 S&P 500이 10%, 다우가 11% 상승했다.

그러나 트럼프 2.0의 첫 100일은 주식시장에 큰 혼란을 가져

왔다. 2025년 1월 20일 취임식부터 4월 25일까지 S&P 500 지수는 7.9% 하락했다. 이는 리처드 닉슨 대통령 두 번째 임기 초반 이후 두 번째로 나쁜 성적이었다.[4] 참고로 1944~2020년 데이터를 보면 대통령 당선 연도의 첫 100일 동안 S&P 500은 평균 2.1% 상승했다. 트럼프 취임 초기 주식시장 하락은, 2016년 대선 직후 세금 감면과 규제 완화 기대감으로 증시가 급등했던 분위기와 극명히 대비된다.

트럼프가 취임 직후 추진한 공격적 무역 정책은 인플레이션 상승과 경기 침체 우려를 자극하며 투자심리를 위축시켰다. 특히 2025년 4월 '상호 관세' 발표 직후 S&P 500은 단 이틀 만에 10% 폭락하며 약세장에 진입했다. 이후 일부 관세를 90일간 유예하겠다고 발표하면서 우려가 다소 완화되었으나, 불확실성은 여전했다.

트럼프 취임 후 첫 100일 동안의 핵심 키워드는 '불확실성'이었다. 전통적 무역 정책이 하루아침에 뒤집히는 상황에서 투자자들은 혼란에 빠졌다. 전례 없는 관세 정책은 경제 환경이 이전 상태로 돌아가지 못할 수 있다는 불안을 증폭시켰고, 행정부의 불명확한 소통은 이를 더욱 심화시켰다. 투자자들은 정책의 장기적 영향을 스스로 추론해야 했고, 이는 공황 심리를 키웠다. 결국 '관세를 통한 위협'은 미국뿐 아니라 세계경제의 경기 침체 가능성을 불러왔다.

2025년 2월 기준 S&P 500은 최고점 대비 20% 가까이 급락하며 시장의 취약성을 드러냈다. 이후 관세 90일 유예 발표가 나

오자 투자자들은 일시적 안도감을 얻었고, 이는 정책 발표가 투자 심리에 미치는 막대한 영향을 보여주는 사례가 되었다.

시장 참여자들은 이번 트럼프 2.0 경제 정책을 1기보다 훨씬 더 회의적으로 바라보고 있다. 초기 매도세는 주로 관세 불확실성에서 비롯되었으며, 투자자들은 갑작스러운 정책 변화 속에서 방향을 잡지 못한 채 신중한 대응을 이어갔다.

세부 항목별로 보면, 첫 번째로 일자리 창출에서는 아직 뚜렷한 성과가 없다. 바이든은 팬데믹 회복 효과로 138만 개의 일자리를 추가했지만, 트럼프 2.0은 3월 기준 45만 6천 개 수준에 머물렀다. 다만 실업률이 2025년 8월 기준 4.3%로 유지된 점은 향후 고용 창출에서 다소 소비자물가지수의 변화보다 소폭 상승할 가능성은 잠재해 있어 보인다.

둘째, 인플레이션과 임금 상승률은 안정세다. 바이든 시기 2.1%였던 인플레이션은 2025년 3월에도 2.3% 수준으로 큰 차이가 없다. 그러나 관세 협정이 구체화되고 그 영향이 실물경제에 반영되는 하반기에는 소비자 물가가 다소 오를 가능성이 있다. 임금 상승률은 세 시기 모두 약 0.7% 내외로 안정적이다.

결국 트럼프 2.0은 대담한 출발을 했지만, 공격적인 행정 조치와 강화된 국경 통제, 인플레이션 관리 속에서도 미국 국채 가격 하락과 금리 상승이 잠재적 뇌관으로 남아 있다. 금융시장이 언제든 심각한 혼란에 빠질 수 있다는 불안감은 여전히 해소되지 않았다.

'중국의 세기'로
본격 진입하다

21세기 세계 질서를 규정할 최대 변수는 '중국의 부상'이다. 개혁·개방 이후 40여 년간 제조업을 토대로 축적한 경제력은 미국 패권을 흔들 수준에 도달했다. '중국의 세기'가 새로운 질서로 이어질지, 일시적 착시에 그칠지가 국제사회의 최대 질문이다.

$ '중국의 세기', 그 서막

워싱턴의 혼란은 아직 끝나지 않았다. 수년 동안 많은 이들은 '중국의 세기(Chinese century)'가 도래할 것이라 예견해왔다. 이는 중국이 막대한 경제적·기술적 잠재력을 활용해 미국을 추월하고, 세계 권력의 중심축을 베이징으로 옮기는 세상을 뜻한다. 어쩌면 그 세기는 이미 시작되었을지도 모른다. 역사가들이 훗날 돌이켜볼 때, 중국이 미국을 추월하기 시작한 결정적 전환점은 트럼프 2.0

시기일 가능성이 크다. 지금 무역전쟁이 불완전한 휴전 상태에 머물러 있다고 해서 본질이 달라지는 것은 아니다.

트럼프 대통령은 이를 곧바로 '승리'로 선언했지만, 실상은 정반대였다. 중국과의 경쟁에서 미국은 보다 큰 차원의 패배를 겪고 있음에도, 트럼프는 본질이 아닌 무역충돌 같은 소규모 전투에만 매달렸다. 이 같은 근시안적 태도는 오히려 미국의 구조적 문제를 더욱 부각시켰다.

그의 관세 정책은 미국 기업들의 글로벌 시장과 공급망 접근을 위협했다. 공공 연구 자금은 대폭 삭감되었고 대학은 약화되었으며, 유능한 연구자들이 해외로 빠져나갈 가능성은 높아졌다. 결국 트럼프는 미국의 권력과 혁신의 기둥을 마치 철거용 해머처럼 스스로 무너뜨리고 있는 셈이다.

중국의 부상이 일시적 착시가 아니라 구조적 전환인지가 드러날수록, 미국은 자원을 어디에 배분하고 무엇을 우선시할지 선택해야 한다. 이 선택지가 곧 이어질 '미래의 갈림길'에서 본격적으로 드러날 것이다.

$ 미래의 갈림길

억만장자 기업가 레이 달리오(Ray Dalio)는 저서 『세계질서의 변화』에서 제국 쇠락 초기에 나타나는 공통된 정서를 경고한다. "제조업 부활"을 외치는 트럼프 대통령은 정작 청정에너지와 반도체 같은 첨단 기술 프로그램을 축소하고 있으며, 세계 곳곳에서 미국의 소프트 파워를 스스로 약화시키고 있다. '산업과 상업이 떠난 자리에 자본만 남는다'는 사실은 제국의 종말을 알리는 징후임을 그는 모르는 듯하다.

중국은 이미 철강, 알루미늄, 조선, 배터리, 태양광, 전기차, 풍력 터빈, 드론, 5G 장비, 소비자 전자제품, 의약 원료, 고속열차 등 여러 산업에서 세계 생산을 선도하고 있다. 2030년에는 전 세계 제조업의 45%를 차지할 것으로 전망된다. 베이징은 승리를 위해 집요하게 집중하고 있다. 2025년 3월, 양자컴퓨팅과 로보틱스 등 최첨단 기술에 장기 투자하는 1,380억 달러 규모의 국가 벤처캐피털 펀드를 발표했고, 공공 연구개발 예산도 대폭 늘렸다. 이러한 전략은 눈에 띄는 성과를 낳고 있다.

중국 스타트업 딥시크(DeepSeek)가 2025년 1월 인공지능 챗봇을 출시했을 때, 많은 미국인들은 중국의 AI 경쟁력을 실감했다. 그러나 이런 '스푸트니크 모멘트'는 이미 여러 차례 있었다. 트럼프 대통령의 정치적 동맹인 일론 머스크가 한때 비웃었던 중국 전기차 업체 BYD는 2024년에 테슬라를 제치고 글로벌 판매 1위를 차지했다. BYD는 전 세계에 새 공장을 세우고 있으며, 2025년 3월에는 포드·GM·폭스바겐의 시가총액을 합친 것보다 높은 가치를 기록했다.

중국은 암 치료를 포함한 신약 개발에서도 앞서 있으며, 2023년에는 전 세계를 합친 것보다 더 많은 산업용 로봇을 설치했다. 반도체 분야에서도, 오랫동안 약점으로 꼽혔던 영역을 화웨이의 기술 돌파를 중심으로 자립적 공급망으로 전환하고 있다. 중요한 점은 이들 기술이 서로 연계되어 선순환 구조를 형성한다는 것이다.

그럼에도 트럼프는 여전히 관세에 집착하고 있다. 그는 중국이 제기하는 위협의 규모조차 제대로 인식하지 못하는 듯하다. 무역 관세 인하 합의가 발표되기 전에도, 그는 고율 관세로 매장이 텅 빌 것이라는 우려를 일축하며 "아이들에게 인형을 좀 덜 사주면 된다"고 말했다. 이는 중국을 여전히 '값싼 상품만 만드는 공장' 정도로 치부하는 시대착오적 인식이다.

미국은 이제 관세나 무역 압박만으로는 중국의 국가 주도 전략을 꺾을 수 없음을 깨달아야 한다. 실제로 중국은 전략을 더욱 강화하고 있으며, 첨단 산업에서의 지배를 위해 '맨해튼 프로젝트'에 버금가는 집중적 노력을 기울이고 있다.

물론 중국도 부동산 침체와 고령화 같은 심각한 도전에 직면해 있다. 그러나 회의론자들의 예측과 달리, 중국은 매번 돌파구를 마련하며 국가 주도 체제를 유지해왔다. 반면 트럼프 전 대통령의 관세 집착은 오히려 중국 중심 세계의 부상을 앞당길 뿐이다.

현재의 흐름이 앞으로도 이어진다면, 중국은 자동차·반도체·항공기까지 고급 제조업 전반을 지배할 가능성이 크다. 인공지능 패권 경쟁은 미국과 중국 간이 아니라, 중국 내부 도시들 간의 경쟁으로 바뀔지도 모른다. 미국은 관세 장벽 뒤에 갇힌 채 세계 무대에서 위축된 국가로 전락할 위험에 직면해 있다.

이런 암울한 시나리오를 피하려면 지금 당장 정책적 선택이 필요하다. 연구개발과 혁신 투자, 국제적 연계, 인재와 자본을 끌어들이는 개방적 환경 조성이 관건이다. 그러나 트럼프 행정부는 정반대의 길을 걷고 있다. 이번 세기가 중국의 세기가 될지, 미국의 세기가 될지는 결국 지금의 선택에 달려 있다. 그러나 진로를 바꿀 수 있는 시간은 빠르게 사라지고 있다.

관세 변수와
세계 경제 성장 시나리오

세계 경제의 흐름을 뒤흔드는 가장 직접적인 변수 가운데 하나는 '관세 정책'이다. 관세는 글로벌 공급망과 투자 흐름, 국가 간 신뢰를 근본적으로 재편하는 힘을 지닌다. 따라서 관세 변수는 곧 세계 경제 성장 시나리오의 방향을 결정짓는 분기점이 된다.

💲 관세와 불확실성의 시대

세계 경제의 흐름을 뒤흔드는 가장 직접적인 변수 가운데 하나는 관세 정책이다. 관세는 단순한 무역 장벽을 넘어 글로벌 공급망과 투자 흐름, 국가 간 신뢰를 근본적으로 재편하는 힘을 지닌다. 따라서 관세의 선택과 변화는 곧 세계 경제 성장 시나리오의 방향을 결정짓는 중대한 분기점이 된다.

관세에 대한 불확실성과 경기 침체 가능성이 지적되는 가운데, 세계는 성장과 번영을 위해 새로운 균형과 신뢰의 기반을 마련해야 한다. 정부와 기업, 그리고 가계 모두 창의적 파괴를 통한 혁신이 필요하다. 무엇보다 기업이 그 과정에서 핵심적 역할을 담당해야 한다.

수십 년간 국제 협상의 목표였던 '완전한 경제 통합의 글로벌 시스템'은 사실상 한 번도 실현된 적이 없다. 애초에 실현 가능하지도 않았다고 보는 것이 옳다. 그럼에도 인류는 새로운 번영의 길을 모색해야 한다. 최근의 글로벌 무역 협상도 2010년대 초반에 흐지부지한 결말을 맞았다. 그러나 각국이 이 체계의 이점과 공정성에 서로 다른 견해를 갖고 있었음에도, 기본 틀 자체에 대한 공개적 도전은 없었다.

이 상황은 2025년 4월 2일 트럼프 대통령의 관세정책 발표로 극적으로 바뀌었다. 이 발표는 미국이 기존 체계에 대해 품어온 근본적 불만을 적나라하게 드러냈다. 미국은 세계무역기구(WTO) 출범 당시 글로벌 무역 체계에서 주도권을 쥔다고 믿었으나, 현실은 달랐다. 결국 미국은 북미자유무역협정(NAFTA) 같은 지역경제 체제로 무역 규칙을 옮기려 했으나 뚜렷한 성과를 내지 못했다. 무역수지 적자는 누적되었고, 결국 미국은 국가 대 국가 간 '양자' 혹은 '지역경제 체제'로 방향을 바꾸는 새로운 실험을 시도했다. 그러나 문제는 '밖'이 아니라 '안'에 있었고, 본질은 기축통화로서 달러화 지위의 구조적 강화였다. (이에 대해서는 뒤에서 더 자세히 설명한다.)

관세 발표 직후 몇 주간, 주가와 미국 국채 시장은 요동쳤고 인플레이션 기대치는 급등했다. 소비자 신뢰는 2022년 이후 최저 수준으로 떨어졌다. 당시 코로나19 팬데믹 이후 인플레이션이 급등하던 시기였다. 1분기에는 기업들이 수입을 앞당기고 재고를 늘리면서 미국 경제가 0.3% 위축되었다. 많은 분석가들이 세계 경기 침체 가능성을 상향 조정했다. 지난 2년간 실질 GDP가 연 3% 가까이 성장해왔던 미국 경제가 이 역풍을 뚫고 나갈 수 있을지 의문이 제기되었다. 문제는 이 역풍이 도널드 트럼프라는 대통령에 의해 촉발되었다는 점이다.

이제 중요한 것은 과거의 배경보다 '앞으로 어떤 길을 선택할 것인가'이다. 글로벌 및 지역 경제는 새로운 균형점을 찾아야 한다. 예컨대 미국은 오랜 소비국에서 생산국으로, 중국은 생산국에서 소비국으로 조금씩 역할을 전환해야 한다. 미국이 자국 내 생산을 늘리고, 중국이 자국 내 소비를 확대하며, 유럽은 경쟁력을 확보해 성장을 이끌어야 한다.

또한 '글로벌 사우스(Global South)'가 선진 경제권과 긴밀히 연결되어야 세계 경제는 지속 가능한 성장 동력을 확보할 수 있다. 글로벌 사우스는 아시아, 아프리카, 라틴아메리카 등 신흥·개도국을 가리키는 개념으로, 역사적으로 식민지 경험과 저개발의 굴레를 공유해왔다. 오늘날 이 지역은 세계 인구의 다수를 차지하며 자원·노동력·소비시장에서 막대한 잠재력을 지니고 있다. 이들이 소외된다면 세계 경제의 균형은 불안정해지고, 선진국 역시 새로운 활력을 상실할 것이다.

결국 새로운 성장 동력을 찾기 위해서는 단순히 무역·재정 적자 논쟁을 넘어서야 한다. 지도자들은 글로벌 경제를 회복력 있고 지속 가능한 경로로 이끌 구체적 방안을 마련해야 한다. 여기서 핵심 질문은, "미국의 관세 부과와 무역 긴장이 과연 정당한가" 하는 점이며, 더 근본적인 질문은 "앞으로도 지속 불가능해 보이는 경로를 고수할 것인가, 아니면 경제 회복력과 국가 안보 사이에서 균형점을 찾을 것인가"이다.

경제는 성장과 번영을 위해 안정적 투자 환경과 신뢰할 수 있는 파트너를 필요로 한다. 따라서 국가 지도자들은 상호 신뢰를 강화하고, 이를 바탕으로 무역·안보·환경 협력체계를 다시 구축해야 한다. 균형과 신뢰가 결여된 경제는 결코 번영할 수 없기 때문이다. 나아가 균형과 신뢰의 수준은 소득 분포에도 직결된다는 점을 간과해서는 안 된다.

2025년 이후 경제 성장 전망 시나리오[5]

성장하는 세계 경제에서 균형과 신뢰를 기반으로 한 역학은 무엇이며, 관련된 맥락은 무엇인가? 앞으로 인류가 나아갈 길을 탐색하는 데 도움이 될 글로벌 경제 성장 시나리오는 무엇일까? 사회적 발전과 문명의 번영을 위한 균형과 신뢰에 대한 다양한 사회과학적 정의를 모두 열거하기보다, 가장 이상적인 의미에서 몇 가지를 살펴보고자 한다.

가장 중요한 점은 첫째, 시스템의 구축이다. 법보다 시스템이 먼저 존재해야 한다. 법은 시스템이 원활히 작동하기 위한 운용 알고리즘에 불과하다. 그러나 많은 사람들은 법이 시스템 위에 있다고 착각한다. 그렇게 되는 순간, 정책·규제·명령·법의 테두리 속에 모든 성장과 문명의 발전이 갇히게 된다.

둘째, 시스템이 구축된 뒤에는 시민 교육, 즉 '시민의식'이 필요하다. 이는 가정·학교·사회 전반에서 동시에 이루어져야 한다. 가계는 가풍을, 기업은 기업 문화를, 국가는 문명의 첨병으로서 역할을 수행하고, 이를 융합할 때 비로소 진정한 '리더십'이 발휘된다.

이를 요약하면 다음과 같다. "가장 이상적인 시스템은 자유와 공정성, 적자와 흑자, 생산과 소비의 균형을 추구하는 체제다. 이는 모두에게 기회를 확대하고 혁신을 촉진하며, 선택권을 보장하고 노력에 대한 보상을 제공한다. 신뢰를 우선시하고 자신감을 심어주며 장기 투자를 장려함으로써, 부정적 외부 효과를 줄이면서 생산성과 생활 수준을 높여간다."

그런데 '균형'이 경제 성장과 어떤 상관관계가 있을까? 먼저, 외부 균형은 건전한 국내 생산과 무역 간의 조화를 의미한다. 내부 균형은 지속 가능하고 안정적인 재정 정책을 뜻한다. 가계 균형은 건전한 저축, 부채 관리, 인적 자본 투자에 있다. 기업의 균형은 임금 배분·이익 분배·유보 이익 활용을 장기적 가치 지향 속에 녹여내는 것을 뜻한다.

지속 가능한 경제 성장에 있어 균형은 국가 회복력과 안보를 포함한다. '국가 회복력'은 비상사태에도 빠른 극복을 가능케 하는 탄력성과 유연성이다. 이는 통화·재정정책을 통한 긴급 재원 확보와 필수 재화의 안정적 공급으로 구현된다. 팬데믹 당시 미국 정부가 신속히 백신을 개발·공급할 수 있었던 배경이 이를 보여준다.

'안보'는 외부 위협 억제와 동맹국 지원 능력을 포함한다. '하드 파워(hard power)'와 '소프트 파워(soft power)'로 구분되며, 후자의 예로는 재화·서비스의 조달 및 생산 능력이 있다. 국가 균형이 부족하면 금융 불안정성이 심화되고, 혁신·생산성·성장을 위한 인적·물적 자본 투자 능력도 약화될 수밖에 없다.

경제 성장의 가장 중요한 충분조건은 '신뢰'다. 신뢰가 높은 환경에서는 비용과 위험 프리미엄이 줄고, 정보 흐름이 원활해지며, 투명한 법·제도 집행으로 거래 비용이 감소한다. 이는 복지와 보장 제도로 이어지고, 기업가 정신·혁신·생산성 향상의 촉매가 된다. 반대로 신뢰 수준이 낮으면 중국의 사례처럼 강제적 집행 메커니즘에 의존해야 하며, 이는 장기적으로 거래 비용을 늘리고 성장 잠재력을 제약한다.

그렇다면 2025년 이후 세계 경제는 어떤 모습으로 발전할까? 신뢰와 균형은 정부·기업·가계에 어떤 영향을 줄까? 이를 위해 주요 지역별 전략을 간단히 살펴보자.

미국은 중산층 중심 성장 정책에 초점을 맞춰야 한다. 소비 위주에서 벗어나 자국 생산을 늘리고, 재정 적자를 억제하며, 전략 산업을 재활성화하고 중산층의 삶을 개선하는 것이 핵심이다. 중국은 수출·고정투자 중심에서 내수 중심 경제로 전환해야 한다. 가계 수요 확대를 통해 성장 동력을 찾을 필요가 있다. 이 과정에서 위안화의 국제적 지위 강화도 한층 수월해질 것이다.

유럽은 미국과 중국 사이에서 대담한 투자·연구개발·자본시장 개혁을 통해 생산성을 높이고, 대륙 전체의 성장을 유지하며 무역을 확대해야 한다. 중세 이후 유럽이 번영할 수 있었던 이유가 무역을 통한 시장 개척과 원자재 확보, 그리고 은을 기반으로 한 국제 통화체계 주도였음을 기억할 필요가 있다.

신흥국은 제도 강화를 통해 선진국과의 협력·통합을 심화해야 한다. 특히 투자 자본, 혁신 아이디어, 인재 교육에 대한 적극적 투자가 병행되어야 한다. 오늘날 AI 발전 속도가 빠르지만, 모든 성장과 발전의 근본 조건은 여전히 '인재 육성'에 있다.

각 변수별 전략도 중요하지만, 이 모든 것이 융합되어야 진정한 변화가 가능하다. 그것은 세계적 신뢰 회복과 균형 재건을 통해 더 번영된 세계의 기반을 마련하는 길이다. 여기에 반대할 사람은 거의 없을 것이다. 다만 논란이 될 지점은, 세계를 이 방향으로 이끌기 위해 지도자들이 내려야 할 선택과 타협이다.

$ 세계는 어떻게 여기까지 오게 되었는가?

전 세계 경제 전반에서 신뢰는 이미 한동안 흔들리고 있었으며, 그에 따른 압력은 계속 쌓여왔다. 사실 세계 경제가 진정한 성장과 번영을 이루기 위해 필요한 수준까지 신뢰가 도달한 적은 없었다. 냉전 체제 붕괴 이후, 1990년대 후반과 2000년대 경제 전략은 중국과 여러 국가의 성장을 촉진할 기반이 되리라는 기대를 낳았다.

이 기대는 세계 경제 통합을 진전시키고, 수십억 명을 빈곤에서 구했으며, 수억 명의 서구 소비자들의 생활 수준을 끌어올렸다. 한때 이를 '골디락스(Goldilocks) 경제'라 불렀다. 그러나 동시에 무시되거나 축소되거나, 혹은 간과된 결과도 적지 않았다.

우선, 전 세계 핵심 산업 역량이 단일 국가인 중국에 집중되기 시작했다. 이른바 '차이나 쇼크(China Shock)'는 너무 빠르게 전개되어 많은 지역 경제가 적응할 여지를 갖지 못했다. 전례 없는 성장 속도의 파급효과를 누구도 제대로 예측하지 못했던 것이다. 세계 통합은 이상적인 희망이었으나 실제로는 고통스러운 과정의 일부였음을 미국을 비롯한 많은 나라들이 뒤늦게 깨달았다.

특히 노동시장에서 그 충격은 뚜렷했다. 미국과 유럽 모두 상위·하위 소득 구간의 일자리는 늘었지만, 중산층 일자리는 급격히 줄었다. 미국은 2000년 이후 제조업 자동화와 '차이나 쇼크'로 중간 숙련 일자리 비중이 크게 감소했고, 임금 상승률 또한 상·하위 소득자보다 둔화되었다. 유럽 역시 고임금 전문직과 저임금 서비스직은 확대된 반면, 제조업과 사무직 등 전통적 중간 일자리는 꾸준히 줄어들었다. 그 결과 소득 불평등이 심화되고, 중산층 기반이 약화되면서 정치·사회적 양극화가 가속화되었다.

2008년 글로벌 금융위기와 2020년 팬데믹을 거친 지난 10

여 년 동안 세계경제는 신뢰와 통합의 안정성을 유지하는 데 뚜렷한 한계를 드러냈다. 미국의 생산성은 1950~1974년 연평균 2.4%였으나, 2000년 이후 1.9%로 떨어졌다. 같은 기간 고용 증가율은 2.3%에서 0.9%로, 실질 임금 상승률은 1.6%에서 0.7%로 낮아졌다. 생산성과 기업 이익은 꾸준히 상승했지만, 고용과 임금은 그 속도를 따라가지 못하면서 '성과와 분배의 괴리'가 구조화되었다.

　이 불균형은 국제 질서에도 깊은 흔적을 남겼다. 중국은 값싼 노동력과 산업정책을 바탕으로 제조업 지배력을 확대했고, 미국과의 격차를 빠르게 줄였다. 반면 유럽은 금융위기 여파에서 벗어나지 못해 '잃어버린 10년'을 겪으며 성장 둔화와 정치·사회적 불안정에 시달렸다.

　무엇보다 미국 내부 변화가 두드러졌다. 국민소득에서 기업 이익 비중은 늘었으나 고용과 임금은 정체되었다. 자본시장이 과도하게 팽창하며 실물경제와 분리되었고, 사회 양극화와 계층 갈등이 심화되었다. 결국 생산성 향상의 성과가 다수에게 돌아가지 않는 구조적 모순이 고착화된 것이다.

　2017년 무역 구조 변화가 본격화되었다. 무역 파트너 간 '지정학적 거리(geopolitical distance)'가 압축되며 국경 간 신뢰가 약화되었다. 이어진 코로나19 팬데믹과 러시아-우크라이나 전쟁은 디지털화 흐름을 가속화하며 세계화의 취약성을 드러냈다. 이 모든 과정은 오늘날 기업과 정부가 여전히 씨름하는 경제·안보 과제로 이어졌다.

여기에 2025년 4월 2일부터 지난 100년 가운데 가장 높은 수준의 관세가 부과되면서, 세계가 균형과 신뢰를 회복하며 성장할 수 있을지 의문이 커졌다. 경제 정책 불확실성과 인플레이션 기대치는 25년 만에 최고치에 근접했고, 소비자 신뢰는 최저 수준에 이르렀다.

그렇다면 '새로운 시대 전환을 위한 시나리오(Scenarios for a Transition to a New Era)'는 어떻게 전개될까? 다섯 가지 시나리오로 요약할 수 있다. 기업 리더들은 거시경제 자체를 바꿀 수는 없지만, 새로운 글로벌 역학 속에서 가능한 결과 범위를 이해하고, 불확실성 해소 방식에 따라 조건부 대응 전략을 미리 준비해야 한다.

다섯 개의 시나리오 중 두 개는 더 높은 신뢰, 더 나은 균형, 그리고 성장하는 경제로 이어지지만, 이들 간의 성장 경로는 서로 다르게 나타난다. 다른 두 가지는 제자리걸음에 불과해 신뢰 회복과 의미 있는 성장은 기대하기 어렵다. 나머지 하나는 확실히 도전적인 시나리오로, 신뢰와 균형을 무너뜨리며 잠재력을 약화시키는 최악의 경우다.

이 시나리오의 출발점은 2025년 4월 11일의 무역 규칙이며, 이는 미국 정책의 급격한 변화와 중국 및 유럽의 반응에 따라 좌우될 가능성이 크다. 미국 수입에 대한 무역 가중치 관세의 영향은 전례 없지만, 중장기적으로는 헤드라인 발표만큼 위협적이지 않을 수도 있다. 결국 다섯 가지 시나리오는 단 몇 초 만에도 예상 밖으로 달라질 수 있다.

더 높은 신뢰와 번영으로 가는 두 가지 경로는 '생산성 가속화'와 '미국 재정 리셋 시나리오'다. 이는 글로벌 경제에 가장 긍정적인 결과를 가져올 수 있지만, 단기적으로는 경제적 역풍이 생산성 가속화 전환을 가로막을 가능성이 크다. 마찬가지로, 미국 재정 리셋 시나리오는 연간 약 1조 달러의 적자 축소를 요구한다. 이는 당시 논의되던 어떤 제안보다 훨씬 큰 조정을 필요로 한다는 뜻이다. 그럼에도 두 시나리오가 지향하는 결과는 중장기적 성장 목표로 자리 잡는다.

먼저, 생산성 가속화(Productivity acceleration)다. 중국과 미국은 무역 긴장을 완화하기 위해 관세율을 점차 낮춰간다. 미국·유럽·중국은 재정 격차를 줄이는 조치를 취하고, 성장은 적자를 완화한다. 무역 불균형은 미국이 전략 제조업을 활성화하고 중국이 내수를 확대함으로써 좁혀질 수 있다. 즉 미국의 소비와 중국의 생산이라는 비대칭성을 줄여가는 것이다. 생산성 확장은 소득을 높이고, 글로벌 경제 시스템에 대한 신뢰를 회복하며 부채 부담을 완화시킨다. 2025년 후반에는 성장 재개가 가능해지고, 2028년 이후 글로벌 경제 성장률은 약 3.5%에 이를 수 있다.

둘째, 현재 문제가 되고 있는 37조 달러의 미국 재정부채 재조정은 불가피하다. 이를 '미국 재정 리셋' 정책이라 부른다. 새로운 미국 행정부는 장기적 성장과 국가 안보를 위해 재정·무역 균형 회복을 최우선 과제로 삼아야 한다. 미국 경제가 가장 최근 재정수지 흑자를 통해 GDP 대비 부채 비율을 60% 이하로 낮춘 것은 클

린턴 행정부 시절이었다. 문제는 연방 지출을 과감히 줄일 강력한 추진력이 필요하다는 점이다.

미국 의회와 협력해 연간 1조 달러의 지출 삭감과 세제 개혁을 추진해, 2028년까지 적자 규모를 GDP 대비 3%로 낮춰야 한다. 이렇게 되면 금리·환율 등 통화정책 운용도 한층 수월해진다. 당분간 '재정 지배(fiscal dominance)'는 불가피하다. 미 연준의 통화정책이 안정적 운용 틀을 갖춰가고 있기 때문이다. 그러나 관세 여파가 2025년 하반기 미국 소비자 물가에 어떤 충격을 줄지가 관건이다.

만약 인플레이션이 3%를 넘어선다면, 연준은 금리 인하 대신 금리 인상을 검토할 수 있다. 관세가 물가에 미치는 충격에 대한 신속한 대응과 트럼프 2기 감세안 등은 2025년 단기적 경기 침체와 선진국 성장 둔화의 단초가 된다. 그러나 재정이 안정되면 2026년 미국 경제는 회복 여건을 갖출 것이다. 만약 중국과 유로존이 성장 지향적 통화·재정 정책을 병행한다면, 2028년 이후 글로벌 성장률은 약 3%로 안정될 전망이다.

둘째, 성장은 제한적이지만 현상 유지를 통해 세계 경기 둔화를 '연착륙(soft landing)'시킬 수 있는 두 가지 경로도 있다. 하나는 실질적 변화 없는 시나리오이고, 다른 하나는 중앙은행 긴축 시나리오다.[6]

실질적 변화 없는 시나리오는 2025년 4월 관세 변화가 예상보다 충격이 적어 불확실성을 관리할 수 있는 경우다. 미·중 관세가 2025년 말까지 30% 수준으로 조정되고, 다른 세율은 10%로 안정될 경우다. 이때 미국 인플레이션은 소폭 상승에 그친다. 그러나 감세안 통과로 적자는 여전히 높고, 지출 삭감 효과는 미미하다. 유럽은 국방비 확대 의무를 이행하지만 경제 모멘텀은 약하다. 유럽이 세계경제의 패권을 거론할 만큼 도전적이지 못한 이유다.

유럽의 소비자 물가는 안정되며 2% 목표치로 복귀하고, 유로존과 미국의 10년물 금리는 3~4% 범위에 머문다. 이 경우 글로벌 성장률은 약 2.5%로 유지되지만, 신뢰는 분열된 채 불균형도 해소되지 않는다. 세계는 조정이나 개혁 없이 횡보 국면에 머무르게 된다.

중앙은행 긴축 시나리오는 앞선 가정과 세율 수준은 같지만, 관세 충격이 인플레이션을 다시 자극해 물가가 5% 가까이 오를 경우다. 이때 중앙은행들은 금리 인상 압력에 직면한다. 2026년 6월부터 금리를 100bp 이상 인상할 수 있고, 이는 미국·유럽 성장률을 1.5%p 이상 낮출 것이다. 결과적으로 중국 성장률은 2027년 1%대에 머물고, 글로벌 성장률은 2028년 이후 약 2%로 떨어지며 신뢰 회복은 이루어지지 않는다. 세계는 여전히 개혁 없는 횡보를 이어갈 가능성이 크다.

마지막으로 '지정학적 격화' 시나리오는 글로벌 신뢰와 성장 능력을 위협하는 최악의 경우다. 미국이 2025년 4월 2일 수준의 고율 관세를 고수하고, 중국 수입세를 145%로 유지하며, 중국도 미국 제품에 125% 관세를 부과한다고 가정한다. 국가들은 제한된 동맹 블록에 의존하고 무역의 지정학적 거리가 좁아지며, 글로벌 긴장은 고조된다. 국가 간 신뢰는 물론 내부 신뢰도 약화되고, 동맹의 연결 고리도 흔들린다. 무역 보복은 연쇄적으로 이어지고 장벽은 고착된다.

소비자 물가는 5%까지 오르지만 중앙은행들은 대응하지 못한다. 소비 위축으로 수요가 급감하고, 글로벌 경기침체가 발생한다. 성장률은 2026년까지 0~1%대에 머물다 2027년부터 점진적인 회복에 들어서지만, 2028년 이후 연평균 1.6%에 그친다. 관세로 물가가 급등할 경우 중앙은행이 개입할 수 있으나, 자산 가격 급락과 심각한 경기침체, 큰 자산 손실, 장기간 부채 조정 등 악순환이 이어질 수 있다. 결국 자산 가치는 GDP 대비 장기 평균 수준으로 되돌아갈 가능성이 크다.

그렇다면 개인과 기업은 어떻게 글로벌 경제가 생산성 가속화로 향하는지, 혹은 반대 국면으로 가는지를 확인할 수 있을까? 다음과 같은 다섯 가지 체크포인트가 단서가 된다.

첫째, 무역 마찰이 감소하고 남은 장벽이 회복력·안보 목적에 집중되는지 여부다. 새로운 무역 협정, 특히 다자 협정은 신뢰와 공급망 효율성을 높이며 투자 환경을 개선한다. 반대로 무역 장벽이 확대되면 신뢰는 줄고 불확실성은 커진다.

둘째, 인플레이션이 일정 수준에서 통제되고 중앙은행이 효과적으로 대응하는지다. 낮은 인플레이션은 성장의 필수 조건이다. 반면 고물가는 자산 가치를 떨어뜨리고 소비자 신뢰를 약화시키며, 기업의 투자 결정을 어렵게 만든다.

셋째, 미국 내 소비자 신뢰 회복과 중국·유럽의 소비 증가 여부다. 미국 소비자는 불안에도 불구하고 지출을 유지해왔지만, 신뢰 회복은 여전히 중요하다. 중국과 유럽 소비 증가 역시 투자 촉진과 세계 성장 동력 회복을 의미한다.

넷째, 기업들의 투자와 외국인 직접 투자의 증가 여부다. 불확실성과 물가 불안은 투자를 위축시키지만, 규제 개혁·감세 등이 투자 확대를 유도할 수 있다.

다섯째, 신용시장과 주식 발행을 통한 원활한 자본 흐름이다. 금융시장의 불안은 자본 비용을 높이고 투자 여력을 약화시킨다. 미국 신용등급 하락, 재정적자 확대, 채권시장 변동성은 모두 주시해야 할 요소다. 일본처럼 높은 부채 속 금리 급등은 경제를 공황으로 몰아넣을 수 있고, 달러의 기축통화 지위조차 위협받을 수 있다.

결론적으로, 주식 시장 변동성이 높아지면 기업 투자와 자본 조달은 위축된다. 따라서 시장 불확실성이 완화되고 금융 흐름이 회복되는지 여부가 장기 성장의 핵심 신호가 된다.

외교와 국익 사이, 괴리는 더욱 심화된다

미국 외교는 늘 국익을 명분으로 삼아왔지만, 실제 정책의 궤적은 종종 그와 어긋나왔다. 오늘날 외교와 국익 사이의 괴리는 더욱 뚜렷해지고 있으며, 그런 간극이 세계질서 속에서 미국의 입지를 흔드는 중요한 요인이 되고 있다.

이상주의와의 단절, 국익 중심의 외교

2025년 1월 재임에 성공하며 복귀한 도널드 트럼프 미국 대통령은 외교정책에서 '외교의 역할'에 대한 격렬한 논쟁을 촉발했다. 그는 블라디미르 푸틴 러시아 대통령과 우크라이나 전쟁 종식을 위한 협상을 개시했고, 시진핑 중국 국가주석과 정상회담을 논의했으며, 이란 최고지도자 알리 하메네이에게는 핵 프로그램 종식을 위한 서신을 보냈다. 즉 워싱턴의 3대 적성국 모두를 상대로 대담한 외교적 접근을 시도한 셈이다.

　동시에 미 행정부는 동맹 체제에서 혜택과 부담의 균형을 재조정하겠다는 입장을 분명히 했고, 이는 보다 상호적인 동맹 관계를 요구하는 신호였다. 이러한 행보는 전통적 동맹국으로부터 "비친화 정책"이라는 비판을 받았으나, 실상 미국은 새로운 방식의 외교를 절실히 필요로 하는 상황이었다. 냉전 종식 이후 미국은 협상보다 군사력과 경제력에 의존해 국익을 추구해왔으며, 새로운 외교를 활용할 때조차도 다자주의 제도에 기대는 이상주의적 구상을 버리지 못했다. 따라서 트럼프의 외교는 이런 이상주의적 유산과의 단절을 시도하며, 외교를 다시 국익 중심의 실용적 도구로 재정의하려는 시도로 읽힌다.

　한동안 미국은 이런 외교적 태만(negligence)을 감내할 수 있었다. 1990년대와 21세기 초반 워싱턴은 워낙 강력했기 때문에 전통적 외교 없이도 목표 달성이 가능했다. 그러나 그런 시대는 끝났다. 미국은 더 이상 모든 적을 동시에 상대할 수 있는 군사력을 보유하지 못한다. 또 다른 강대국을 제재만으로 굴복시킬 수도 없다. 오늘날 미국은 거대한 대륙 규모의 경쟁국들과 공존해야 하는 세계에 놓여 있다. 수십 년간 사라졌던 강대국 간 전쟁의 가능성이 다시금 현실적 위협으로 부상했다.

　따라서 미국은 외교를 다시 '고전적 형태'로 되살려야 한다. 그것은 전능한 군사력의 보조 수단도, 글로벌 규범을 전파하는 수단도 아닌, 냉철한 전략적 도구로서의 외교다. 역사적으로 강대국들은 외교를 통해 갈등을 예방하고, 새로운 동맹을 확보하며, 적의 연합을 분열시켜왔다. 미국도 협상과 거래를 통해 자국의 부담을 줄이고 적대국의 행동을 제약하며, 지역 권력 균형을 재조정해야 한다. 이를 위해 경쟁국과 접촉을 강화하고 기존 동맹을 재구성해, 워싱턴이 베이징과 모스크바를 동시에 직접 상대하지 않아도 되는 전략적 환경을 마련해야 한다.

외교의 본래 목적은 무엇인가? 전통적 외교는 단순한 대화나 규범 전파가 아니라 국익 극대화를 위한 전략적 수단이다. 고대에서 근현대에 이르기까지 강대국들은 외교를 활용해 전쟁을 예방하고, 동맹을 확장하거나 재편성하며, 적국의 세력 확장을 차단하는 방식으로 힘의 균형을 조정해왔다. 미국도 이제 이와 같은 실용적 외교술을 되살려야 한다는 목소리가 커지고 있다.

이에 따라 첫째, 미국은 적과도 대화해야 한다. 중국·러시아·이란과의 대립은 단순 제재와 고립으로는 해소되지 않는다. 오히려 중국과는 경제 경쟁의 규칙을 설정해 군사 충돌을 방지해야 하고, 러시아와는 유럽 안보 질서 재정립 및 우크라이나 전쟁 종식을 위해 대화를 강화해야 한다. 이란과는 핵 억제와 중동 안정화를 위해 직접 협상과 실리적 거래가 필요하다.

둘째, 동맹의 정의도 재조정되어야 한다. 미국은 더 이상 모든 지역에서 안보의 주도자 역할을 감당하기 어렵다. 따라서 나토(NATO)에는 더 큰 책임을 요구하고, 아시아에서는 일본·호주·인도와의 역할 분담을 강화하며, 중동에서는 사우디·이스라엘과 관계를 조율해 개입 비용을 줄여야 한다. 이는 균형 잡힌 리더십을 구축하기 위한 전략적 선택이다.

셋째, 미국은 세계경찰 역할을 지향할 수 없다는 현실을 인정해야 한다. 대신 비용을 최소화하면서도 자유주의 국제질서와 영향력을 유지하고, 군사적 충돌을 예방하는 방식으로 외교를 활용해야 한다. 즉 외교를 통해 '힘의 효율'을 극대화하는 전략이다.

외교의 본질은 시간과 공간 속에서 권력을 재배열해, 국가들이 감당할 수 없는 힘의 시험을 피하도록 하는 데 있다. 이를 완벽히 해낼 마법 같은 공식은 없으며, 트럼프의 접근이 성공할 보장도 없다. 그러나 '모든 적을 압도하려는 시도'는 비현실적이며 위험하다. 따라서 전략적 외교야말로 장기적 경쟁에서 미국이 입지를 다질 수 있는 가장 현실적인 수단이다.

외교의 기원, 전쟁을 늦추는 지혜

기원전 432년 여름, 스파르타 지도자들은 아테네와 전쟁을 벌일지 논의하기 위해 모였다. 두 도시국가의 긴장은 이미 몇 달째 고조되고 있었고, 아테네는 스파르타 동맹과 충돌했으나 스파르타는 이를 방관했다. 이제 동맹국들의 압박을 받은 매파들은 행동을 촉구했다. 그러나 노왕 아르키다모스 2세(Archidamus II)는 다른 방안을 제안했다. 그것은 바로 '외교'였다.

아르키다모스는 회중에게 전쟁을 서두르지 말고, 굴복도 전쟁도 아닌 어조로 사절을 보내 항의할 것을 권고했다. 그 사이 스파르타는 동맹을 확대하고 국내 기반을 강화할 시간을 벌 수 있었다. 그는 이렇게 말했다.

"나는 그대들이 즉시 무기를 들지 말고, '아테네인들에게' 전쟁을 암시하지도, 그렇다고 굴복을 암시하지도 않는 어조로 사절을 보내어 항의하길 권고하노라. 그리고 그 사이에 우리의 준비를 완비하길 바라노라. 그 방법은 첫째 동맹국 확보인데, 그리스인이든 야만인이든 상관없으며, 둘째는 국내 자원의 개발이다. 만일 그들이 우리의 말을 듣는다면 더할 나위 없겠지만, 듣지 않는다면 두세 해 후 우리의 입지는 실질적으로 강화될 것이다. 어쩌면 그때쯤이면 우리의 준비 태세를 본 그들이, 우리의 결연한 언사와 맞물려, 그들의 땅이 아직 손상되지 않았고 그들의 국익이 보존되어 있을 때에 복종할지도 모른다."

처음에 그의 연설은 회중을 설득하지 못했다. 스파르타는 전쟁을 선택했다. 그러나 몇 주가 지나면서 도시가 전쟁 준비가 부족하다는 사실이 드러났고, 노왕의 지혜가 점차 설득력을 얻었다. 스파르타는 전쟁 속도를 늦추고 동맹을 확대하기 위해 사절단을 사방으로 파견했다. 1년 뒤 전쟁이 발발했을 때 스파르타는 훨씬 유리한 위치에서 맞설 수 있었고, 20년 후 승리한 이유는 군대의 질이 아니라 더 크고 강력한 동맹(심지어 과거의 적 페르시아까지 포함한)을 구축했기 때문이었다.

아르키다모스의 제안은 이후 수세기 동안 강대국들에게 반복적으로 활용되었다. '외교로 전쟁 준비 시간을 벌라'는 전략은 로마 제국, 비잔틴 제국, 송나라가 모두 사용했다. 로마 황제 도미티아누스는 다키아족(Dacians)과 휴전을 맺어 로마가 전열을 가다듬게 했고, 10년 후 트라야누스가 전쟁을 개시했다. 이러한 모든 사례의 공통점은 핵심 지역에서 유리한 세력 균형을 조성하는 데 성공했다는 것이다. 바로 이것이 전략적 외교의 본질이며, 국가가 물리적 역량을 넘어 영향력을 행사할 수 있는 원천이었다.

오스트리아 외무장관이자 후일 수상인 클레멘스 폰 메테르니히(Klemens von Metternich)가 구축한 비엔나 체제도 세력 균형을 활용해 오스트리아 제국의 강대국 지위를 자연 수명보다 훨씬 오래 유지하게 했다. 독일 제국의 철혈재상 오토 폰 비스마르크(Otto von Bismarck)도 19세기 후반에 유사한 전략을 구사했다. 이들 지도자는 공동의 이해관계 외 다른 이유로는 결코 파트너십을 맺지 않았다. 적국을 논리로 우호국으로 바꿀 수 있다고 믿지 않았고, 외교가 세계관의 불화를 극복할 수 있다는 환상도 없었다. 그들의 목표는 적의 행동 선택지를 제한하는 것이었으며, 갈등의 근원을 제거하는 것이 아니었다. 이 논리를 벗어나면 재앙으로 이어졌다.[7]

미국도 1990년대에 비슷한 실수를 저질렀다는 비판을 받는다. 구소련 붕괴 후 부상하는 중국을 견제하기보다, 워싱턴은 중국의 경제적 확장을 막고 있던 장벽을 제거했다. 이른바 '퍼주기 외교' 혹은 '햇볕정책'이었다. 미국 정부는 중국의 세계무역기구(WTO) 가입을 협상했고, 중국 기업에 미국 시장을 개방했다. 워싱턴은 이를 통해 중국이 자유민주주의 국가로 변모할 것이라 기대했으나, 중국은 오히려 통제를 강화하고 부를 축적해 경제력을 급격히 확장했다.

오늘날 중국 제조업 지배력은 미국 군대조차 수많은 중국산 제품에 의존할 정도다. 따라서 중국과 전쟁이 벌어진다면 워싱턴의 선택지는 심각하게 제약될 수밖에 없다.

미국의 위대한 착각, 중국을 변화시킬 수 있다

냉전 이후 미국의 대중 외교 접근은 미국 지도자들이 더 이상 전략적 외교가 필요하지 않다고 믿었기 때문에 가능했다. 1990년대에는 더 이상 경쟁할 강대국이 없었고, 구 소련 붕괴 이후 미국은 이전의 그 어떤 강대국도 상상할 수 없었던 우위를 누리고 있었다. 워싱턴은 경쟁국의 행동을 조율하는 대신, 그들을 자유주의 사회로 바꾸려는 더 야심찬 목표를 추구했다.

이러한 독특한 시대 상황에서 대부분의 미국 관료들은 외교에 대해 두 가지 태도 중 하나를 취했다. 첫째, 세계가 점점 더 세계화된 유토피아로 나아가고 있다고 믿었고, 외교를 국가 위에 있는 규칙과 제도를 만드는 수단으로 여겼다. 둘째, 미국이 군사기술적 수단을 통해 완전한 안보를 달성할 수 있으며, 외교는 비현실적이고 비겁한 수단으로서 미국을 약하게 만든다고 보았다. 이러한 생각들은 냉전이 끝나기 전에도 존재했다.

전설적인 현실주의자였던 헨리 키신저(Henry Kissinger) 국무장관조차 궁극적으로 세계 연방을 만드는 것이 미국 외교의 임무라고 믿었던 이상주의자였다. 강경한 태도를 보였던 로널드 레이건(Ronald Reagan) 대통령 역시, 구 소련의 미하일 고르바초프(Mikhail Gorbachev)와 핵 협상을 시작했을 때 〈워싱턴타임스〉 전면 광고에서 체임벌린(Chamberlain) 옆에 그의 사진이 실릴 정도였다. 베를린 장벽이 무너진 이후, 이 두 사람의 입장은 모두 강화되었다. 자유주의자들은 구 소련 붕괴를 유토피아가 가까워졌다는 증거로 해석했고, 강경파는 외교가 불필요하다는 증거로 받아들였다. 외교는 심각하게 무시되었다.

그러나 '역사의 종말(history's demise)'이라는 결론은 섣부른 판단이었다. 자유주의(Liberalism)는 지정학(geopolitics)을 인류의 역사에서 지워내지 못했다. 중국, 이란, 러시아는 자유주의 사회로 미국이 생각했던 대로 변하지 않았다. 오히려 이들은 자신들의 문명적 정체성을 강화한 자신감 있는 국가가 되었고, 각자의 지역에서 패권을 장악하려는 의지를 굽히지 않았다.

오늘날 강대국 간 경쟁은 다시 돌아왔고, 체제 간 전쟁도 현실적인 가능성이 되었다. 자유주의자도, 강경파도 이 문제에 대한 실행 가능한 해법을 가지고 있지 않았다. 결국 세계의 모든 국제기구를 동원하더라도 미국과 중국 또는 러시아, 혹은 양국 간의 무력 충돌을 막을 수는 없었다. 그리고 현재의 미국 군대는 동시에 두 강대국과의 전쟁을 수행할 태세도, 장비도 갖추지 못한 것으로 판단된다. 워싱턴은 군사력에 재투자할 수 있고, 그래야 한다고 보지만, 중국과 러시아의 군사적 진전 그리고 미국의 막대한 재정적자를 고려할 때, 미국 군대를 모든 적을 동시에 상대할 수 있는 수준으로 끌어올리려면 한 세대에 걸친 노력이 필요할 것이다. 현상 유지조차도 어렵다.

이러한 한계를 보완하기 위해 미국은 어떻게 해야 할까? 그 방법은 간명하다. 전략적 외교로 회귀해야 한다. 아르키다모스의 표현을 빌리자면, "전쟁을 암시하지도, 굴복을 암시하지도 않는 어조(a tone not too suggestive of war, nor again too suggestive of submission)"로 적들과 교섭해야 하며, 그로부터 확보한 시간을 이용해 동맹과 국내 자원을 전쟁을 위한 더 나은 상태로 준비시켜야 한다. 당연히 그 목적은 전쟁을 피하는 데 있다. 과거의 강대국들처럼, 미국은 주요 경쟁자 중 더 약한 쪽과의 긴장을 완화함으로써 더 강한 상대에게 집중할 수 있다. 이것이 1970년대 초 키신저와 당시 대통령 리처드 닉슨이 베이징과의 관계를 개선함으로써 모스크바에 집중할 수 있었던 방식이다.

오늘날 더 약한 경쟁자는 러시아다. 우크라이나 전쟁이 모스크바의 군사력을 상당히 소진시키면서 이는 분명해졌다. 따라서 미국은 러시아의 쇠약한 상태를 자신에게 유리하게 활용해, 베이징에 불리한 방식으로 모스크바와의 데탕트를 추진해야 한다. 이때 목표는 러시아와의 갈등 원인을 제거하는 것이 아니라, 러시아가 미국의 이익에 해를 끼칠 수 있는 능력을 제한하는 것이다.

지금까지 트럼프 행정부의 외교전략은 이러한 방향을 추구하는 것으로 보인다. 그는 러시아와 우크라이나가 서로의 에너지 인프라 공격을 중단하도록 설득했다. 사우디아라비아에게 석유 생산을 늘리도록 설득했고, 바이든의 에너지 관련 은행 거래 면제를 종료하는 등의 조치를 취했다. 그는 우크라이나와의 광물 거래 협정을 체결해 두 나라 간의 연결을 강화하면서도 워싱턴이 키이우의 방어 책임을 지지 않도록 했다.

또한 유럽에 대한 더 강경한 태도는 유럽 대륙에서 수십 년 만에 거의 1조 달러에 이르는 방위 지출 증가를 촉발시켰다. 트럼프의 초기 관세정책은 유럽인들을 흔들었지만, 동시에 10년 만에 새로운 대서양 간 대협약을 시작하는 논의를 재개하게 했다. 이 모든 것이 미국에 더 나은 결과를 가져올 수 있을까? 미국이 그 목적을 이루기 위해서는 목표는 단순한 혼란이 아니라 '전략적 혁신을 위한 혼란'이어야 한다. 하지만 미국이 세계경제 질서에 가져다준 '혼란'은 적어도 '전략'의 콘텐츠가 빠진 껍데기만 가득한 '헛발질' 혹은 '자살골' 외교일 가능성도 잠재한다.

미국은 '세계 분쟁 지역을 분할해야 한다'는 전략을 고민할 필요가 있다. 하지만 여기에는 우선순위 결정 문제가 잠재적 과제로 남는다. 러시아-우크라이나 전쟁이 우선순위를 가지는지, 아니면 내부 경제가 상당 부분 망가지는 듯한 중국을 우선순위로 정할 것인지는 매우 어려운 일로 보인다. 두 마리 토끼를 다 잡을 수 있다면 미국의 리더십은 더욱 강건하다는 것을 입증하겠지만, 그렇지 못할 경우 후폭풍도 만만치 않다. 하나씩 문제를 해결하려 한다면 반드시 우선순위를 정해야 한다. 그렇지 않고서는 트럼프 대통령의 개인기에 의존하는 단독 외교는 자신이 쳐놓은 덫에 걸려 허우적거릴 만큼 정교해 보이지 않기 때문이다.

더구나 러시아가 중국과 완전히 분리될 가능성은 낮다. 두 나라는 닉슨(Nixon) 전 대통령이 베이징을 방문했을 당시보다 더 많은 공동의 이익과 우호적 정치 관계를 유지하고 있다. 다만 그들의 이익은 동일하지 않다. 러시아는 우크라이나와의 전쟁이 시작된 이후 중국에 정치·외교·경제적으로 더욱 크게 의존하게 되었다. 지정학적 의존은 항상 불편함을 유발한다.

특히 러시아의 재정적 및 기술적 의존도는 전쟁으로 인해 상당히 증가했다. 중국은 이에 대한 반대급부로 중앙아시아에서 러시아의 전통적 영향권을 대체하려 하고 있다. 이들은 시베리아와 러시아 극동 지역의 인프라에서 지배적인 지분을 확보했으며, 그로 인해 모스크바의 실제 주권이 점차 의문시되고 있다. 이로 인해 러시아에게는 오래된 딜레마가 발생한다. 러시아는 유럽 국가인가, 아니면 아시아 국가인가? 미국은 이 긴장을 활용해야 한다. 러시아가 외교정책에서 서쪽 대신 동쪽을 향하도록 만드는 것이다.[8]

그런 다음, 워싱턴은 대부분의 군사안보 관심을 베이징의 군비 증강으로 전환할 수 있다. 이러한 협정은 또한 중국과 러시아 사이에 균열을 일으킬 수 있는데, 이는 중국이 미국이 유럽에서 군비 경쟁에 직면하기를 원하는 것을 방해할 수 있기 때문이다. 미국이 유럽에서 러시아와 유럽 국가 간에 외교적 함정에 빠져 있는 틈을 노려, 자신은 동남아 및 동북아 지배권을 강화하려는 전략과 전술이 눈에 띄기 때문이다. 일차적으로 육상 지배권이지만, 점차 대양 해군을 통한 해상 지배권에도 주목하고 있다.

미국은 또 다른 잠재적 핵 위협인 이란에 대해서도 전략적 외교를 사용할 수 있다. 미국은 이란의 야망을 저지하고 향후 군사 개입을 최소화하는 데 강한 이해관계를 가진다. 이란의 대리인과 공중 방어 시스템을 이스라엘이 최근 중립화한 덕분에, 미국은 아브라함 협정(Abraham Accords) 틀을 확장해 이스라엘과 사우디아라비아의 정상화를 촉진할 기회를 가질 수 있다.

이스라엘의 성공적인 지역 군사 작전 덕분에 미국은 레바논과 시리아 같은 옛 이란의 대리인을 분리할 수 있다. 시리아에서의 성공은 미국 외교가 쿠르드족(The Kurds)에게 역할을 부여하면서 터키와 카타르(Turkey and Qatar)가 지원하는 이슬람파를 억제하는 내부 균형을 촉진해야 함을 의미한다. 동시에 미국은 우크라이나와 같은 공동 관심사를 다루는 데 있어 터키와 협력하고, 터키와 미국의 동맹국들인 그리스·이스라엘·사우디아라비아 간 화해를 장려해야 한다.

미국의 이란과의 성공적 외교 전망은 새 행정부가 지역 전반에서 강력한 입지를 구축하는 정도에 비례해 증가할 것이다. 이란이 핵 프로그램을 포기하는 모습을 상상하기는 어렵지만, 트럼프가 최근 하메네이에게 보낸 서한과 같은 시도를 지금이야말로 해

볼 때다. 현재 테헤란은 약한 카드를, 미국은 강한 카드를 쥐고 있기 때문이다.

중국의 강력한 입지와 도전

미국 외교의 핵심은 단연 중국 문제다. 중국은 아마도 미국 역사상 어떤 경쟁자보다도 더 넓고 깊은 도전을 제기할 것이다. 미국은 소련을 다루듯 중국을 억제할 수 없다. 중국은 규모가 너무 크고, 세계 경제에 지나치게 통합되어 있기 때문이다. 따라서 미국은 가능한 모든 방법을 동원해 중국이 반미 연합을 형성할 실질적 선택지를 차단해야 한다. 외교의 목표는 최대 규모의 반중 연합 구축, 국내 경제력 강화, 그리고 그 기반 위에서 유리한 공존 방식을 모색하는 데 있다.

이 전략의 중심은 아시아다. 중국은 국경을 접한 14개국과 크고 작은 갈등을 안고 있다. 인도와 네팔은 영토 분쟁을, 일본·필리핀·베트남은 해상 분쟁을 겪고 있다. 미국 외교는 이러한 역학을 활용해 중국의 군사적 확장 옵션을 제약하고, 지역적 세력 균형을 촉진해야 한다.

지금까지 미국의 성과는 불확실하다. 조 바이든 행정부는 중국을 주요 경쟁자로 본 트럼프 행정부의 전략을 이어받아 대만에 대한 수사적 지지를 강화하고, 쿼드(Quad) 협력 확대, 필리핀과의 방위 협력 강화, 한·일 갈등 완화에 힘썼다. 그러나 이는 동시에 아시아에서 미군의 존재를 축소하고, 유럽·중동 위기에 집중하려는 조치였다. 그 결과, 말과 실력 사이에 괴리가 발생했다. 예컨대 대만 문제에서는 전략적 모호성을 약화시키면서도 실제로는 미군을 유럽과 중동으로 재배치했다.

또한 미국은 우크라이나 무기 지원과 대러 제재를 위해 태평양 동맹국의 협조를 요구했다. 장기적으로는 유럽식 NATO 모델을 아시아에 도입하려는 구상을 보였지만, 아시아는 지리적·정치적 제약이 크다. 한국과 일본은 경제·군사적 역량에도 불구하고 상호 불신이 뿌리 깊다. 이런 조건 속에서 미국의 대중 접근법은 무엇이어야 할까?

바이든 행정부의 수사와 능력 간 괴리는 오히려 도발적이면서도 약해 보이는 역설을 낳았다. 백악관은 대만 문제에서 강경한 언사를 내놓았지만, 미군의 존재 축소는 힘의 공백을 드러냈다. 2021년 앵커리지 회담에서 양제츠가 블링컨을 공개 비난한 장면은 이를 단적으로 보여준다. 이후 4년간 일부에서는 이를 '좀비 외교(zombie diplomacy)'라 불렀다.

중국은 바이든 행정부에 두 가지 선택을 제시했다. 첫째, 대만 지원 포기와 미군 축소, 협력의 대가로 한·미 시장 개방이고, 둘째, 군사적 대립이다. 미국의 향후 전략은 반대로 가야 한다. 언사는 최소화하고, 행동은 극대화해야 한다.

미국은 에너지 생산을 확대하고, 적자를 줄이며, 경제를 강화해야 한다. 아시아에서는 동맹국에 관세와 방위 분담의 상호주의를 요구하고, 군사 억지력을 강화해야 한다.

이 과정에서 핵심은 '인도'다. 트럼프 행정부는 인도를 일본·NATO 동맹 수준으로 대우하며, 중국의 일대일로에 맞서 인도에서 중동·유럽으로 이어지는 경제 회랑을 확대해야 한다. 민주주의 퇴보 비판을 접고, 인도가 중국·파키스탄을 견제하려는 노력에 정치·군사 지원을 약속해야 한다.

요약하면, 미국은 '힘의 위치에서 외교를 재구성'해야 한다. 국내 자립 기반을 재건하고, 해외에서 더 나은 동맹을 구축해 얻은 힘을 활용해 중국과 유리한 균형을 협상해야 한다. 이를 통해 무역 적자 축소, 금융기관의 중국 시장 진입 확대, 산업별 중국 투자를 유도할 수 있다. 심지어 위안화 절상·달러 약세를 활용해 상호 이익을 창출할 수도 있다.

중국과의 관여와 인도·태평양 동맹 재조정은 모순되지 않는다. 역사 속 강대국들은 경쟁국과의 접촉을 통해 동맹국의 협조를 끌어냈다. 핵심은 동맹국에 미국이 적국과의 관여에 어디까지 선을 긋는지 명확히 보여주는 것이다.

아직 트럼프 행정부의 대중 외교는 초기 단계다. 관세·무역 협상은 지지부진할 수 있고, 1기 때와 마찬가지로 시간이 걸릴 것이다. 그러나 모든 요소가 맞물린다면, 미국은 1990년대 이후 처음으로 중국과의 관계 구조를 재편할 기회를 얻을 수 있다.

지금까지 트럼프의 동맹 외교 성적표는 긍정적이진 않다. 관세정책은 경제적 파장을 넘어 우방과의 동맹관계 약화를 불러왔다. 미국은 기본으로 돌아가야 한다. 전략 외교는 도전이 많겠지만, 미국은 개방적 정치, 실력주의, 역동적 경제를 바탕으로 실책을 바로잡을 수 있다. 외교는 이를 장기 경쟁의 이점으로 전환하는 도구가 되어야 한다.

돈의 발명, 교환의 혁명
—
달러의 시작, 미국의 시작
—
달러의 시련, 신뢰의 시험
—
미국의 숨겨진 야망, 팍스 아메리카나
—
달러 약세, '고통의 세계'가 임박

CHAPTER 2

달러의 매력과 균열: 기축통화의 힘과 한계

INTRO

달러화는 단순한 교환 수단을 넘어 20세기 이후 세계 질서를 규정한 패권의 핵심 도구였다. 원유 거래의 달러 결제, 국제 금융시장의 달러 자산 의존, 각국 외환보유고의 달러 편중은 모두 미국이 경제적 영향력을 넘어 정치·외교적 지렛대를 확보하는 근거가 되었다. 달러는 화폐이자 동시에 권력의 언어였고, 세계는 그 언어를 따르며 번영과 위기를 함께 겪어왔다.

그러나 오늘날 우리가 마주한 질문은 단순하다. "달러 패권은 여전히 공고한가, 아니면 균열의 조짐을 보이고 있는가?" 달러는 성장과 번영의 상징이었지만, 그 그림자에는 의존과 불평등, 갈등의 씨앗이 함께 자라났다. 달러의 힘은 세계 경제를 지탱했으나, 그 힘이 약화될 경우 전 세계는 고통을 함께 짊어져야 한다는 역설도 드러났다.

2장에서는 이러한 문제의식을 바탕으로 달러의 궤적을 살펴본다. 첫째, 브레턴우즈 체제 이후 달러 패권이 어떻게 구축되어 국제 질서의 근간이 되었는지를 추적한다. 둘째, 달러 강세와 약세 국면이 세계 경제에 미친 충격과 파급을 분석하며, 그 속에서 드러난 미국의 전략적 계산을 탐구한다. 셋째, 새로운 디지털 통화의 부상과 위안화 국제화 시도가 달러 중심 질서에 도전할 수 있는지 검토한다. 마지막으로, 달러 패권이 지속될 수 있는 조건과 균열이 초래할 세계 경제의 변화를 전망한다.

결국 2장은 달러의 향기를 따라가며 우리가 살아가는 글로벌 체제의 실체를 들여다보는 장이다. 달러는 단순한 화폐가 아니라 문명 전환의 기제이며, 그 향방은 인류가 앞으로 어떤 질서 속에서 살아가게 될지를 가늠하는 지표다.

돈의 발명,
교환의 혁명

인류 문명은 '돈'의 발명에서 새로운 전환점을 맞았다. 단순한 물물교환에서 화폐가 등장하면서, 사회는 효율성과 신뢰라는 두 축을 기반으로 발전하기 시작했다. 화폐는 단순한 거래 수단을 넘어 권력과 질서를 규정하는 도구로 자리 잡았다.

$ '돈'은 인간이 만든 유일한 신뢰 시스템

'돈'이라는 것, 즉 화폐의 역사는 매우 오래되었다. 인류가 등장한 순간부터는 아니지만, 생산물에 '잉여(surplus)'가 생기고 교환의 필요가 대두되면서 화폐는 본질적으로 필요해졌다. 직접 물품을 들고 가기 힘든 거래 상황이나, 일정한 신용(credit)을 빌리고 빌려주는 상황에서 '돈'은 자연스레 등장했을 것이다.

오늘날 신용카드의 시초인 '다이너스 카드'도 같은 원리다. 한 고객이 지갑을 두고 와서 식대를 결제하지 못하자, 자신의 명함에 이서(endorsement)를 해 결제를 대신한 것이 그 시작이었다. 태초의 인류 사회에는 지금과 같은 신뢰 체계가 없었기에, 내재적 가치를 지닌 사물을 화폐로 삼을 필요가 있었다.

인류 최초의 화폐는 다양한 형태로 나타났다. 역사학자 유발 하라리(Yuval Harari)가 든 대표적 사례는 기원전 3000년경 수메르의 '보리 화폐(barley money)'다. 문자가 행정 활동 증가로 발명되었듯, 보리 화폐도 경제 활동의 확대에 대응해 등장했다.

보리 화폐는 말 그대로 보리였다. 일정량의 곡물을 기준으로 모든 상품과 서비스의 가치를 측정하고 교환했다. 가장 일반적인 단위는 약 1리터에 해당하는 '실라(sila)'였다. 표준화된 그릇이 대량 생산되어, 사람들은 이를 통해 교환 가치를 손쉽게 측정했다. 임금 역시 실라 단위로 지급되었다. 남성 노동자는 월 60실라, 여성은 30실라, 감독관은 1,200~5,000실라를 받았다.

물론 한 달에 5,000리터의 보리를 먹을 수는 없으므로, 남은 보리는 기름, 염소, 노예, 다른 음식 등과 교환했을 것이다. 보리가 생물학적 가치, 즉 식량이었기에 신뢰를 얻기는 쉬웠다. 그러나 보리를 화폐로 사용하도록 사람들을 설득하는 일은 쉽지 않았다. 보관과 운반이 불편했기 때문이다.

화폐사의 진정한 돌파구는 내재적 가치는 없지만 보관과 운반이 편리한 화폐에 대한 신뢰가 형성되면서 열렸다. 기원전 3000년경 메소포타미아에서 등장한 은(銀) 세켈(shekel)이 그 대표적 사례다. 이는 동전이 아니라 8.33그램의 은 덩어리였으며, 함무라비 법전과 구약성경의 화폐 단위도 대부분 은의 무게로 기록되었다.

하라리는 은 세켈에 내재적 가치가 없다고 했지만, 정의를 달리하면 보리 실라와는 다른 성격을 띤다. 은은 먹거나 입을 수 없고, 도구로 쓰기에는 무르지만, 부식되지 않고 장기간 보관이 가능했다. 또한 장신구, 왕관, 지위의 상징으로 사용되며 사회적·문화적 가치를 지녔다. 따라서 보리 화폐가 저장 한계로 신뢰가 제한적이었다면, 은 세켈은 오히려 산업과 상업의 발전과 함께 화폐로서의 신뢰와 기능이 확대될 수 있었다.

오늘날의 화폐는 대부분 전자 데이터다. 하라리에 따르면 전 세계 화폐 총액인 약 60조 달러 중 지폐와 동전은 6조 달러도 안 된다. 90% 이상은 서버 속 데이터일 뿐이다. 집을 사면서 현금을 들고 가는 사람은 거의 없다. 사람들이 전자 데이터를 신뢰하는 한, 그것은 동전이나 지폐보다 가볍고, 부피가 작으며, 추적도 용이하다.

수천 년 동안 철학자, 사상가, 예언자들은 돈을 악의 근원으로 비난해왔다. 그럼에도 돈은 인간 관용의 정점이라 할 수 있다. 돈은 언어, 법, 규범, 종교, 습관보다 포용적이다. 종교·성별·인종·연령·성적 지향과 무관하게, 문화적 장벽을 넘어서는 유일한 신뢰 시스템이기 때문이다. 덕분에 서로 알지 못하고 신뢰하지 않는 이들도 돈이라는 체계 안에서는 협력할 수 있다.

💲 돈은 '가치'의 상징적 표시물

돈은 어떻게 진화했을까? 태초 인류의 화폐는 누구나 쉽게 구할 수 있는 물건이었을 것이다. 조개껍데기, 돌, 뼈 조각처럼 쉽게 상하거나 소멸되지 않는 것에서 출발해, 차차 위조하기 어렵고 권위를 지닌 물건이 화폐로 자리 잡았다. 왕과 같은 절대 권력자만이 공급할 수 있는 표준화된 사물이 화폐의 지위를 얻게 된 것이다.

돈은 가치의 상징적 표시물이다. 따라서 돈에는 정치, 경제, 사회, 문화, 철학, 심리학 등 다층적 의미가 동시에 담겨 있다. 정치적으로는 '자본주의'와 '사회주의'라는 이데올로기적 구분으로 나뉜다. 자본주의는 돈의 운용 원리에 따라 자유로운 거래와 공정한 분배를 지향한다. 그러나 현실의 자본 흐름이 반드시 이 원칙을 지킨다고 장담할 수 없으며, 이로 인해 정치경제적 문제와 사회적 갈등이 발생한다.

경제적 의미에서 돈은 곧 가치, 즉 잉여물의 교환비율이다. 시장에서 수요와 공급의 원리에 따라 가격이 결정되지만, 공급자가 한정적일 경우에는 독점이나 과점 구조에서 가격 착취(price exploitation)가 일어나기도 한다. 따라서 이를 감시하고 견제할 필요가 있다.

사회적으로 돈은 때로 무가치할 수도, 때로는 '부의 축적(accumulation of wealth)'을 통해 사회적 지위와 판단 기준을 제공하기도 한다. 한 사람의 성공과 실패를 자본의 크기로 평가하고,

계급과 신분을 나누는 잣대가 되며, 자본가에게 도덕적·윤리적 책임을 요구하는 근거로 사용되기도 한다. 그러나 누구도 자본의 축적이 곧 사회적 봉사와 기여를 위한 것이라 단언할 수는 없다. 나눔과 기여는 교육, 사회적 분위기, 시대적 변화에 따라 달라질 뿐이다.

군사적으로 전쟁은 곧 '돈'의 싸움, 즉 '머니 게임'이다. 러시아-우크라이나 전쟁만 보더라도, 보이는 전쟁은 생명과 건물, 인프라의 파괴이지만, 보이지 않는 전쟁은 무기 구매와 보급을 위한 막대한 자금 운용이다. 1890년 제정된 셔먼 반독점법 역시 당시 재벌들이 자발적으로 책임을 다해 기부한 결과가 아니라, 독점 구조를 깨뜨리려는 제도적 장치였다.[9]

인간은 본능적으로 돈을 좋아한다. 돈을 좇는 것은 곧 성공을 좇는 것이며, 여기서 성공은 신분 상승과 계급 이동을 뜻한다. 자본주의 사회에서 모든 것이 돈으로 평가된다. 사회주의도 크게 다르지 않다. 비록 공동생산과 공동분배를 목표로 하지만, 마르크스조차 저서 『자본론(Das Kapital)』에서 지속적인 투자의 필요성을 강조했다.

다만 사회주의 체제에서 돈의 가치는 제한적이다. 시장이 존재하지 않고 정부가 생산과 분배를 통제하기 때문이다. 이때 돈은 가치척도의 기준이 되지 못하며, 오히려 인간의 이성을 피폐화시키는 노동자·농민 착취의 수단으로 여겨지기도 한다.

💲 잉여 생산과 '자본'의 제도권 속으로 진입

돈은 결국 시장 활동을 통해 진화했다. 그 배경에는 잉여 생산물의 증가, 이를 가능케 한 노동과 토지의 생산성 향상, 그리고 도구·기술·과학의 발전이 있었다. 나아가 이러한 발전을 이끈 것은 인간의 본능적 욕구, 곧 진보와 진화의 과정이었다.

중세 이후 돈은 무거웠다. 가치를 담아야 했기에 무형이 아니라 유형의 형태였고, 그 재료는 귀한 것보다는 주변에서 쉽게 구할 수 있는 원료여야 했다. 크기와 재료의 종류·질에 따라 돈의 가치를 달리 정할 수 있었다. 예컨대 철이나 구리로 만든 초기 주화는 단일 재료에서 출발했으나, 차츰 합금·도금 기술과 연금술의 발달로 다양한 조합의 화폐가 등장했다. 사람들은 그 화폐에 상징적이고 무형적인 가치를 반영하려 했다.

'돈'을 아무나 만들 수는 없었다. 초기에 '돈'과 '자본'의 관계는 뚜렷하지 않았으나, 시간이 흐르며 돈을 많이 가진 자가 곧 권력자임이 분명해졌다. 노예를 거래할 때도 돈이 필요했고, 귀족은 정치 권력에 기대어 이권에 개입하며 돈을 축적했다. 따라서 고대 국가가 제사와 정치가 하나였던 제정일치 사회였다면, 중세 이후 국가는 경제권력과 정치권력이 하나로 결합된 정경일치 사회로 변모했다.

무형의 가치 혹은 생산성이 가격으로 환산되고, 다시 수요와 공급의 원리에 따라 균형이 결정되는 과정에서 돈은 겉으로는 비켜 서 있는 듯 보인다. 경제학 교과서는 생산의 두 요소를 노동과 자본으로 정의한다. 상품·서비스의 가격은 노동과 자본의 한계 생산성이 반영된 임금과 지대에 의해 결정된다. 여기에 생산자의 이윤이 더해져 최종 가격이 형성된다고 가르친다.

물론 완전경쟁(perfect competition) 시장이라면 생산자는 이윤을 거의 붙이지 못한다. 소비자는 저렴한 가격에 상품을 구매할 수 있다. 그러나 완전경쟁은 현실에 존재하지 않는다. 반대로 독점 시장은 생산자가 유일하게 존재할 경우로, 이때는 생산자가 가격을 마음대로 정할 수 있어 가격 착취(price exploitation)가 발생한다.

이때 돈과 자본은 독점 시장일수록 쏠림 현상이 심화된다. 시장의 독점적 지위는 수요·공급을 막론하고 절대적인 힘을 가진다. 정부와 공무원도 예외가 아니다. 조세와 규제정책을 입안·집행하는 행정부는 스스로 독점적 지위에 있다는 사실을 자주 망각한다. 물론 삼권분립이 권력 균형을 도모한다고 하지만, 그 분배가 언제나 '최적(optimal), 균형(balanced), 정의롭고(Just), 합리적(reasonable)'이라고 쉽게 받아들이기는 어렵다. 정부가 제정하는 수많은 법과 규제가 그들만의 카르텔(cartel), 곧 이해관계일 수 있기 때문이다.

이처럼 사회 구성원 모두는 저마다 다른 이해관계를 추구한다. 그것이 곧 효용(utility), 즉 안정적이고 일관된 만족감이다. 돈은 그러한 가치마저 숫자와 절대적·상대적 가치로 표시한다. 따라서 돈은 정부와 중앙은행이 관리하는 자원이자, 경제적 강자가 국민의 부를 정책적으로 착취하거나 심지어 몰수할 수 있는 수단이 된다. 돈은 정치와 경제 권력의 밀착을 낳았고, '자본'과 '금융'이라는 학문적 지류를 만들었다. 동시에 일반인들이 인식하지 못하는 사이에 부(wealth)의 이동을 왜곡하는 도구가 되기도 했다.

    이 과정에서 정치적 불균형이 포퓰리즘이라는 이데올로기의 옷을 입으면, 자유시장경제와 금융자본주의 대 사회주의·공산주의라는 뚜렷한 대립 구도로 나뉜다. 돈이라는 경제적 상징물이 어떻게 정치 권력에 가까이 다가섰는지, 현대에 와서는 통화정책과 재정정책이라는 이름으로 '위대하고 거룩한 권위'를 갖게 되었는지, 그리고 오늘날 디지털화폐로까지 끊임없이 변모하며 역사를 이어오고 있는지를 살펴보고자 한다.

$ 돈에는 독특한 향기가 있다

"돈에는 독특한 향이 있다." 이는 유발 하라리(Yuval Harari)의 표현이다. 면직물, 기름, 잉크, 그리고 수천·수만 번의 손바꿈으로 묻은 손길이 섞여 만들어낸 묘한 냄새. 오래 유통된 지폐에서 풍기는 희미하고 퀴퀴한 향은 돈을 단순한 숫자가 아니라, 손에 쥘 수 있고 숨결 속에 스며드는 실재로 만든다. 돈은 수 세기 동안 가치를 넘어 감각적 정체성과 정치·경제적 가치 체계를 동시에 지녀왔다.

    그렇다면 시대별로 어떤 것들이 돈으로 사용되었을까? 먼저 돈이란 무엇인가? 그것은 곧 '가치를 지닌 무언가'다. 지난 1만 년 동안 인간은 그 무언가를 '돈'이라는 개념으로 정리하고 물질적 형태로 변환했다. 농산물, 돌, 소, 조개껍데기에서 오늘날의 전자화폐에 이르기까지 돈의 모습은 다양하게 변화해왔다.

처음에는 물물교환(Barter)이 주를 이루었다. 상품과 재화를 상호 이익을 위해 교환하는 이 방식은 수만 년 전부터 존재한 것으로 추정된다. 인간 사회의 물물교환은 분명 화폐 사용보다 먼저였다. 오늘날에도 개인·조직·정부는 여전히 물물교환을 선호하거나 활용한다. 사회주의 경제는 국제 거래에서도 화폐 대신 물물거래를 이용한 사례가 있었다.

기원전 9000~6000년경에는 가축이 화폐로 사용되었다. 소, 양, 낙타 등이 교환의 매개가 되었다. 농경 생활이 시작되면서는 곡물과 식물이 거래의 표준이 되었다. 기원전 1200년경에는 조개가 화폐로 등장했다. 태평양과 인도양의 얕은 바다에서 흔히 발견되는 카우리 조개(Cowrie Shells)는 역사상 가장 널리, 그리고 가장 오래 사용된 통화로 평가된다. 아프리카 일부 지역에서는 20세기 중반까지도 카우리가 사용되었다.

기원전 1000년경에는 최초의 금속 화폐가 나타났다. 청동기 시대 말, 중국에서는 청동·구리로 만든 조개 모양의 화폐가 사용되었으며, '칼 화폐' '삽 화폐' 같은 금속 도구 화폐도 등장했다. 이들은 차츰 구멍을 뚫어 체인처럼 꿰어 쓰는 주화로 발전했다.

현대적 주화는 기원전 500년경 처음 등장했다. 은 덩어리에서 발전한 동그란 주화가 등장했고, 황제의 도장이 찍혀 진위 여부를 보장했다. 오늘날 터키 지역인 리디아에서 시작된 이 화폐는 그리스, 페르시아, 마케도니아, 로마 제국으로 확산되었다. 점차 금·은·청동 같은 귀금속으로 제작되며 본질적 가치를 지닌 화폐로 발전했다.

중국에서는 기원전 118년에 가죽 화폐(Leather Money)가 등장했다. 흰 사슴 가죽으로 만든 1피트 크기의 사각형 가죽이 화폐로 쓰였다. 종이는 아니었지만, 세계 최초의 지폐 형태 중 하나로 평가할 수 있다. 이어 서기 806년에는 종이화폐가 탄생했다. 중국에서 세계 최초로 등장한 종이화폐는 9세기부터 15세기까지 약 500년간 사용되었으나, 남발로 인한 인플레이션으로 가치가 폭락하며 1455년 이후 사라졌다.

이후 한동안 종이화폐는 자취를 감췄다가, 유럽에서 다시 등장했다. 1816년 세계는 마침내 '금본위제(Gold Standard)'를 도입했다. 영국은 금을 화폐의 표준 가치로 공식 채택했고, 발행되는 지폐는 일정한 양의 금을 담보로 했다. 미국 역시 1900년 금본위제를 채택하고, 1913년 연방준비은행을 중앙은행으로 설립했다.

그러나 사실 18~19세기 국제 교역의 약 55%는 인도와 중국이 차지했고, 그 시기 기축통화는 '은'이었다. 은이 금으로 대체되기 시작한 것은 유럽 열강과 중국 간에 벌어진 아편전쟁(1840년, 1856년)의 결과였다. 이전까지 식민주의와 제국주의 시대에, 영국·스페인·포르투갈 등 서구 열강은 인도·중국과의 교류에서 은을 결제수단으로 사용했다. 그 과정은 곧 중상주의의 확산과 제국주의적 식민지 개척으로 이어졌다.

달러의 시작,
미국의 시작

달러는 미국의 건국과 함께 등장해 국가 정체성과 경제 발전을 상징했다. 식민지 시대의 불안정한 통화에서 벗어나 통일된 달러 체계가 만들어지면서, 미국은 비로소 독자적인 경제 기반을 구축할 수 있게 되었다.

$ 달러 체계가 드디어 만들어지다

세계 기축 통화(World's Key Currency)란 발행국의 국경 안팎에서 자유롭게 사용되거나 다른 통화로 교환될 수 있는 돈을 의미한다. '글로벌 통화(global currency)'라고도 부른다.

    고대 문명은 서로 다른 속도로 발전했고, 정확한 기록이 남지 않았거나 소실되었으며, 경제 체계의 기원은 문자 기록 이전에 존재했기에 화폐 발명의 진정한 기원을 추적하기란 불가능하다. 더구나 '세계'라는 의미를 항해법 발달 이후로, 즉 각 지역을 넘어선 교역이 시작된 시점으로 정의한다면 정확한 연대를 추정하기는 더욱 어렵다. 그러나 중세 이후 근대에 국제거래의 결제 화폐로 가장 널리 쓰인 것은 '은(silver)'이었다는 점은 비교적 분명하다.

화폐는 크게 두 가지 형태로 나타났다. 첫째, 장부상의 채권·채무를 기록하는 '회계화폐(money of account)'다. 둘째, 실제 가치를 지니며 상품과 서비스 교환에 쓰인 '실물화폐(commodity money)'다. 인류 문명사 기록에 따르면 점토, 가죽, 종이, 대나무, 금속 등 다양한 형태가 있었다. 특히 금속 사용은 물물교환 경제에서 화폐경제로의 본격적 전환을 뜻했다.

로마의 청동화폐는 초기에는 무게가 측정되지 않은 청동 덩어리(aes rude)가 도구 제작용으로 쓰이다가, 뒤에 무게를 측정한 청동 주괴(aes signatum)로 바뀌며 교환의 편의성과 공정성이 개선되었다. 이후에는 동전용으로 주조한 가벼운 청동(aes grave)이 등장해 화폐로 정착했다.

고대 스파르타는 외국 무역을 억제하기 위해 철로 된 동전을 발행했고, 17세기 초 스웨덴은 귀금속 부족으로 50cm가 넘는 구리판 화폐인 '플레이트 머니(plate money)'를 사용했다. 13세기 유럽에서는 금화가 재도입되었고, 십자군 전쟁 중 프리드리히 2세(Frederick II)가 금화를 다시 사용한 것으로 알려져 있다. 이후 14세기에는 은화에서 금화로의 전환이 이루어졌으며, 빈(Vienna)은 1328년에 금화를 주조하기 시작했다.

이처럼 금·은·청동 같은 금속 화폐는 중세 이후 본격적으로 자리 잡았다. 금속화폐는 내재적 가치를 지녔다는 장점이 있었으나, 금속을 깎아내는 '클리핑(clipping)' 문제가 발생하기도 했다. 또한 유럽에서는 금·은·동이 함께 사용되며 금속 간 환율이 수급에 따라 달라졌다. 예컨대 1670~1680년대 영국에서는 금화 가치가 오르면서 은화가 해외로 유출되었다. 아시아 상인들이 금을 선호하지 않아, 오히려 아시아에서 금이 빠져나가고 유럽에서는 은이 부족해지는 현상도 벌어졌다. 아이작 뉴턴(Isaac Newton) 역시 이를 우려했다는 기록이 남아 있다.

화폐 체계의 안정은 국가 은행이 일정 비율로 은을 금으로 환전해줄 때 가능했다. 그러나 제도 정착은 순탄치 않았다. 1730년대 영란은행(Bank of England)은 대규모 금 환전 요구로 위기에 빠졌고, 런던 상인들의 보증 덕분에 가까스로 극복했다.

한편 동전은 '무게 단위'에서 '가치 단위'로 변모했다. 즉 상품으로서의 가치(commodity value)와 화폐로서의 가치(specie value)가 구분되었고, 이 차이를 '시뇨리지(seigniorage, 화폐 발행 차익)'라고 부른다. 예컨대 미국 1달러 화폐의 원가는 발행 비용에 불과하므로, 실제 액면가와 원가 차이가 발행 차익이다.

미국 달러(USD)는 1913년 연방준비제도법(Federal Reserve Act)으로 연방준비은행(Federal Reserve Bank)이 설립된 뒤 그 이듬해인 1914년에 처음 발행되었다. 약 30년 뒤 달러는 세계 기축통화(reserve currency)로 공식 지위를 얻게 된다.

미국 달러화 역사를 간단히 요약하면 이렇다. 1690년 매사추세츠 베이 식민지가 군사 자금을 마련하기 위해 발행한 지폐가 미국 최초의 종이화폐였다. 1776년에는 최초의 2달러 지폐가 도입되었고, 1785년에는 스페인-아메리카 페소 기호를 참고해 달러 기호($)가 채택되었다. 최초의 '달러' 지폐는 1914년 연방준비제도법 제정 후 발행되었다.

1863년에는 통화감독국(OCC)과 국가통화국(National Currency Bureau)이 설립되어 지폐를 관리했고, 1869년부터는 조폐국(Bureau of Engraving and Printing)이 인쇄를 전담했다. 이는 민간 인쇄 체계를 대체한 것이었다. 미국 재무부는 이미 1893년부터 법정통화(legal tender)를 발행해왔으며, 연방준비제도 설립보다 앞선 조치였다.

1913년 연방준비제도법은 개별 은행 발행 지폐에 의존한 불안정한 통화 시스템에 대응하기 위한 것이었다. 당시 미국 경제는 이미 영국을 추월했지만, 세계 상거래는 여전히 파운드화 중심이었다. 당시 주요 선진국은 환율 안정을 위해 자국 통화를 금에 연동(pegging)시켰다. 그러나 1914년 제1차 세계대전이 발발하면서, 많은 나라가 군사비 조달을 위해 금본위제를 중단하고 지폐를 대량 발행했다. 이로 인해 통화 가치가 급격히 하락했다.

영국은 파운드 지위를 지키려 금본위제를 고수했으나, 전쟁 3년 차에는 사상 처음으로 외채를 빌려야 할 정도로 재정난에 빠졌다. 더 이상 금을 담보로 화폐 발행을 유지할 수 없었던 것이다.

반면 이 시기 미국은 달러 표시 국채를 원하는 국가들에 '대출국'으로 부상했다. 1931년 결국 영국은 금본위제를 공식 포기했고, 이는 파운드 기반 국제금융 질서 붕괴의 시작이었다. 그 결과 달러화가 파운드를 대체해 주요 기축통화로 자리 잡게 되었다.

💲 브레턴우즈 협정이 체결된 배경

미국이 제2차 세계대전에 참전하기 전에 이미 미국은 연합국의 무기 및 물자 공급자 역할을 하고 있었다. 대부분의 국가는 금(gold)으로 대금을 지급했으며, 이로 인해 전쟁이 끝날 무렵 미국은 세계 최대 금 보유국이 되었다. 그러나 다른 국가들의 금 보유고가 고갈되면서 금본위제로의 복귀는 사실상 불가능해졌다.

1944년, 44개 연합국 대표단은 뉴햄프셔 주의 브레턴우즈(Bretton Woods)에 모여 어느 한 국가에 불리하지 않은 외환 체계를 구축하기 위한 회의를 열었다. 이 회의에서는 세계 통화들이 더 이상 금에 연동되지 않고 미국 달러에 고정(pegged)되도록 결정되었다. 브레턴우즈 협정은 각국 중앙은행의 권한을 정립했고, 통화 간 고정환율(fixed exchange rate)을 유지하도록 했다. 이는 외국 통화 가치가 미국 달러화에 일정하게 고정되었다는 뜻이다.

즉 미국 달러화가 세계 기축통화 지위를 공식적으로 획득한 것이다. 미국은 달러를 금으로 교환해주는 역할을 담당했고, 다른 국가들은 자국 통화가 달러 대비 과도하게 약세나 강세를 보일 경우 자국 통화를 사고팔아 통화 공급을 조절할 수 있는 권한을 가졌다. 미국이 세계 최대 금 보유국이었기에 이러한 체제가 가능했다. 결과적으로 각국은 금 대신 미국 달러를 외환보유액으로 축적하기 시작했다. 미국에 요청하면 달러를 금으로 언제든지 태환해주었기 때문이다.

아울러 미국 재무부 채권도 안전자산으로 간주되었다. 외국의 중앙은행들은 달러를 보관하는 수단으로 미국 재무부 채권(U.S. Treasury securities)을 매입하기 시작했다. 그러나 베트남 전쟁과 '위대한 사회(Great Society)' 복지정책으로 인한 재정 적자 지출이 급증하면서 미국은 과도한 지폐 발행을 했고, 그 결과 달러 가치가 급락하며 안정성에 대한 우려가 커졌다.

마침내 여러 국가가 달러를 금으로 환전해줄 것을 요구하면서 금 수요가 폭발적으로 증가하자, 리처드 닉슨 대통령(Richard Nixon)은 달러와 금의 연동을 해제(de-link)했다. 이후 외환시장은 변동환율제(floating exchange rate system)로 이행되었다.

'디달러라이제이션(De-Dollarization)'은 미국 달러가 타국 경제에 미치는 영향력을 줄이려는 과정을 뜻한다. 많은 국가들이 달러 의존도를 줄이려 시도했으나, 2023년 기준으로도 미국 달러는 여전히 가장 널리 보유된 기축통화였다. 기축통화 지위는 미국 경제의 규모와 경쟁력, 그리고 미국 금융시장의 지배력에 기반한다. 실제로 2024년 2분기 기준, 세계 중앙은행들은 외환보유액의 절반 이상을 미국 달러로 보유하고 있다.

$ 금과 미 달러화의 등장

금본위제는 1930년대에 종말을 맞았다. 화폐 단위와 금의 1:1 교환이 무너진 것이다. 세계 대공황은 애초 미국과 유럽 간 관세전쟁에서 비롯되었고, 이어 미국 부동산 버블 붕괴와 주식시장 붕괴로 이어졌다. 미국이 금 가치를 하향 조정하면서 체제가 약화되었고, 영국과 다른 국가들 역시 금본위제를 포기했다.

이후 국제 통화 시스템은 더욱 복잡해졌다. 그 파급효과는 특히 제1차 세계대전 패전국으로 전쟁 배상금을 짊어진 독일에 직접적으로 나타났다. 초인플레이션(hyperinflation)의 고통 속에서 나치당과 히틀러가 등장하는 배경이 된 것이다. 한편 제2차 세계대전을 거치며 세계는 미국에 큰 빚을 지게 되었고, 이를 갚기 위해 각국 금 보유고가 미국으로 이동하는 구조가 만들어졌다.

1944년 7월, 미국 뉴햄프셔 주 브레턴우즈(Bretton Woods)에서 44개 연합국 739명의 대표가 모여 새로운 고정환율제도를 출범시켰다. 달러 가치를 금 1온스당 35달러에 고정하고, 이를 기준으로 각국 통화를 달러에 연동시킨 것이다.[10] 이때 국제통화기금(IMF, International Monetary Fund)과 세계은행의 전신인 국제부흥개발은행(IBRD, International Bank for Reconstruction and Development)이 창설되었다.

브레턴우즈 협정은 1930년대 이후 각국이 겪었던 통화가치 불안정, 평가절하 경쟁, 무역 제한 등을 시정해 국제무역 확대, 고용 증대, 외환 안정, 국제수지 균형을 달성하려는 목적에서 출발했다.

그러나 이 체제도 오래 지속되지는 못했다. 냉전 시기 미국은 자유민주주의 수호를 명분으로 막대한 재정을 군사비에 투입했고, 달러 가치는 점차 약화되었다. 결국 1971년 8월 15일, 닉슨 대통령은 달러와 금의 태환을 중단하며 브레턴우즈 체제를 종식시켰다. 달러는 '명목화폐(fiat currency, 금으로 교환되지 않고, 국가가 법으로 가치와 사용을 보장하는 법정화폐)'로 전환되었고, 곧 파운드 스털링을 비롯한 주요 통화들도 자유변동환율제로 전환되었다. 브레턴우즈 체제의 공식적 종료는 1976년 자메이카 협정(Jamaica Accords)에서 확정되었다.

'환율 시대'의 개막은 미국 달러화가 기축통화 지위를 유지한 채, 다른 나라 통화가 자율적으로 변동하는 시대를 뜻했다. 이후 세계경제는 1·2차 오일쇼크로 스태그플레이션(stagflation)에 빠졌고, 1985년 플라자 합의를 통해 미국은 독일 마르크와 일본 엔화의 대폭 절상을 유도하는 과정을 거쳐 오늘에 이르렀다.

오늘날 돈은 여전히 변하고 있다. 디지털 시대를 맞아 세계 각국의 거래는 물리적 화폐 대신 전자화폐(Electronic Money)로 이루어지고 있다. 미래에는 데이터와 알고리즘 기반의 디지털 현금이 주요 통화가 될 가능성이 크지만, 가치 저장과 교환 수단으로서 완전한 신뢰를 확보하기까지는 시간이 필요하다. 법과 제도만으로는 화폐의 '가치'라는 사회적 합의를 충족시키기 어렵기 때문이다.

조개껍질, 청동, 은, 금처럼 오랜 역사 속 문명의 진화와 합의가 축적되어야 비로소 화폐로서 의미를 갖는다. 암호화폐 역시 아직은 소수에 의해 발행·보유되는 한정적 시장에 머물고 있다. 자산적 성격은 있으나 화폐로서의 성격은 부족하다.

미래에 디지털 화폐가 진화하더라도, 금·은 같은 담보 자산이나 미국 재무부 채권처럼 국가적 신뢰 기반이 뒷받침되어야만 기축통화로 자리매김할 수 있다. 그렇지 않다면 암호화폐는 단순히 자산의 역할에 머물 것이다.

결국 이러한 결정은 미국과 중국의 패권 경쟁 속에서 향후 어느 시점에 가시화될 가능성이 크다. 그러나 100년 이내에 디지털 화폐가 미국 달러화를 대체할 가능성은 높지 않다. 오히려 디지털 화폐가 본격 통용된다 하더라도 달러에 연동되거나, 달러가 미국 국채·금·은과 연계되는 방식으로 지속될 가능성이 크다.

미국 달러의 기축통화 지위는 경제 규모, 제도, 금융시장 신뢰라는 '규모의 경제(economies of scale)' '범위의 경제(economies of scope)' '밀도의 경제(economies of density)' 위에서 작동한다. 현재 중국이 이 모든 요소를 갖추기에는 상당한 시간이 필요하다. 따라서 달러화에 대한 도전은 단기적으로 달러의 내성을 강화하며, 미국의 신뢰와 리더십을 더욱 공고히 할 수 있다. 그러나 어느 시점에 세계적 신뢰가 무너지고, 유럽과 아시아가 합의해 새로운 기축통화를 실험적으로 도입할 경우 달러의 지위는 약화될 가능성도 배제할 수 없다.

달러의 시련,
신뢰의 시험

달러는 수차례의 전쟁과 경제 위기를 겪으며 여러 차례 흔들렸지만, 동시에 새로운 힘을 축적해 나갔다. 신뢰가 무너질 때마다 어김없이 위기는 찾아왔고, 그 속에서 달러 체제의 취약성과 회복력은 동시에 함께 드러났다.

$ 드골의 도전과 브레턴우즈 체제의 붕괴

1960년대 프랑스 대통령 샤를 드골(Charles de Gaulle)은 제2차 세계대전 이후 미국이 주도하던 세계 통화 체제에 도전했다. 일반적으로 금은 자본이 안전하다고 여기는 곳으로 이동하지만, 이 경우는 달랐다. 정치적 긴장 속에서 프랑스는 미국에 보관 중이던 금을 본국으로 송환한 것이다.

1965년 드골 대통령은 유럽공동체(EEC) 이사회에서 자국 장관들을 철수시켜 사실상의 거부권을 행사했다. 이는 이른바 '빈 의자 위기(Empty Chair Crisis)'라 불렸다. 배경에는 유럽 정치 통합을 둘러싼 갈등이 있었다. 당시 유럽을 반(半)연방제로 만들려는 움직임이 있었고, 드골은 일정 수준의 통합에는 동의했지만, 집행위원회가 초국가적 중앙국가 혹은 연방화를 추진하는 데에는 반대했다. (이후 마거릿 대처도 같은 입장이었다.)

1961년, 드골은 초국가적 요소를 배제한 '푸셰 플랜(Fouchet Plan)'을 제안했다. 프랑스·영국·미국이 참여하는 3국 디렉토리를 통해 '국가들의 연합(Union of States)'을 만들자는 구상이었다. 그는 EC 내에서 프랑스의 영향력이 줄어드는 것을 우려했다. 그러나 푸셰 플랜은 실패했고, 드골은 영국의 EC 가입을 거부했다. 이후 집행위원회는 공동농업정책(CAP), 유럽의회, 집행위원회를 결합하려는 제안을 다시 내놓았다. 드골은 CAP의 창설과 시행에는 찬성했지만, 의회의 권한 확대·집행위원회의 강화·연방화 및 중앙집권화·CAP 재정권 부여 등은 거부했다.

그는 프랑스가 EC에 참여하려면 다수결 투표와 거부권이 보장되어야 한다고 주장했다. 그러나 요구가 받아들여지지 않자 프랑스 대표단은 이사회에서 철수했고, 결국 '빈 의자 위기'가 초래되었다. 위기를 봉합하기 위해 1966년 1월 룩셈부르크 협정이 체결되었으나, 같은 해 6월 드골은 프랑스 군대를 NATO에서 철수시키는 충격적 결정을 내렸다. 프랑스는 정치적으로는 NATO에 남아 있었으나, 사실상 그 기능과 미래에 의문을 던진 셈이었다.

1963년부터 1966년까지 프랑스는 비밀리에 '비드-구세 작전(Operation Vide-Gousset)'을 실행해 영란은행과 뉴욕 연준에 보관 중이던 금 3,313톤을 본국으로 송환했다. 프랑스는 달러를 금으로 전환해 보유했기 때문에 브레턴우즈 체제하에서 달러 가치가 금에 비해 96% 하락했을 때 큰 이익을 거두었다. 이후 1966년 런던 금 풀(London Gold Pool)[11]에서 탈퇴해 미국에 더 큰 손실을 안겼다.

이러한 프랑스의 행동은 '금 회수 사태(gold run)'를 촉발시켰다. 독일은 이미 1,200톤의 금을 회수했고, 스위스도 금을 매입했으나 정치적 파장을 피하기 위해 조용히 움직였다. 1971년 금 태환 창구가 닫히기 직전, 영국은 30억 달러에 달하는 금 전환을 요청했다. 이는 닉슨이 최종 결단을 내리는 계기가 되었을 가능성이 크다. 네덜란드와 벨기에 역시 같은 시기 금을 반출했다. 이로 인해 미국의 금 보유고는 1950년 227억 달러에서 1971년 120억 달러로 줄어들었다.

당시 닉슨은 "투기자들이 미국 달러에 대해 전면전을 벌이고 있다"며, 달러를 보호하기 위해 "대담한 조치"를 취하겠다고 선언했다. 마침내 1971년 8월 15일, 그는 코놀리 재무장관에게 금 창구 폐쇄를 지시했고, 달러의 금 태환은 종료되었다. 이는 달러와 금의 연결 고리를 끊는 조치로, 브레턴우즈 체제의 공식적 종말을 의미했다.

프랑스의 행동은 금 창구 폐쇄의 직접적 촉매였지만 유일한 원인은 아니었다. 그러나 본질적으로 각국이 금을 회수하려는 이유는 정치적 문제로 귀결된다. 드골은 당시 "미국 달러가 엄청난 특권적 지위에 있다"고 비판하며 달러에 타격을 가하려 했다.

브레턴우즈 붕괴 직전 금 가격 변동을 보면, 1971년 1온스당 44.60달러였던 금값은 1972년 63.84달러, 1973년 106.48달러, 1974년 183.77달러까지 급등했다가 1975년 139.29달러로 조정되었다. 1971년 대비 1974년 가격은 무려 312% 상승한 수치였다.

1980년 2차 오일쇼크 당시 금값은 다시 급등했고, 2008년 서브프라임 위기와 유럽 재정위기 기간에도 2008년 온스당 869.75달러에서 2012년 1,664달러로 91.3% 급등했다. (이는 뒤에서 설명할 2003년 중국의 기축통화 개혁 제안과 맞물린다.)

자료 1. 1995년 이후 금 가격의 변화 추세 (단위: 좌축:$, 우축:%)

주: 1970~1973년까지는 1차 오일쇼크, 2차 오일쇼크는 1979~1980년
출처: Historical Gold Prices, Over 200 years of historical annual Gold Prices, onlygold.com

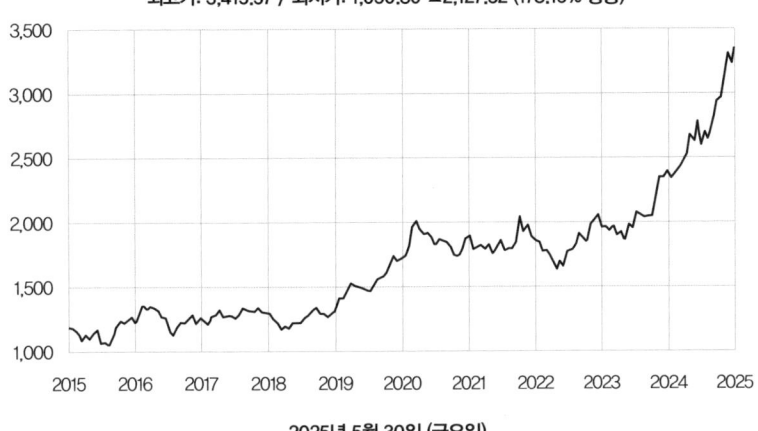

자료 2. 지난 10년간 금 1온스당 금 가격 변화 추이

출처: goldprice.org

　　금 가격과 달러 가치의 상관관계는 이후 상세히 다루겠지만, 한 가지 분명한 점은 있다. 미국 경제가 위기에 처하더라도 달러는 '안전자산'으로서 가치가 하락하기보다는 상승하는 경향을 보인다는 것이다.

　　그러나 최근에는 상황이 달라졌다. 미국 국채 가격 하락과 트럼프 대통령의 관세 전쟁, 그리고 37조 달러에 이르는 사상 최대 재정적자가 누적되는 가운데, 추가 3조~5조 달러 규모의 감세 법안까지 추진되고 있다. 이에 따라 장기 국채금리가 상승하며 달러의 기축통화 지위가 다시 흔들리고 있다. 그 결과, 2025년 9월 28일 기준 금 가격은 트라이 온스당 3,776.3달러를 기록했다.

2003년 미·중 환율 개혁 압박과 일본의 구상

2003~2005년은 미국과 중국 간 환율제도 개혁 문제가 집중적으로 논의된 시기였다. 중국은 1978년 시장 개방 이후 달러 고정환율제를 유지해왔는데, 미국은 이를 '환율조작'으로 규정하며 자유변동환율제로의 전환을 강하게 요구했다.

같은 시기 일본은 아시아 외환위기 경험을 바탕으로 아시아 통화바스켓 논의에 주목했다. 일본은 새로운 아시아 공통 통화를 주장했으며, 이를 위해 중국의 환율제도 개혁을 아시아 기축통화 구상의 계기로 삼으려 했다. 에지 오가와(Eiji Ogawa)와 켄타로 가와사키(Kentaro Kawasaki)는[12] 2003년 논문에서 ASEAN5, 한국, 중국이 공통 통화 지역을 형성할 수 있으며, 이 경우 달러보다 통화바스켓이 더 적합하다고 분석했다.

이러한 일본의 주장이 중재자적 성격을 띠었다면, 미국의 입장은 단호했다. 당시 재무장관 존 스노우(John Snow)는 베이징 방문 시 '중국의 자유변동환율제 전환 약속'을 공개적으로 요구했다. 그러나 중국은 "안정적인 위안화가 세계 경제 안정에 기여했다"며 이를 거부했다. 중국은 단기 절상, 중기 안정, 장기 유연성 확대라는 세 가지 목표를 동시에 내세웠지만, 이를 모두 달성할 수 있을지는 불확실했다.

결국 논의는 두 가지 딜레마로 귀결된다. 첫째, 위안화 절상을 자본거래 자유화 이후로 미루면 세계는 왜곡된 위안화와 장기간 함께해야 한다. 둘째, 금융시스템이 정비되기 전에 자유변동환율제와 자본 자유화를 강요하면 아시아 외환위기의 교훈을 무시하는 결과가 된다.

미국은 단계적 개혁을 제안했다. 1단계는 '위안화 15~25% 절상, 변동 폭을 1% 미만에서 5~7%로 확대, 달러 단일 연동에서 달러·유로·엔화 바스켓 연동으로 전환'이다. 이어 2단계는 '국내 금융시스템을 강화한 뒤 관리변동환율제 도입'이다.

중국은 이를 거부하면서도 일부 유화 조치를 취했다. 외환 환전 한도 확대, 기업 외화 유보 허용, 국영은행 달러채 발행 승인, 해외직접투자 허용 등이 그것이다. 또한 부가가치세 수출 환급률을 15%에서 11%로 낮추고, 본토 거주자와 일부 금융기관에 해외 증권 매입을 제한적으로 허용했다. 이는 위안화 절상 압력을 완화하기 위한 조치였다.

이러한 점진적 개혁은 단기적으로 수출과 고용 충격을 줄이는 데 유리했지만, 국제사회의 불만을 해소하는 효과는 크지 않았다. 위안화 저평가는 국제수지 흑자와 외환보유액 급증을 초래했으며, 투기 자본 유입 위험도 높였다. 이미 대출 확대와 통화 공급 증가로 과열된 상황에서 추가 자본 유입은 위험을 가중시킬 수밖에 없었다.

이에 비해 중간 규모 절상은 위안화 왜곡을 즉시 해소하고, 투기적 자본 유입을 차단하며, 보호주의 압박을 완화하는 장점이 있었다. 또한 중국이 환율을 인위적으로 조작하지 않는다는 신호를 국제사회에 전달해 글로벌 불균형 해소에도 기여할 수 있었다.

당시 미국의 요구는 '즉각적 전면 자유변동'이 아니라, 시장 압력에 따른 위안화 절상과 일정한 변동 폭 확대였다. 중국도 언젠가 환율 개혁이 필요하다는 점은 인식하고 있었으나, 달러 고정환율제를 유지하면서 점진적 완화를 선택했다. 결국 중국의 선택은 단순한 개혁을 넘어 달러 기축통화 체제에 대한 도전으로 해석될 수 있었다.[13]

두 번째 시련, 중국이 초강수를 둔다면?

미국과 일본 등 주요국이 1979년 이후 달러화에 고정(pegged)한 환율 운용을 유지해오던 중국에 대해 시장 개입 축소와 조정을 요구하자, 중국은 이에 반발했다. 다만 타협안으로 2003년 달러 단일 연동제에서 벗어나 '기축통화 바스켓' 도입 필요성을 제기했다.

이는 당시 중국이 직면한 경제 현실을 반영한 조치였다. 첫째, 달러 연동제하에서 위안화 저평가가 고착되어 무역흑자와 외환보유고가 급증하고 있었다. 둘째, 절상 기대에 따른 단방향 자본 유입이 금융 불안을 키우고 있었다. 셋째, 미국의 막대한 적자와 중국의 과잉흑자가 글로벌 불균형을 심화시키며 국제사회, 특히 미국·유럽의 압력이 거세지고 있었다.

이에 따라 중국은 점진적 환율제도 개혁을 추진하기 시작했다. 핵심은 두 가지다. 첫째, 달러뿐 아니라 유로·엔 등 주요 통화로 구성된 바스켓에 위안화를 연동해 무역가중환율의 안정성을 높이고 단일 통화 의존을 줄이는 것이다. 둘째, 완전 자유변동은 시기상조로 보고, 바스켓 도입 후 시장 기능을 단계적으로 확대하겠다는 전략이다.

이 구상은 2005년 7월 21일 인민은행이 달러 고정제에서 '참고 바스켓 기반 관리변동환율제'로 전환을 발표하면서 현실화되기 시작했다. 이 시스템은 주요 교역상대국 통화를 기준으로 일정 폭 내 변동을 허용하며, 점진적 금융 자유화·국제화의 기반이 되었다. 동시에 이 '바스켓 연동'은 달러 기축지위에 대한 간접적 문제 제기로 해석되었고, 프랑스·OPEC 등에서 일정 부분 지지를 얻었다는 점도 주목된다. 한편 중국은 미국의 개혁 압박에 대응할 또 다른 수단을 보유하고 있었던 것으로 보인다.

2005년 6월 말 기준 미국 재무부 자료에 따르면 중국은 약 3,100억 달러의 미국 국채를 보유했다. 이는 외국인 보유의 약 15.2%로, 당시 중국은 일본에 이어 두 번째로 큰 보유국이었다. 2005년 중국의 미국 MBS(주택담보부 증권, Mortgage Backed Securities) 보유량은 정확한 공시가 없지만, 2003~2008년 사이 중국의 미국 기관 MBS 보유 비중이 2%에서 47.7%로 급증했다는 추정이 있다. MBS는 여러 주택담보대출을 묶어 유동화한 채권으로, 투자자는 이자 수익을 기대한다. 가정적으로, 만약 중국이 2005년 어느 시점 런던 시장에서 수백억 달러 규모의 MBS를 익명 매각했다면, 파급효과는 적지 않았을 것이다. 3년 뒤의 미국발 서브프라임 부실 사태와 무관하다고 단정하기 어렵다는 문제 제기가 가능하다.

약 10년 후인 2024년 6월 30일 기준, 외국인이 MBS를 포함한 미국 ABS(자산담보부증권, Asset Backed Securities) 보유 규모는 약 1조 5,880억 달러다. 중국의 정확한 규모는 공개되지 않았지만, 과거 외환보유고 다변화 전략의 일환으로 MBS에 적극 투자한 점을 감안하면 상당한 비중 보유 가능성이 있다. 특히 '모기지 리포트(The Mortgage Reports)' 등에 따르면 2024년 말 중국의 MBS 보유가 전년 대비 8.7% 감소했고, 2025년 초에는 감소폭이 20%에 이르렀다는 분석이 있다. MBS가 대량 매도되면 '가격 하락·수익률 상승 → 모기지 금리 상승 → 주택 수요 위축 → 시장 둔화'의 경로가 작동할 수 있다. 2008년 위기는 이 경로가 전면적·급진적으로 전개된 사례였다.

그렇다면 중국이 서브프라임 사태 이전에 조용히 매도했다는 '확정적' 증거가 있는가? 일부는 2003년 이후 점진적 축소 가능성을 지적하지만, 공개적으로 확인된 정확한 수치·시점은 없다.[14] 중국 단독 매도만으로 시장 붕괴를 유발하기는 현실적으로 어렵다. 그 이유는 첫째, 연준 등 대형 참가자의 개입 여지, 둘째, 시장의 깊이·유동성, 셋째, 중국 자체의 손실 위험 때문이다. 다만 '직접적 원인'이 아니더라도, 심리적 불안을 유발할 정도의 규모·시기라면 파급 가능성은 충분하다.

중국이 자해적일 수 있는 매도를 감수하더라도, 그 이후의 정치·경제적 비용 배분을 고려하면, 미국 국채·MBS 보유 축소는 전략적 경제 재조정이자 무역·통화 정책 변화에 대한 대응일 수 있다. 이 가정이 일정 부분 사실이라면, 미국은 중국의 의중을 파악하고 대응책을 검토했을 가능성이 높다. 트럼프 행정부(2017~)의 달러 기축지위 강화 기조와 중국의 흑자 구조, 잠재적 모기지 리스크를 겨냥한 공세적 메시지 강화의 배경도 이 맥락에서 이해된다.

따라서 최근 중국이 MBS를 계속 매도한다면, 미국 주택금융시장의 모기지 스프레드 확대와 금리 상승은 불가피하다. 아울러 2008년 서브프라임 사태 이후 미국 모기지 파생상품 시장이 거래되는 '부채담보부증권(CDO, Collateralized Debt Obligation)'[15] 시장에서 충분한 대응과 개선책을 마련했다고 가정할지라도, 미국 모기지 시장의 견조성이 확신되지 않는다면 파급효과에 대한 철저한 점검과 대비가 필요하다. 미국 MBS의 주요 외국인 보유국인 중국이 보유량을 줄이고 있다는 신호는, 향후 미국 주택시장에 미칠 잠재적 영향 때문에 면밀히 주시되어야 한다.

💲 미국이 중국을 업어서 키웠다

트럼프 대통령 집권 2기 이후 그는 대미 무역수지 흑자국들에 대한 반격을 일관되게 밀어붙이고 있다. 그의 무역정책에서 보호·상계관세 부과에 대한 '신념'은 20대 초반 경험한 1차 오일쇼크 시기의 미국경제 침체와 스태그플레이션, 그리고 일본의 대미 흑자 확대에 대한 반감에서 비롯된 것으로 보인다. 겉으로는 무역수지 불균형을 문제 삼지만, 속내는 달러 기축통화 체제에 대한 중국의 도전을 더 이상 묵과하지 않겠다는 응징 의지라 할 수 있다.

트럼프 대통령의 분노는 20여 년 전부터 반복된 대중국 메시지가 여전히 유효하다는 점, 즉 중국을 키운 것은 다름 아닌 미국 정부였다는 사실에 있다. 1978년 개혁·개방 이후 반세기 동안 중국은 보조금과 세제 혜택을 무차별적으로 제공하며 글로벌 공급망 체계에서 기여한 것은 없이, 무역흑자만 축적했다. 이는 제2차 세계대전 이후 미국이 수백 년에 걸쳐 구축해온 경제질서를 활용한 결과였다.

트럼프가 내세우는 '미국을 다시 위대하게(MAGA)'라는 구호는 제조업 부활·시민 생활 향상·자존심 회복을 표방하지만, 실질적으로는 달러 기축통화 지위에 대한 도전을 결코 용납하지 않겠다는 선언에 가깝다. 2025년 9월 8일 위스콘신 유세에서 그는 달러 사용을 중단하려는 국가들에 대해 "매우 큰 대가를 치르게 하겠다"고 경고하며, 자신의 관세정책에 새로운 축을 추가했다.

이어 그는 말했다. "당신이 달러를 떠난다면 미국과는 거래를 못 할 것이다. 우리는 당신의 상품에 100% 관세를 부과할 것이다." 이 발언은 달러 이탈을 시도하는 우방국·적국에 대한 제재 방안이 오래 논의되어 왔음을 방증한다. 수출 통제, 환율조작국 지정, 고율 관세 부과 등 옵션까지 포함할 때, 트럼프가 겨냥한 핵심 타깃은 분명 중국이다.

트럼프는 또한 "지난 8년간 달러가 거센 공격을 받고 있다"고 주장했다. 실제로 중국·인도·브라질·러시아·남아공(BRICS)은 '디달러라이제이션(탈달러화)'을 공식 의제로 삼아 실행에 옮기고 있으며, 트럼프는 이에 맞서 달러 기축통화 지위를 수호하겠다는 입장을 재확인한 것이다.

미국은 지난 50년간 중국이 무역흑자 구조를 공고히 하고, '제조업 강국 2025' '중국몽 2050' 등 국가비전으로 미국을 추월하려는 전략을 추진하는 동안 자신들이 얼마나 '순진(naive)'했는지를 뒤늦게 깨달았다. 중국은 1978년 경제 성장률 11.33%를 기록한 뒤, 2010년 10.64%까지 무려 32년간 두 자릿수 성장을 이어갔다.

미국은 2003년 이후 중국에 통화바스켓 환율제 도입과 자유변동환율제로의 전환을 요구했으나, 중국은 이를 거부했다. 이어 2008년 미국은 서브프라임 모기지 부실로 글로벌 금융위기의 진앙지가 되었고, 반대로 중국은 같은 해 베이징 올림픽을 개최하며 부상을 과시했다. 이는 미국이 중국을 업어 키웠음을 단적으로 보여주는 대목이었다.

$ '중국의 세기'가 도래하다

수년 동안 사람들은 이른바 '중국의 세기(Chinese century)' 도래를 예견해왔다. 이는 중국이 막대한 경제·기술 잠재력을 활용해 미국을 추월하고, 세계 권력의 중심축을 베이징으로 이동시키는 상황을 의미한다. 14억 인구의 '규모의 경제'가 소득 증가와 생산성 향상으로 이어지며 '범위의 경제'와 '밀도의 경제'로 진화, '양이 곧 질'이라는 역학이 강화되고 있기 때문이다.

어쩌면 중국의 세기는 이미 시작되었을지도 모른다. 트럼프는 이 점을 경계하고 있을 가능성이 크다. 역사가들이 돌아볼 때 중국이 미국을 앞지르기 시작한 전환점을 트럼프 2기 초반으로 지목할 수도 있다.

따라서 대중 무역전쟁이 잠정 휴전에 들어갔다고 해서 질서 있는 변화가 진행중이라고 단정하는 것은 위험하다. 대중·대EU 무역전쟁이 소강 상태라는 이유로 트럼프의 목적이 달성되었다고 보는 판단도 성급하다. 트럼프 대통령은 이를 곧바로 '승리'로 선언했지만, 이는 오히려 트럼프 행정부와 미국이 안고 있는 구조적 문제를 드러낼 뿐이다.

정치적 레토릭에 그칠 가능성도 있다. 소비 중심의 미국경제와 생산 중심의 중국경제라는 비대칭 구조에서 미국이 점점 불리해지고 있기 때문이다. 중국의 GDP가 미국을 턱밑까지 추격한 상황에서 대중 관세전쟁만을 분석하는 것은 본질을 비껴가는 근시안적 접근일 수 있다.

더구나 많은 이들은 트럼프가 지난 2.5세기 동안 축적된 미국의 권력·혁신 기반을 스스로 약화시키고 있다고 본다. 고율 관세는 미국 기업의 글로벌 시장·공급망 접근을 위협하고, 공공 연구자금 축소와 대학의 약화는 인재 유출을 부추길 수 있다. 청정에너지·반도체 제조 등 첨단 프로그램을 축소하려는 시도는 소프트 파워를 훼손하며, 그 피해는 궁극적으로 미국에 돌아온다.

반면 중국은 철강, 알루미늄, 조선, 배터리, 태양광, 전기차, 풍력 터빈, 드론, 5G 장비, 소비자 전자, 의약 원료, 고속열차 등 다수 산업에서 세계 생산을 선도하고 있다. 2030년까지 전 세계 제조업의 45%를 차지할 것이라는 전망도 있다. 베이징은 미래 승리를 위해 집중과 집행을 강화하고 있다. 2025년 3월 양자컴퓨팅·로보틱스 등 최첨단 분야에 1,380억 달러 규모 국가 VC 펀드를 발표, 공공 R&D 예산도 증액했다. 사회 인프라 투자 확대는 가시적 성과로 이어지고 있다. 딥시크(DeepSeek)가 2025년 1월 AI 챗봇을 출시했을 때, 미국은 중국의 AI 경쟁력을 체감했고, 당일 엔비디아 주가가 17% 급락하기도 했다.

미국에게 '스푸트니크 모멘트(Sputnik moment)'는[16] 이미 여러 차례 있었다. 트럼프의 정치적 동맹인 일론 머스크가 한때 조롱했던 BYD는 테슬라를 제치고 글로벌 전기차 판매 1위에 올랐고, 세계 곳곳에 공장을 신설했다. 3월에는 포드·GM·폭스바겐의 시가총액 합을 넘어서는 가치를 기록하기도 했다. 중국은 암 치료 등 신약 개발에서도 선도권을 강화하고 있으며, 2023년에는 전 세계를 합친 것보다 많은 산업용 로봇을 설치했다. 반도체에서도 화웨이의 기술 돌파를 축으로 자립적 공급망을 빠르게 구축하고 있다. 핵심 기술과 산업이 상호 연계된 선순환 구조를 형성하고 있다는 점이 중요하다.

문제는 미국이다. 미국과 트럼프 대통령은 관세에 집착하는 경향을 보인다. 더 큰 전략적 구상이 있더라도 정교한 전략·전술이 뚜렷하지 않다는 비판이 가능하다. 전통적 동맹과의 균열은 역량의 합을 줄이고, 미·중 경쟁에서 아마추어적 대응이라는 인상을 남긴다. 중국을 값싼 공산품 공장으로 보는 시대착오적 인식은 위험하다. 중국은 세계 2위 경제대국일 뿐 아니라, 과학·기술 분야의 인적·물적 자본에서 미국을 위협하는 영역이 빠르게 늘고 있다.

미국은 깨달아야 한다. 관세·무역 압박만으로는 중국의 국가 주도 전략을 포기시키기 어렵다. 중국은 오히려 전략을 강화하며, 첨단 산업 지배를 위한 '맨해튼 프로젝트'17 수준의 집중을 지속하고 있다. 물론 중국도 장기 부동산 침체, 노동력 감소, 고령화라는 구조적 도전에 직면해 있다. 일각의 '중진국 함정'·급격한 몰락 전망과 달리, 14억 인구·혼합경제·국가주도 체제는 정책 전환과 자원 재배치의 전략적 유연성을 보유하고 있다.

따라서 트럼프가 관세 같은 단기 처방에 집착하면 미국의 강점을 스스로 훼손하고, 오히려 중국 중심 세계의 도래를 앞당길 위험이 있다. 현 글로벌 질서가 지속될 경우, 중국이 자동차·반도체·MRI·상업용 항공기 등 고급 제조를 광범위하게 지배할 가능성이 높다. AI 패권 경쟁이 미·중 간 대결을 넘어, 선전·항저우 등 중국 내 도시 간 경쟁으로 전환될 수도 있다. 중국의 공급망 중심화와 기술·경제 패권화가 21세기 이후 문명사의 주도권까지 확장될 수 있다.

인도는 대안이지만, 그럼에도 중국과는 다르다. 국가주도 산업·기술개발의 지속성과 전략적 유연성에서 제약이 있고, 계급제 등 사회구조적 요인이 국민적 합의를 어렵게 하며, 구 소련과의 유대·중국과의 국경 갈등 등 지정학 변수도 부담이다.

정교한 전략·전술 없이 '큰 코끼리 사냥'에 나서면 상아는커녕 생명까지 위태로울 수 있다. 동맹과의 팀워크 없이 개인기만으로 대중 갈등을 돌파하려는 시도는 국가 역량을 위축시킨다. 관세 장벽 뒤에 갇히면 미국 기업은 내수 의존으로 수익성이 악화하고, 소비자는 더 비싼 국내 제품을 구매해야 한다. 국내 제조 비용 상승이 가격 경쟁력을 떨어뜨리기 때문이다. 맞벌이 가정조차 물가 상승·소득정체에 직면하게 된다.

자동차·제약 등 전통적 고부가 산업이 중국에 잠식되고, 미래 핵심 산업도 뒤따를 위험이 있다. 디트로이트·클리블랜드의 쇠퇴가 전국적 현상으로 확산될 수 있다.

이 암울한 시나리오를 피하려면 '지금 당장' 선택해야 한다. R&D 투자 확대, 학문·과학·기업 혁신 지원, 글로벌 경제 네트워크 재구축, 국제 인재·자본 유치 환경 조성이 필요하다. 레이 달리오가 지적했듯, 패권 하락 국면에서는 교육·과학기술·통화 지위가 선행 또는 동시 하락한다. 미국의 패권 사이클은 약화 조짐을 보이고, 트럼프 2기는 그와 반대되는 길을 택하고 있다는 평가가 많다. 달러 기축지위 강화를 목표로 하더라도 개인기만으로는 한계가 있다.

따라서 즉시 참모·동맹과의 심층 논의를 통해 '이번 세기가 중국의 세기'가 되는 것을 어떻게 막을지, 미국의 정치·경제·외교·문화 패권을 어떻게 유지할지 전략을 재설계해야 한다. 중국 위안화 절상 문제는 제대로 논의조차 되지 않고 있으며, 시간은 빠르게 흐르고 있다.

미국 달러화는 국제 공용어인 영어와 같다

세계 기축통화로서 미국 달러화의 지위에 어떤 위협이 존재하는가를 두 명의 저명한 경제학자의 견해를 통해 점검한다. 위협이 존재한다면 그것이 중국 경제의 급부상과 얼마나 연관되는가, 존재하지 않는다면 불필요한 우려를 거둘 수 있는가가 본문의 질문이다.

그렇다면 트럼프 대통령의 달러관(觀)은 개인의 신념인가, 백악관 경제자문위원장 스티븐 마이런(Stephen Miran)의 구상인가? 트럼프가 경제정책을 언급할 때마다 글로벌 리더십과 국내 현안에 대한 숙고가 충분했는지에 의문이 제기된다. '거래의 천재'라는 기업가 경력이 곧 거시경제 원리에 대한 이론·경험적 정합성을 보장하지는 않기 때문이다.

트럼프는 위스콘신 유세에서 달러 사용과 100% 관세를 연계하는 강경 주장을 폈고, 나아가 불법 체류자 추방과 '피의 이야기(bloody story)'를 운운했다. 설령 그가 자신의 발언을 충분히 이해한다고 가정하더라도, 달러 기축 지위를 지키기 위해 관세를 어떻게 활용하겠다는 구상은 많은 이들에게 우려다. 관세전쟁은 현실적 문제라고 하지만, 이로 인해 오히려 미국의 20세기 이후 구축된 전통적인 대외 신뢰도가 급락하면서 달러 위상은 오히려 흔들릴 수 있기 때문이다.

요란한 수사(rhetoric)에 비해 실질은 '거래의 조건' 나열에 그친다는 평가도 있다. 그의 목적이 관세로 재정적자를 메우려는 것인지, 마라라고(Mar-a-Lago)에서 이른바 '제2의 플라자 합의'를 도출하려는 것인지도 불분명하다.

달러 위상과 관련한 담론은 때로 신비주의적 과장을 띠지만, 국제금융의 기본을 이해하면 두 가지 우려는 과장임을 알 수 있다. 첫째, 달러가 갑자기 특별 지위를 상실할 것인가. 둘째, 달러 약화가 미국과 세계경제에 치명적 해악을 낳을 것인가. 많은 정부는 위기에 대비해 외환보유고를 유지하며, 그중 약 60%가 미국 국채다 (한 세대 전 약 75%에서 분산된 측면).

다만 여전히 보유 주체는 다양하고 외국 정부도 포함되지만, 그 자체가 특별한 현상은 아니다. 달러의 진정한 특수성은 '거래 지배력'에 있다. 국제 차입·대출의 명시 통화가 달러이고, 무역 청구서도 달러로 작성된다. 미국 내 유통 화폐 가치의 80% 이상을 차지하는 100달러 지폐 중 약 3분의 2가 해외 보유라는 사실은[18] '대마불사'에 가까운 저변 수요를 보여준다.

왜 이렇게 많은 외국인들과 국가경제가 미 달러화를 사용할까? 찰스 킨들버거(Charles Kindleberger)[19]는 미 달러화의 역할이 영어의 국제 공통어 역할과 유사하다고 설명한다. 많은 이가 쓰기 때문에 더 쓰게 되는 네트워크 외부성 때문이다.

여기서 중요한 점은 언어·통화의 특별한 역할은 주로 민간의 선택에 기초한다는 사실이다. 누가 강제해서 쓰는 것이 아니다. 영어 사용이 정책으로 강요된 것도 아니고, 미국의 식민 통치가 강제한 결과만도 아니다. 이 맥락에서 트럼프가 말하는 '달러로 돌아오라'는 요구는, 통화 선택을 국가 정책이 좌우한다고 혼동한 결과일 수 있다.

예컨대 한국 기업이 대중(對中) 무역에서 위안화로 청구서를 발행하면 제재 대상이 되는가? 콜롬비아 마약 조직이 100유로 지폐를 더 비축하면 관세로 응징할 것인가? 터무니없이 들린다면 실제로 터무니없는 질문이기 때문이다.

관세 위협으로 달러 사용을 강제할 수 있다는 발상은 과대망상을 넘어 정책 오류다. 미국이 막강한 영향력을 가졌더라도 그 정도 수준의 강제성은 없다. 오히려 상시적 처벌 관세는 달러의 명성과 신뢰를 훼손할 수 있다. 미국의 경제·외교적 영향력은 '대체로 이성적이고 책임 있는 국가'라는 평판에서 나온다. 그 평판이 흔들리면 달러의 네트워크 기반도 약화된다.

역사적으로 미국은 2차 대전 승전국으로서 금과 자원을 축적했고, 44개국이 참여한 브레턴우즈 체제(국제통화기금 IMF 등) 설계의 주도권을 잡았다. 전후 복구 재정·자원 조달의 보이지 않는 리더십이 미국에 모였다. 달러는 그 과정에서 기축통화가 되었고, 금본위 붕괴 이후 자유변동환율 체제 아래서도 가장 활발한 상품·자본 흐름과 심도 깊은 금융시장이 달러 강세의 기반을 제공했다. 중국의 '일대일로'와 '제조 2025'가 '비전'이었다면, 미국은 '책임과 의무'로 시스템을 지탱해온 셈이다.

따라서 달러 기축 지위의 붕괴를 단기로 점치는 것은 '기우(杞憂)'에 가까우며, 공든 탑이 쉽게 무너지지는 않는다. 이것은 폴 크루그먼의 견해다. 다만 필자가 이 견해에 전면 동의하기는 어렵다. 달러의 네트워크 지위는 견고하지만 '평판·제도·개방성'이라는 신뢰 자본에 의존한다. 처벌 관세의 상시화, 제도적 예측가능성 약화, 동맹과의 균열은 민간의 자발적 선택을 훼손할 수 있다. 달러는 '자연법'처럼 강제보다 관습·신뢰·편익으로 유지되는 국제 공용어다. 영어가 그렇듯 달러도 '쓰는 사람이 많아서 더 쓰이는' 통화이지만, 그 생태계를 지탱하는 품질(법치·유동성·시장 개방)을 깎아 먹으면 네트워크는 다른 균형으로 이동할 수 있다.

💲 과도한 특권, 미 달러화의 지배 역사

제2차 세계대전 이후 수십 년간 미국은 세계 금융 시스템의 중심에 자리했다. 국제 무역의 결제 통화는 달러였으며, 글로벌 금융 인프라 또한 미국을 축으로 구축되었다. 이 상황은 종종 '과도한 특권(exorbitant privilege)'이라 불린다.[20] 미국은 달러 기축통화 지위 덕분에 '시뇨리지 효과(seigniorage)'[21]라는 이점을 누린다. 즉 더 낮은 차입 비용, 다른 나라들이 접근하기 힘든 글로벌 정보 접근권, 적국을 제재할 수 있는 독보적 권한을 가진다.

오랫동안 제기된 우려는 세계가 이 시스템에서 이탈할 가능성이었다. 1980년대 일본, 2000년대 유럽연합, 현재의 중국이 도전자로 거론되었으나, 달러의 지배를 근본적으로 흔든 사례는 없었다. 이는 두 가지 이유에서다. 첫째, 새로운 국제 통화 체제를 구축하기 어렵고, 둘째, 미국이 그동안 달러 권력을 절제해 사용해왔기 때문이다.

미국은 달러와 금융 시스템을 세계에 '판매'하며 관제탑 역할을 했다. 그러나 트럼프 행정부는 이 질서를 복잡하게 뒤흔들었다. 트럼프 2기 정부는 달러의 지배력이 소프트 파워(soft power)와 함께 군사적 우위(하드 파워)를 뒷받침한다고 보았으며, 그 특권을 누리는 다른 나라가 더 많은 비용을 부담해야 한다고 주장했다. 또한 달러의 지배가 달러 고평가를 초래해 소비재 가격은 낮췄지만 제조업은 피해를 입었다고 평가했다. 나아가 트럼프와 참모들은 달러 지배력이 과거 미국에 막대한 레버리지(leverage)를 제공했으나 이전 지도자들은 활용하지 못했다고 믿었고, 자신들은 적극 활용하겠다고 선언했다. 이는 케네스 로고프(Kenneth Rogoff)의 해석이다.

이 지점은 폴 크루그먼의 시각과 다르다. 로고프는 달러 지배력의 역사가 어떻게 구축되었는지, 어떤 도전에 직면했는지, 그리고 세계가 언제 그 굴레에서 벗어나려 시도할지를 묻는다. 이는 보이지 않는 전쟁과 보이는 전쟁의 결합 속에서 이미 시작되었을 수도 있다. 이 책이 말하는 '달러화의 종말'은 바로 이 관점에서 논의를 정리한다.

결론적으로, 트럼프 2기 정부는 달러 기축통화 시스템의 압박을 가중시키며 균열을 드러냈다. 이는 결코 원상복구하기 어렵다. 더 큰 문제는 미국의 부채, 달러에 대한 압력, 트럼프의 정책이 결합될 경우, 실질적 금융위기·부채위기·인플레이션 위기로 이어질 수 있다는 점이다. 로고프는 우리가 이 위험을 심각하게 과소평가하고 있다고 지적한다.

달러가 국제 금융 시스템에서 작동하는 원리를 살펴보자. 달러를 재화·용역에 비유하면, 미국은 달러를 판매하고, 세계는 이를 구매한다. 이는 킨들버거(Charles Kindleberger)의 영어 비유로 설명할 수 있다. 영어는 익숙하고 신뢰할 수 있는 국제 공용어이기에 다수가 선택한다. 마찬가지로 세계 통화가 150개가 넘지만, 거래 당사자가 서로 다른 통화를 쓴다면 복잡성이 커지므로 결국 "달러로 하자"는 결론에 이른다.

그렇다면 신뢰는 어떻게 구축되었는가? 초기 달러는 금 본위제 덕분에 신뢰를 얻었다. 달러 보유자는 중앙은행에 가져가면 액면가만큼 금으로 교환할 수 있었다. 이는 약 50년 전까지 국가 간에 유지되었다. 그러나 1971년 닉슨 대통령이 금 태환을 중단하며 충격이 발생했고, 1975년 브레턴우즈 체제 붕괴로 달러 신뢰의 근거는 금에서 미국의 신용과 통화 관리 능력으로 전환되었다.

이후 달러 지배의 핵심은 달러 기반 자산에 대한 강한 수요였다. 미국은 다른 나라에 없는 깊은 금융시장, 높은 유동성, 법치주의, 개방성을 제공했다. 달러·미국 국채 같은 자산은 국제 금융의 린구아 프랑카(linqua franca)가 되었고, 공급 또한 충분했다. 반면 독일의 마르크, 브라질의 헤알, 몽골의 투그릭 같은 통화는 유동성이 낮아 큰 할인 없이 거래가 불가능했다.

결국 달러 기축통화의 조건은 깊은 시장·법치주의·무역개방성·미국 경제의 신뢰였다. 전후 미국은 막대한 수입과 신뢰할 수 있는 달러 지급으로 글로벌 시스템을 이끌었고, 이 리더십이 달러 지배의 기초가 되었다. 따라서 보호무역·고립주의가 강화되면 채권 회수 불안이 확산되어 '런(run)'이 발생할 수 있다. 실제로 2010년 이후 유럽 재정위기, 2025년 일본의 엔 캐리 트레이드, 최근 미국의 국채 가격 하락·금리 상승 등이 달러 지위에 대한 우려를 키웠다.

달러는 무한 발행 가능한 것처럼 보이지만, 부채와 상환 능력의 제약을 받는다. 부채가 지나치게 늘면 이자율은 상승하고, 디폴트 리스크 프리미엄(CDS)까지 붙을 경우 최악의 상황을 맞을 수 있다. 그러나 미국의 부도는 세계 경제 전체를 위협하기 때문에 이는 균형(trade-off)을 이룬다. 이 균형을 유지하는 장치가 바로 달러 발행 특혜, 즉 시뇨리지 효과다. 다른 나라보다 낮은 이자율로 차입할 수 있는 특권은 기축통화 국가의 '도덕적·윤리적 책임'을 요구하며, 이는 시장의 '보이지 않는 손'에 의해 감시된다.

미국의 숨겨진 야망, 팍스 아메리카나

달러 패권은 단순한 통화 차원을 넘어 미국의 세계 전략과 직결되어 있다. 미국은 금융·군사·외교를 연계해 달러를 기축통화로 고착화했고, 이는 곧 '팍스 아메리카나'라는 세계 질서를 공고하게 뒷받침했다.

$ 달러 지배력으로 인한 이점들

이제, "과연 미국은 이러한 지배력을 통해 무엇을 얻는가"라는 질문으로 이어진다. 왜 미국은 다른 나라들로 하여금 달러를 사게 만들고 싶어할까?

달러화는 사실상 공짜 돈이다. 좀 더 엄밀히 말하면 일종의 무이자 대출(making an interest-free loan to us)이다. 미국 달러화를 사용한다고 해서 사용료를 받지는 않기 때문이다. 해외에 얼마나 많은 달러가 있는지는 정확하지 않지만, 적어도 50조 달러 이상을 해외에서 보유중이라면 이는 곧 무이자 대출 규모와 같다.

그러나 더 중요한 점은, 해외가 미국에 달러로 대출을 해줄 때 미국 재무부 채권을 매입하든 미국 내 자산에 투자하든 달러로 거래된다는 이유만으로 전통적으로 낮은 이자율이 적용된다는 사실이다. 예컨대 중국의 누군가가 달러를 선호하기 때문에 달러 표시 자산을 담보로 미국 주택 매입자가 대출을 받을 경우, 다른 국가의 주택 담보 대출 금리보다 낮은 금리를 적용 받을 수 있다. 즉 주택 구매자의 모기지 금리가 낮아지는 것이다.

또한 전 세계가 미국 금융 시스템을 활용하기 때문에 미국의 차입 비용과 이자율은 약 0.5~1% 낮아졌을 것으로 추정된다. 모든 조건이 동일하다면 미국 주택 매입자의 대출 금리가 타국보다 낮게 형성될 수 있다. 그러나 달러 수요가 공급보다 많아 더 많은 차입이 필요하다면, 당연히 시장금리에 따라 높은 금리를 지불해야 한다. 따라서 미국이 0.5~1% 낮은 금리로 자금을 조달할 수 있다는 것은 상당한 차이이자 특혜다.

이 차이가 왜 중요한가? 미국이 37조 달러에 달하는 부채를 지고 있다면, 금리 1%p의 변화는 실제 금액으로 3,700억 달러라는 엄청난 이자 비용 증감을 의미하기 때문이다. 게다가 이는 정부 차원만의 문제가 아니다. 미국 정부의 부채 비용이 줄어든다는 것은 곧 미국 가계와 기업의 모기지·자동차 대출 금리에도 영향을 미친다. 이런 대출 상품들은 복잡하게 재패키징되어 독일이나 일본 같은 나라로 흘러가기도 한다. 즉 달러는 전반적인 이자율을 낮추는 역할을 하며, 사람들이 달러를 선호하는 이유는 그것이 세계에서 가장 신뢰받는 통화이기 때문이다.

달러 지배력으로 인한 또 다른 이점은 흔히 '과도한 특권(exorbitant privilege)'이라 불린다. 오늘날 세계는 점점 지쳐가며, "과연 미국이 이 특권을 유지할 수 있는가, 유지하는 것이 정당한가"라는 질문을 던지고 있다. 트럼프 2기 행정부는 이 특권을 오히려 다른 나라들이 무임승차하는 부담으로 간주하며, 그 지배력을 줄여야 한다는 입장을 취하고 있다.

'과도한 특권'이라는 표현은 발레리 지스카르 데스탱(Valéry Giscard d'Estaing)이 처음 사용했다. 그는 미국이 낮은 금리로 차입할 수 있고, 위기 상황에서도 막대한 자금을 빌릴 수 있으며, 다른 나라들이 자국 통화 안정을 위해 달러를 보유해야 한다는 사실을 매우 못마땅하게 여겼다. 미국은 그 돈을 유럽 공장 등에 투자해 이득을 취했기 때문이다. 즉 여러 비판이 결합된 표현이었으며, 오늘날에는 주로 '싸게 빌릴 수 있다'는 의미로 쓰인다.

팬데믹 당시 미국 정부는 다른 나라들보다 2배 이상 많은 돈을 빌렸다. 이를 본 다른 나라들은 '우리도 저렇게 하고 싶다'라고 생각했을 것이다. 미국이 '헬리콥터 벤'식의 돈 풀기를 할 수 있었던 이유는 첫째, 팬데믹 시작 당시 부채 수준이 낮았고, 둘째, 금리가 급등하지 않았기 때문이다. 다른 나라들은 위기 상황에서 같은 조치를 취하고 싶어도 여건이 되지 않았지만, 미국은 가능했다. 바로 이것이 이 특권의 핵심이다.

그러나 이 특권을 잃고 부채가 지나치게 많아지면, 위기 상황에서 다시는 그렇게 할 수 없다. 이것이 진짜 리스크다. 따라서 특권을 유지하며 필요할 때마다 막대한 자금을 조달할 수 있는 능력은 엄청난 국가 경쟁력이자 이점이다.

💲 부채 중독에 빠진 미국 달러

이러한 달러화의 특권에 모두가 동의할 수 있을까? 부정적으로 보는 시각도 있다. 결정적인 대안이 없을 뿐이다. 달러 지배력이 미국을 '부채 중독'에 빠뜨렸다는 비유는 흔하다. 전 세계가 마치 마약 딜러라면, 미국은 중독자라는 식이다.

전 세계가 미국의 차입을 쉽고 저렴하게 만들어준 이 균형 상태는 과연 미국에게 좋은 것이었을까? 아니면 긴축주의자들이 주장하듯, 미국의 무책임함을 부추긴 부정적 현상이었을까? 미국에게는 분명한 이득이었지만, 동시에 경계해야 할 함정이기도 했다.

예컨대 2000년대 초반, 미국은 자금 유입을 지나치게 쉽게 만들었다. 정부 보증 방식으로 투자가 가능했기에 돈이 몰렸고, 규제는 급격히 완화되었다. 그 결과 미국은 단순한 '과도한 특권'을 넘어 "규제도 없고 돈도 잘 들어오는 나라"로 보였고, 이는 결국 금융위기로 이어졌다. 즉 "모두가 우리를 좋아하는 이유가 우리가 훌륭해서가 아니라, 멍청해서일 수 있다"는 점을 경계해야 한다.

이는 1998년 한국 경제가 아시아 외환위기를 겪은 배경과도 유사하다. 규제를 풀고 빚을 마음껏 낼 수 있도록 허용하면 영끌과 빚투가 성행하고, 부동산과 주식시장이 폭등하며 자산 버블을 낳는다. 그리고 그 버블이 터질 때 이익을 거둬가는 이는 다름 아닌 미국이었다.

또한 "전 세계가 달러를 광범위하게 사용함으로써, 미국이 수입하는 것은 싸지고 수출하는 것은 비싸진다"는 주장도 있다. 트럼프 대통령이 구조적 무역수지 및 경상수지 적자를 지적할 때 즐겨 쓰는 논리다. 그러나 이는 사실이 아니다. 투자 자산시장과 소비재 시장을 혼동한 주장이기 때문이다. 자동차가 미국에서 더 저렴한 것은 달러 강세 때문이 아니라, 미국 시장이 더 완전경쟁에 가깝기 때문이다.

따라서 달러 강세·약세를 단순히 미국의 '쌍둥이 적자' 문제와 연결짓는 것은 곤란하다. 경제는 생태계처럼 끊임없는 정반합의 활동으로 이뤄지며, 단일한 정답은 존재하지 않는다. 많은 경제학자들이 단순화된 설명을 내놓는 것은 신중하지 못한 태도다. 환율과 무역수지를 기본적으로 살핀 뒤에야, 달러 가치 문제를 미국 국내 경제 상황과 대외 환경 변화가 맞물린 결과로 해석할 수 있다. 결국 달러 강세와 약세는 정부 재정, 가계 소비, 기업 활동, 소비자 심리 등 다양한 변수가 반영된 '신뢰의 변화' 문제다.

실제로 미국 달러가 매우 낮았던 시기가 있었고, 오늘날처럼 매우 높을 때도 있었다. 원/달러 환율만 보더라도 1,400원대 중후반에서 다소 하락했지만, 여전히 1,300원 후반이라는 높은 수준에 머문다. 환율이 물가에 미치는 영향은 수요·공급, 소비자 취향, 물가와 환율의 상호작용 같은 복합 요인에 의해 결정된다. 때로는 물가 변동이 환율 변화를 일으키기도 한다.

우리는 종종 복잡한 문제를 단순화하려 하지만, 그 과정에서 모순과 왜곡이 생긴다. 따라서 견고한 원인·결과 가설을 고집하기보다, 다양한 경제 변수 간 힘(벡터)의 상호작용을 주목해야 한다.

예컨대 트럼프 대통령은 "미국이 산업 기반과 제조업 일자리를 잃은 것은 금융 자금이 대규모로 유입되어 달러 가치가 과대평가되었기 때문"이라고 주장한다. 반면 중국은 자국 통화를 낮게 유지해 미국 수출 경쟁력을 떨어뜨리고, 값싼 수입품으로 미국 시장을 잠식했다는 주장을 덧붙인다. 요약하자면, 달러의 지배적 위치가 미국 제조업을 약화시켰다는 것이다. 그러나 트럼프의 주장은 근거가 빈약하거나 시대착오적인 경우가 많다. 결국 앞뒤가 맞지 않는 경우가 대부분이며, 간단히 말해 설득력이 부족하다.

1970년대 미국 TV에는 공장 노동자와 중서부 농부들이 자주 등장했다. 농촌 공동화와 청년 이농 문제, 제조업의 도시집중과 기계화가 사회 문제로 대두되던 시기였다. 1972년 방영된 시리즈 〈월튼네 사람들(The Waltons)〉은 훗날 한국에서 방영한 장수 드라마 〈전원일기〉의 원조 격이라 할 수 있다. 당시 농업 문제는 제조업 발전과 청년층 이농의 산물이었다. 즉 미국은 세계적인 농업·제조업 강국이었음에도 불구하고 산업 구조의 전환기에서 노동집

약적 산업에서 기술·자본집약적 산업으로 이동했다. 이런 변화는 필연적이었다. 따라서 오늘날 상황을 단순히 중국 탓으로 돌리는 것은 세상의 변화를 간과하는 태도다. 정글의 왕, 사자라 해도 비를 멈추게 하거나 내리게 할 수 없는 것과 같다.

💲 중국도 변화의 중심에 서 있다

가장 억지스러운 가정을 해보자. 만약 미국을 비롯한 많은 나라들이 아무하고도 무역을 하지 않는다면, 자급자족의 경제를 이루어 갈 수 있다면 어떻게 될까? 무역은 필수가 아니라 사실상 선택이다. 하지만 그렇게 하기 위해선 우리는 우리가 살아가는 시대를 '석기시대' 수준으로 되돌려야 한다. 이미 무역과 관련한 다양한 일자리가 만들어졌다.

무역이 없었다면 존재하지 않을 일자리들이 생겨난 것은 제쳐두고, 비교열위에 따라 사라지는 일자리를 상대국 탓으로 돌리는 것은 일종의 거짓 판매에 불과하다. 중산층 일자리가 있으면 좋겠지만, 그런 일자리는 이제 더 이상 존재하지 않을 수 있다. 따라서 정부가 미리 대응할 수 있는 방안을 마련하는 것이 세금을 거두는 이유이자 명분이다. 모두가 전 세계에서 달러를 사용한다고 해서 그걸 탓하는 건 어리석은 일이다.

도널드 트럼프 경제자문위원회 수장인 스티븐 마이런(Stephen Miran)은 달러 강세가 장기간 미국 산업 기반 약화의 중요한 원인이라고 주장한다. 트럼프 대통령은 이를 마치 종교적 신념처럼 여겼고, 모두가 그것을 합리화하려 애쓰는 듯 보였다. 트럼프 행정부에서는 많은 사안에 대해 의견을 낼 수 있었지만, 이 문제에 대해서는 그 누구도 목소리를 낼 수 없는 절대적 명제로 여겨졌다. 이는 마치 어린아이가 무조건 떼를 쓰면 무언가 얻을 수 있다고 믿는 것과 다르지 않았다. 트럼프 대통령의 무역론은 국제경제학의 기초 수준에도 미치지 못할 만큼 단순한 내용을 억지로 비틀어놓은 것이었다.

예컨대 미국 경제가 중국이나 독일에서 더 많은 물건을 사오고, 그들이 미국에서 수입하는 물품이 적은 이유 중 하나는 '달러가 비싸서'일 수 있다. 하지만 어떤 경로로든 그들의 돈은 다시 미국으로 유입되고, 미국은 그 돈을 투자해 바이오테크, 의약품, 서비스 산업, 디지털 정보통신 기술 등 신산업 분야에서 무언가를 짓는다. 미국은 그 과정에서 일부 배당과 수익을 독일과 중국 투자자들에게 나눠주지만, 동시에 엄청난 혜택을 누리게 된다.

모든 무역불균형의 원인이 반드시 달러 때문은 아니다. 그것은 미국이 무역에 개방적이기 때문이다. 만약 지난 40년 동안 달러가 약세를 유지했다면, 미국 제조업이나 고용은 어떻게 되었을까? 단순히 상품과 재화의 가격 변화를 가정한다면, 시간이 지나면서 낮은 환율로 인플레이션이 발생하고 임금이 빠르게 오르며, 결국 상품과 재화 가격이 다시 상승하는 악순환이 반복되었을 것이다. 환율을 조작해 물건을 싸게 만든다는 주장은, 싼 물건의 가격은 결국 올라 같아진다는 사실을 간과한 것이다.

중국이 환율을 조작해 물건값을 싸게 미국 소비자에게 공급했고, 미국 소비자들이 이에 '중독'되어 제조업을 외면한 채 중국 제품에만 의존하면서 경상수지와 재정수지의 쌍둥이 적자에 빠졌다는 논리는 맞지 않는다. 중국이 오랫동안 제조업 우위를 지킬 수 있었던 첫째 이유는, 자국 통화를 의도적으로 낮게 유지했기 때문이다. 둘째 이유는 내륙 지역에 수많은 인력이 거의 무임금 상태로 존재했기 때문이다.

중국 경제의 성장은 매년 1,200만~1,500만 명을 도시로 끌어들여 일하게 했고, 그 막대한 노동력 공급이 임금을 낮게 유지하며 가격도 낮게 유지할 수 있었던 이유였다. 만약 미국과 세계가 금본위제였다면, 이런 무역 방정식으로 인해 미국 제조업은 몰락했을 것이다. 그러나 미국은 기축통화인 달러를 사실상 무한정 발행할 수 있었기에 '일득일실(一得一失)'의 원칙에 충실할 수 있었다. 트럼프 대통령은 이 점을 이해했어야 한다.

더구나 다시 강조하지만, 대부분의 제조업 일자리는 무역 때문이 아니라 기계 자동화 때문에 사라졌다. 물론 이것도 100% 정확한 반론은 아니다. 기계 자동화는 무역 상대국 제조업도 동시에 채택하는 전략일 수 있기 때문이다. 다만 자원·노동력 원가, 규제, 보조금 지원 등 제도적 차이에 따라 수출 경쟁력 열위가 발생하면서 일자리가 사라진다. 이 점은 사람들이 과소평가하는 부분이다.

💲 달러의 금융권력, '지지 않는 태양'

우리는 정치 관련 대화에서 금융 지배력을 가짜 권력이나 부패 권력처럼 다루는 경향이 있다. 금융화된 경제는 실제로 매우 부드럽고 퇴폐적 성격을 가진 경제라 할 수 있다. 중국이나 신흥국처럼 무언가를 직접 생산하는 경제와는 다르다. 여기서 간단히 언급하자면, 왜 '암호화폐'가 미래 권력으로 부상할 수 있는지, 그러나 그 권력이 언젠가 '비밀성'과 '부패성'을 동시에 내장한 권력으로 역사적 심판대에 오를 수 있는지를 짚어둘 필요가 있다.

뒤에서 더 설명하겠지만, 역사적으로 돈을 통제한다는 것은 곧 세계를 통제하는 것이다. 모든 금융 동맥이 특정 국가의 펌핑 시스템으로 연결되어 있다는 사실은 진짜 권력이 된다. 달러가 지배적이라는 사실 하나만으로도 미국은 글로벌 금융 시스템을 놀라울 정도로 통제할 수 있다. 단순히 달러가 지배적인 것에 그치지 않고, 미국은 이를 지킬 군사력까지 갖고 있다.

이 두 가지 결합은 IMF 투표 구조, 국가 간 거래 네트워크, 금융 정보 접근권 등 글로벌 협상에서 미국에 압도적 우위를 부여한다. 뉴욕 연방준비은행이 이러한 역할을 담당하며, 전 세계 금융 정보가 그곳을 거쳐 흐른다.

따라서 많은 나라가 이를 싫어한다. 스위스 비밀계좌 수요가 존재하는 이유도 여기에 있다. 특히 중국, 러시아, 이란, 중동 일부 국가는 물론 미국의 동맹인 유럽조차 달러 지배를 불편해 한다. 실제로 21세기 들어 중국이 두 차례나 달러 중심 기축통화 대신 새로운 통화 바스켓 체제를 주장했을 때, 가장 앞장선 국가는 프랑스였다. 이는 유럽이 달러 체제에서 벗어나려는 의지가 크다는 방증이다.

1956년, 영국이 여전히 부활을 꿈꾸던 시절을 떠올려보자. 한때 세계를 지배했던 '해가 지지 않는 대영제국'은 수에즈 위기에서 미국의 압력에 무릎을 꿇었다. 미국은 당시 "우리 뜻대로 하지 않으면 대출을 회수하겠다"고 영국을 협박했다. 제2차 세계대전 당시에도 영국은 금본위제 기득권을 놓고 미국과 치열하게 대립했으나, 결국 루스벨트 대통령의 요구대로 자국의 금을 미국으로 넘길 수밖에 없었다.

이처럼 자금을 통제하는 힘은 곧 대단한 권력이며, 그 대표적인 수단이 바로 금융 제재다. 미국은 군사력 같은 하드 파워 대신 금융이라는 소프트 파워로 상대를 제압해왔다. 당연히 제재 대상국은 이를 증오하며, 늘 달러 패권의 몰락을 바랐다.

예를 들어보자. 10여 년 전 미국이 이란을 제재했을 때, 유럽 국가들은 미국 조치에 동의하지 않았다.[22] 그러자 미국은 유럽에 "우리 제재에 동의하지 않는다면 미국 은행 시스템을 쓰지 마라"는 내부 경고를 보냈다고 알려졌다. 이는 유럽에 치명적 압박이었다. 아무리 유로화가 일정 부분 신뢰를 얻었더라도, 지속 가능한 성장 동력과 미국 수준의 군사력이 뒷받침되지 않는 한 기축통화로 자리 잡기는 어렵다.

이런 일은 지금도 일상적으로 일어나고 있을 가능성이 크다. 유럽 국가들조차 이런 미묘한 이유 때문에 미국 권력을 달가워하지 않는다. 더 큰 문제는 미국인들이 정작 이 사실을 잘 느끼지 못한다는 점이다. 미국은 글로벌 게임의 규칙을 만들었고, 판이 불리해지면 무효를 선언할 수 있는 유일한 국가다. 그러고도 "이 게임은 멋져. 모든 게 좋아"라며 웃을 수 있다.

결국 달러는 미국이 전 세계에 파는 금융 서비스다. 다른 국가들은 상품을 공급하는 제조업 국가이고, 미국은 금융이라는 서비스를 제공하는 셈이다. 서비스든 상품이든 고객을 만족시켜야 한다. 미국은 인플레이션 억제와 신뢰 유지로 고객 만족을 위해 노력해왔다. 그러나 문제는 서비스 제공국은 오직 미국뿐이고, 나머지는 치열한 경쟁에 내몰린 생산국이라는 점이다. 이 구조 속에서 미국은 혼자 금융·상품 권력을 누리고 있다고 볼 수 있다.

💲 미 달러화의 향기

미국은 도널드 트럼프 대통령 이전부터 제재와 다른 금융 권력을 경제적이지 않은 지렛대(레버리지)로 활용해온 것이 사실이다. 국가와 개인에게 미국이 원하는 행동을 하게 만들기 위한 지렛대로서 미국이 싫어하는 인물과 국가를 제재하고, 또한 그들이 주고 싶어 하지 않는 정보를 얻기 위해 특별 예산으로 숨겨진 자금을 운용하면서 달러 패권을 휘둘렀다는 관점도 완전히 틀렸다고 할 수는 없다. 사람들과 국가들은 이러한 상황에 점점 지쳐가고 있다.

이를 좀더 살펴보자. 트럼프 행정부 출범 직전 미국이 어떤 상황에 있었고, 사람들이 미국 금융 시스템의 지렛대 효과에 대해 어떻게 느꼈는지를 간단히 짚어보면 다음과 같다.

먼저 아시아는 달러 블록의 큰 부분을 차지하고 있다. 이들 국가는 달러표 채권과 막대한 달러화 외환보유고를 보유하고 있다. 앞서 설명했듯 아시아의 수조 달러 외환보유고는 사실상 미국에 대한 대규모 대출과 같다.

이 사실은 미국 입장에서는 매우 중요하다. 물론 이 자본은 대개 저가 제품 판매로 얻은 수익을 통해 축적되었고, 그 수익이 다시 미국으로 재투자되어 미국 경제를 떠받쳐왔다. 만약 누군가가 "그들이 미국에 재투자할 뿐 아니라 수출과 서비스 제공도 균형 있게 해야 한다"라고 주장하려면, 적어도 그들보다 가격·품질 면에서 동시에 경쟁력 있는 무엇인가를 제시할 수 있어야 한다.

최근 AI 산업을 둘러싼 미·중 간의 경쟁에서 중국의 기술 도용 의혹과 불법 복제 문제가 잇따라 제기된 것도 사실이다. 만약 중국이 법적·도덕적 기준을 벗어나 막무가내식으로 기술을 취득했다면, 국제사회는 이에 대해 제재를 논할 수밖에 없다. 이런 점에서 중국 내에서도 달러 사용을 둘러싼 갈등이 있었을 것이다. 기술 관료들은 "달러 사용은 바보 같은 짓"이라고 했을 테고, 지도자들은 "현재 조건에서는 바꿀 수 없다"라고 판단했을 수 있다.

하지만 러시아가 우크라이나를 전면 침공하자, 중국은 긴장하지 않을 수 없었다. (아마 유럽 경제도 마찬가지였을 것이다.) 미국이 러시아에 대한 제재를 단행하며 러시아 중앙은행의 자금을 사실상 몰수했기 때문이다. 미국은 이를 '디폴트(default)'라고 부르지 않았지만, 3천억 달러 이상을 동결한 사실은 분명했다.[23]

중국은 이 과정을 지켜보며 러시아가 비자·마스터카드 등 달러 결제 시스템을 사용할 수 없게 된 상황을 확인했고, 이를 기회로 러시아와 새로운 거래 방식을 모색하기 시작했다. 하루아침에 바꿀 수는 없지만, 위안화의 국제화를 위한 한 단계로 삼으려는 움직임이었다. 중국은 과거처럼 환율을 달러에 연동하려 했으나, 미국과 유럽의 강력한 반발로 무산되었다. 이후 중국은 보유 달러를 줄이고 있으며, 이는 장차 대만 사태와 같은 제재 가능성에 대비하는 조치이기도 하다.

그러나 더 근본적인 문제는 미국 외부가 아니라 내부에 있다. 러시아 제재에서 보듯 달러 결제망을 무기로 삼는 것은 단기적으로 기축통화의 지위를 지키는 방법일 수 있다. 하지만 미국 내부의 불균형과 불확실성이 커질수록 정치 지도자들이 관심을 외부로 돌리려 한다. 트럼프 대통령과 스티븐 마이런의 '마라고 협상' 구상 또한 결국 내부 문제를 정직하게 바로잡는 것이 우선임을 보여준다. 연준의 독립성과 달러 신뢰, 인플레이션 안정의 핵심은 바로 미국 내부에 있기 때문이다.

빚은 결코 공짜 점심이 아니다. 재정적자와 경상수지 적자는 달러 유동성 공급의 부산물이기도 하지만, 2008년 금융위기나

2020년 팬데믹처럼 불가피한 상황에서의 재정 확대 사례도 있었다. 문제는 위기 당시의 유동성 팽창이 위기 후와는 전혀 다른 부담으로 돌아온다는 점이다. 만약 미국이 이 유동성이 그간 세계 경제 성장과 민주주의 확산에 기여한 만큼의 반대급부라 여긴다면, 그것은 착각이다. 이미 세계는 변했고, 그 변화의 방향과 속도를 제대로 파악한 뒤 엄격한 규칙과 제도를 마련하는 것이 미국의 과제다. 스스로 패권을 무너뜨릴 필요는 없다.

💲 미 연방준비은행의 독립과 중요성

미국 연방준비제도의 독립성은 왜 중요한가? 연준은 금본위제만큼이나 중요한 제도였다. 1913년 처음 설립될 당시에는 독립적이지 않아도 큰 문제가 없었다. 제도적으로는 전국 은행연합회적인 성격이 우선했고, 실질적으로는 누군가 연준의 역할이 마음에 들지 않으면 유럽이나 아시아 국가든 상관없이 언제든 달러를 금으로 바꾸면 되었기 때문이다. 이런 식으로 할 경우 아무 문제가 될 것은 없었다.

하지만 1975년 이후 달러 가치를 뒷받침하는 장치는 사라졌다. 달러 가치를 보장하던 금본위제가 폐지된 것이다. 지금 달러를 지탱하는 것은 연준(Fed), 즉 미국 중앙은행이 "인플레이션을 급격히 높이지 않겠다"는 약속이다. 실제로는 평균 2% 정도의 인플레이션을 목표로 삼고 있다.

미국 소비자 물가가 2% 수준에서 안정되면, 세계 각국의 통화정책도 이에 연동되어 안정적으로 운용된다는 경험이 지난 30년간 축적되었다. 이를 위해 동원된 수단이 미국 재무성 채권이었다. 트럼프 대통령이 스티븐 미누신의 아이디어를 받아들인 듯 보이는 '100년 만기 0% 국채 매입' 구상도 같은 맥락이다. 이는 미국 달러화의 기축통화 지위를, 미국과 거래하는 모든 국가경제가 함께 보장하라는 요구였다. 겉으로는 관세전쟁이었지만, 실제 속내는 바로 이 부분이었다.

인류 문명사에서 독립적인 중앙은행의 설립은 매우 중요한 발명이다. 비교적 근대에 등장한 제도였지만 효과는 분명했다. 만약 이 독립성이 무너지면 대통령들에게는 항상 유혹이 따른다. 대부분의 대통령이 원하는 것은 단 하나, 이자율을 낮추는 것이다. 조 바이든도, 오바마도 모두 금리를 낮추길 원했다. 투자를 늘리고, 주택을 구입하고, 은행 대출을 쉽게 만들기 위함이다.

닉슨 대통령 시절 이 문제가 가장 심각했다. 그는 연준에 집요하게 개입했고, 결국 독립성 상실과 급격한 인플레이션을 불러왔다. 워터게이트 녹음 테이프에는 닉슨이 연준 의장을 거칠게 비난하는 장면까지 담겨 있다. 이것이 바로 우리가 경험한 최악의 인플레이션의 원인이었고, 연준 독립성 상실의 대표적 사례였다.[24]

그리고 이 얘기는 결국 트럼프 시대를 향해 가고 있다. 압력이 점점 쌓여가고 있다. 트럼프 대통령이 제롬 파월(Jerome Powell) 연준 의장을 파면하겠다거나 금리 인하와 달러 약세를 주장하는 발

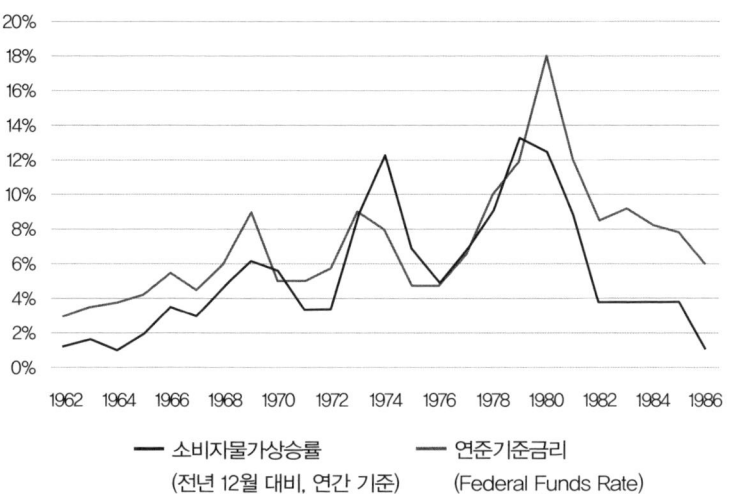

자료 3. 미 소비자물가 변화 및 연준 기준금리 변화 추세

주: 닉슨 대통령의 미 연준 독립성 간여가 1977년 이후 2차 오일쇼크와 맞물려 급등하는 모습
출처: Investopedia

언은, 어쩌면 과거 워터게이트 사건 녹취록 속 '페드 게이트'와 닮아 있는지도 모른다.[25] 2025년 5월 29일, 트럼프 대통령은 파월 의장과 첫 회동을 가졌지만[26] 여기에서도 준 독립성에 대해 긍정적인 언급은 전혀 하지 않았다. 다만 연준 내부의 대규모 인력 조정으로 분위기가 냉각되어 있다는 점만큼은 인식한 듯하다.

미국은, 더 정확히 말하면 트럼프 대통령은, 금융 시스템을 점점 더 노골적이고 공격적으로 무기화하고 있다. 속되게 표현하면 "빚은 못 갚으니 채권자가 알아서 해라, 미국은 책임이 없다"는 태도다.

미국 부채는 증가하고, 팬데믹 이후 인플레이션으로 금리가 오르면서 국민이 부담해야 할 이자도 크게 늘고 있다. 그런데도 트럼프 정부는 감세 법안을 의회에서 통과시키며, 향후 5년간 3조~5조 달러의 재정적자 누적이 예상된다. 트럼프 대통령은 이를 관세로 충분히 메울 수 있다고 주장했고, 미국 국민들은 이런 주장을 받아들여 2025년 트럼프와 MAGA 운동을 다시 집권 세력으로 만들었다.

그렇다면 2025년 이후 어떤 일이 벌어질까. 아직 진행중이지만, 몇 가지 예측 가능한 사실이 있다. 첫째, 인플레이션 위험이 높아질 것이다. 둘째, 연준의 독립성이 약화되고 달러 가치가 하락할 것이다. 셋째, 이러한 사태는 2025년 하반기에 급격히 전개될 수도 있다. 민주당 정부였다 해도 재정적자 해법을 찾지 못했다면 시기만 늦춰졌을 뿐, 달러 신뢰 상실로 인한 '대혼란'은 피할 수 없었을 것이다.

더 큰 문제는, 트럼프 대통령의 주장과 달리 미국은 강력한 카드를 갖고 있지 않다는 점이다. 트럼프 대통령은 "아주 좋은 상태"에 있다고 믿지만, 현실은 그렇지 않다. 그렇다고 "형편없다"고 고백하는 것 역시 위험하다. 이 모순된 상황에서 찾을 수 있는 중간점은, '달러는 아직 강하지만 미국 경제는 불확실하다'는 해석일 것이다. 달러가 강하다는 것은 여전히 세계경제가 달러 지배력의 우산 아래 있다는 의미다. 그러나 이 독점적 지위가 오히려 미국의 악화된 경제와 불확실한 달러의 미래를 드러내는 역설이 되기도 한다. 트럼프 대통령의 발언을 빌리면, "달러는 약해야 하지만 동시에 기축통화로 절대 흔들려선 안 된다"는 것이다. 결국 트럼프 대통령은 달러가 동시에 약하고 강하길 원한다.

💲 스티브 마이런, 미국의 마키아벨리?

트럼프 대통령의 경제 전략가이자 현재 백악관 경제자문위원장인 스티븐 마이런은 2024년 11월 24일, 41쪽 분량의 보고서 「글로벌 무역 체제 재편에 관한 사용자 보고서(A User's Guide to Restructuring the Global Trading System)」를 발표했다.

보고서의 핵심은 '마라라고 협정(Mar-a-Lago Accord)'이다. 1985년 플라자 합의를 연상시키는 이 안의 요지는 미국 달러화의 기축통화 지위를 향후 100년간 보장하라는 요구다. 구체적으로, 중국을 비롯해 미국과 무역하는 모든 국가들에게 "100년 만기 양도 불가의 미 재무성 채권을 매입하라. 금리는 0%일 것이며, 선택의 여지는 없다"는 조건을 제시한다. 사실상 '부분적 디폴트 선언'과 다름없다.

보고서에 따르면, 미국은 더 이상 모든 비용을 혼자 부담할 수 없다. 대부분의 국가는 미국에 물건을 팔아 달러를 축적하고 국부를 늘리지만, 미국은 달러 유동성이 막히면 빚을 내어 달러를 발행해야 한다. "왜 미국이 이런 바보 같은 짓을 해야 하는가? 달러 발행만으로도 미국은 이자를 내지 않고 기축통화 지위를 유지해야 마땅하다"는 것이 마이런의 주장이다.

마이런은 세 가지 수단을 제시한다. 첫째, 관세라는 '채찍'으로 압박한다. 둘째, 안보 우산이라는 '당근'을 제시한다. 셋째, 중앙은행 유동성 공급으로 금리 위험에 따른 혼란을 완화한다. 그는 트럼프가 1기 집권 당시 멕시코, 캐나다, 한국, 중국과의 협상에서 성공을 거둔 사례를 근거로 이번에도 같은 방식이 가능하다고 본다. 다만 이번에는 "더 강하고 깊은 태클"이 필요하다고 강조한다.

결국 이 보고서의 요지는 "공짜 경제 구조는 끝났다"는 선언이다. 미국의 금융 시스템과 군사력은 사실상 전 세계의 공공재였지만, 미국은 이를 최저 비용으로 제공해왔다. 이제는 동맹국이라도 국방과 금융 시스템을 이용하려면 '100년 채권 매입'에 준하는 대가를 지불해야 한다는 것이다. "무임승차(free ride)는 더 이상 허용되지 않는다"는 논리다.

로고프(Rogoff) 교수는 이를 두고 "일종의 조공(pay tribute)"이라 표현했다. 단기적으로 각국은 침체를 피하려 미국의 요구를 수용할 수밖에 없겠지만, 중장기적으로는 달러 의존이 위험하다는 자각이 커지고 있다. 따라서 대안을 공동 모색할 가능성이 높다. 트럼프는 이 변화를 촉진시키며, 단기적으로는 '디폴트 선언', 장기적으로는 미국 리더십의 붕괴를 앞당기는 셈이다. 막스 베버(Max Weber)는 "지도자는 열정과 책임감을 갖고, 정책의 파급 효과를 멀리 내다보며 국가경제를 안정적으로 이끌어야 한다"고 말했다.[27] 그러나 트럼프 정부의 방향은 이와 거리가 멀다.

제2차 세계대전 이후 미국 무역정책의 핵심은 '자유무역'이었다. 하지만 100% 관세 부과로 교역이 불가능해진다면, 미국에 투자하려는 자본은 사라질 것이다. 10% 관세만으로도 투자가 위축된다는 사실은 이미 입증되었다.

물론 관세 자체가 무조건 나쁘다고 할 수는 없다. 유치산업 보호나 수출기업 지원을 위해 제한적·단기적으로 필요할 수 있다. 세수 확보 효과도 있다. 그러나 거래를 하자면서 동시에 예측 불가능한 상황을 만든다면 투자는 얼어붙는다. 이 혼란이 트럼프의 의도된 전략일까? 그렇게 보아도 무방하다.

트럼프에게는 뿌리 깊은 신념이 있었다. 그는 1971년, 미국이 처음으로 무역적자를 기록한 해에 25세였다. 미국 패권이 절정이던 시기에 성장했지만, 성인이 되자마자 그 시대는 끝나가고 있었다. 1970년대 후반, 미국은 '겨울의 문턱'에 서 있었다. 프랑스 역사학자 페르낭 브로델(Fernand Braudel)이 1979년 『문명과 자본주의』를 펴냈고, 같은 해 미국의 데이비드 매콜리(David Macaulay)는 『데이비드 매콜리 건축 이야기: 마천루(Unbuilding)』를 출간했다. 이 책은 사우디 왕자가 엠파이어 스테이트 빌딩을 해체해 아라비아 반도로 옮기는 상상을 담았는데, 이는 미국 몰락의 불안을 상징했다. 그 시절 미국인들은 세계의 중심이 된 뉴욕이 곧 쇠퇴할 것이라는 두려움에 휩싸였다. 바로 그런 분위기에서 트럼프는 "다른 나라들이 미국을 이용하고 있다"는 신념을 굳히기 시작했다.

1987년, 트럼프는 〈뉴욕타임스〉 등 주요 신문에 사비 94,801

달러를 들여 전면광고를 실었다. "미국 국민에게"라는 공개서한 형식의 이 광고에서 그는 일본·사우디 등 동맹국에 군사비 지출을 청구해야 하며, 이를 통해 연방재정 적자를 줄이고 세금을 감면할 수 있다고 주장했다. 마지막 문장은 이렇다. "우리 위대한 국가가 더 이상 웃음거리가 되게 내버려두지 맙시다(Let's not let our great country be laughed at anymore)."

달러의 위상 하락이 느린 불꽃처럼 진행된다

트럼프 대통령의 관세정책을 통해 우리가 한 가지 확인하고 싶은 건, "향후 1년 안에 관세가 지금보다 훨씬 낮아질 것이냐"는 물음이다. 그냥 조금 낮아지는 게 아니라 시장에 '안정성'을 제공할 만큼 충분히 낮아질 것인가라는 점이다. 안정성이 핵심이다.

미국 경제가 세계경제의 중심이었던 것만큼, 대부분의 미국 거시경제 지표와 관련 주요 인사들의 발언은 늘 시장의 불확실성을 줄이고 더 확실한 상황으로 바꾸려는 데 목적이 있다. 적어도 경제 활동을 하려면 최소한의 전망 가능성이 필요하다.

만일 트럼프 대통령이 그날그날의 기분에 따라 정책을 바꾼다면, 즉 완전히 예측 불가능하다면, 그러한 불규칙한 개인적 정서가 향후 달러에 구체적으로 어떤 영향을 미칠까? 여기서 '달러 가치'란 어떤 의미일까?

영국의 78대 총리였던 엘리자베스 트러스(Elizabeth Truss)가

2022년 9월부터 10월까지 50일간 총리를 할 때 비슷한 일이 있었다. 그녀는 승리 연설에서 '세금을 낮추고 경제를 성장시키기 위한 담대한 구상'을 내놓겠다고 밝혔다. 하지만 대규모 감세안으로 금융시장에 엄청난 혼란을 초래한 책임을 지고 취임 45일 만에 총리직에서 물러나며 역대 최단명 총리가 되었다. 강경 보수파로 자유무역을 옹호하고, 중국과 러시아에 강경한 입장을 고수하며 외교·군사 분야의 매파를 자처했다.

그녀는 취임 19일 만인 2022년 9월 23일 약 450억 파운드(약 73조 원) 규모의 감세안을 발표했으나, 인플레이션과 국가 부채 증가 우려로 파운드화 가치가 사상 최저치로 하락하고 국채 금리가 급등하는 혼란이 이어졌다. 이에 트러스는 쿼지 콰텡(Kwasi Kwarteng) 재무장관을 재임 38일 만에 경질하고 감세안을 대부분 철회하는 등 수습에 나섰지만, 당 안팎의 거센 사퇴 압박 속에 44일 만에 사퇴했다. 브렉시트 직후 충분한 시장 소통 없이 감세정책을 내놓자 파운드화가 급락하고 금리가 급등했다. 이를 두고 '바보 프리미엄(moron premium)'이라고 불렀다. 당시 정책 환경을 오독한 것이다.

지금 미국의 트럼프 대통령에 대해서도 비슷한 우려가 있다. 단순히 관세만이 문제가 아니다. 더 깊은 문제는 미국 정부와 제도에 대한 신뢰 상실이다. 대다수 미국 국민은 달러 가치의 변화나 자금의 국제적 이동을 잘 모른다. 하지만 대통령은 다르다. 달러 가치가 어떻게 움직이는지, 다른 통화의 변화와 세계가 보내는 신호를 충분히 파악하고 있어야 한다.

모두에게 충격이었던 점은, 달러 가치가 하락했는데도 장기 금리가 뛰었다는 사실이다. 트럼프가 관세정책을 발표한 4월 2일 직후 며칠 만에 10년 만기 국채 금리가 갑자기 0.5%p나 상승했다. 글로벌 금융시장의 안정성을 점검하는 바로미터인 장기국채시장에서 미국 국채금리는 안정적이지 않고 불안했다.

예컨대 차용금리나 학자금 대출 등 많은 금리는 미 연준이 정하는 단기금리보다 10년물 장기금리에 연동되어 움직인다. 보통 달러 가치가 오르면 투자자는 미국에 더 많은 돈을 넣고, 채권을 매입하며, 채권 금리는 내려간다. 하지만 이번엔 금리가 오르면서 달러 가치는 하락했다. 누군가 달러 자산, 즉 국채를 팔았기 때문이다. "미국을 먼저 팔아라"였다. 그렇다면 이것이 왜 위험한가? 지금은 어느 정도 안정되었지만, 트럼프 대통령이 상향 관세 부과 기일을 일부 연장하거나 후퇴한 덕분이다. 이제 미국은 '과도한 특권(exorbitant privilege)', 즉 낮은 차입 비용을 영원히 잃었을 수 있다.

금리는 구조적으로 0.25~0.5%p 정도 높아진 상태다. 우리가 경기침체를 통해 금리를 다시 낮출 수는 있겠지만, 이 '종'은 다시 울리지 않을 수 있다. 가령 2029년에 누가 대통령이 되더라도, 이러한 현상이 완전히 원상복구될 것이라 보긴 어렵다. 중요한 건 4년짜리 단기금리가 아니라 10년물 금리이기 때문이다. 정리하자면, 트럼프의 무역정책이 단기적으로 '일부 승리'를 가져올 수는 있다. 대안이 마땅치 않은 국가들이 결국 양보하고 관세 인하 조건을 받아들일 수 있어서다.

그 결과 단기적으로는 미국이 이익을 볼 수도 있다. 하지만 장기적으로 보면 그동안 쌓아온 '특권'과 '낮은 차입 비용'이라는 강점을 소진하는 셈이고, 그 비용은 미래 세대가 떠안을 수 있다. 미래의 혜택을 당겨 써 현재의 위기를 부르는 셈이며, 그 비용은 빠르게 현실화될 수도 있다.

21세기 들어 미국은 경제적으로 비상하는 듯 보였다. 1990년대 중반부터 2000년대 초반까지는 유럽 경제와 규모도, 주식시장도 비슷했는데, 어느 순간 흐름이 꺾인 이유를 이해하기 어렵다는 점은 공감할 만하다. 해결해야 할 문제들—소득 불평등, 질 좋은 일자리 복원 등—은 분명 존재하지만, 이는 주로 국내정책의 영역이며, 미국의 경제적 강점('황금알을 낳는 거위')을 해치지 않는 방식이어야 한다.

미국을 제외한 많은 국가는 1985년 플라자 합의처럼 미국이 일본에 강하게 압박을 가해 '마라라고 합의'와 유사한 조치를 취한 전례가 있다고 본다. 일본은 그 압박에 굴복하며 스스로 통화 가치를 과도하게 절상하는 실수를 했다. 처음엔 일부 학자들이 일본의 내부 문제 탓으로 장기침체를 설명했지만, 시간이 지나며 그 설명이 불충분했음이 드러났다. 중국 등 경쟁국은 일본의 실패를 '대참사'로 보고, 같은 실수를 반복하지 않으려 할 것이다. 당시 일본은 금융·규제 체계가 미비했고, 초기에 충격을 흡수하는 듯 보였지만 결국 실패했다는 점이 중요하다.

트럼프 대통령의 감세 법안이 다가오고 있다. 관세를 유지하면 어느 정도 세수가 생기겠지만, 관세가 낮아지면 세수도 줄어든다. 따라서 현재 계획한 감세를 관세 수입만으로 충당하기는 불가능하다. 재정적자 5~7%p가 쉽게 발생할 수 있다. 이런 상황에서 '금융 대재앙'이 발생하면 달러에는 가파른 가치 하락 압력이 가해질 수 있다. 중국과 무역전쟁이 진행중인 가운데, 중국이 가진 카드 중 하나는 미국 국채의 대량 매도다. 이는 달러 시장에 큰 압력을 줄 수 있고, 이 요소들이 위험하게 결합될 가능성을 배제할 수 없다.

물론 긍정적 시나리오도 있다. 금리가 계속 낮아질 수 있다는 점에 주목할 수도 있다. 실제로 소득 대비 부채 비율이 2005년 약 60%에서 오늘날 121%로 높아지면서, 선택지는 완전히 달라졌다. 만약 '부채 요정'이 121%를 60%로 낮춰준다면, 앞으로 몇 년간 마음껏 경기부양을 할 수 있을 것이다.

역설적으로 트럼프의 달러 기축통화 강화 정책은 여기서 어려움을 겪는다. 부채가 너무 높고, 금리가 정상화되었다는 점은 무엇을 의미하는가? 금리가 이렇게 낮게 유지될 수 있을까? 여기에 달러의 과도한 특권도 축소될 것이다.

만일 이렇게 되면 미국은 달러 사용에 큰 부담을 갖지 않게 된다. 가능한 시나리오는 둘이다. '디폴트'는 아니다. 하나는 인플레이션이다. 인플레이션은 채무자에게 유리하다. 바이든 시절에 근접하거나 더 높은 수준의 인플레이션이 다시 올 가능성이 있다.

그렇다면 그 시기는 언제일까? 이 경우 3~7년 이내에 8% 이상의 인플레이션이 올 수 있다. 이 시나리오가 현실화되려면 트럼프가 부채의 실질가치를 낮출 정도로 통화 확대를 지지하는 인물을 연준 의장에 임명해야 한다. 연준은 독립된 중앙은행이며, 제롬 파월 의장의 임기(2026년 5월 전후) 이전에는 시스템 전체 장악이 쉽지 않을 것이다.

따라서 단기적으로 연준의 독립성은 비교적 안정적이다. 연준 이사들도 핵심 축이다. 연준이 부패하지 않는 한, 대통령 의지대로만 움직이는 구조를 만들기는 쉽지 않다. 물론 법·제도 변경을 통해 시도할 수는 있다.

연준의 독립성은 헌법에 명시되어 있지 않다. 파월이 연준 의장이지만, 그 지위 자체가 헌법 사항은 아니다. 극단적으로는 의회와 행정부가 협력해 연준을 재무부 산하로 편입하려 할 수도 있다. 인플레이션을 억제하려면 그런 조치를 해야 한다는 주장도 가능하다. 트럼프 행정부는 과거 파월 의장 해임 문제를 소송으로 대법원에 올리려 한 전례도 있다. 결국 관건은 연준 의장으로 '누구를 임명하느냐'다. 연준 독립성은 비교적 최근의 성취이며, 연준은 의회의 산물이지 헌법 기관이 아니다.

다만 빠르게 무너질 가능성도 있다. 인플레이션 시나리오를 현실화하려면 트럼프가 쏠 수 있는 또 다른 카드가 있다. 부채를 민간에 떠넘기는 '금융 억압'이다.

일본은 연금·보험·은행이 정부 부채를 의무적으로 보유하도록 압박해왔는데, 이런 조치에는 장단점이 있다. 금리가 급등하면 정부 이자비용이 폭증하고 엔화 가치가 급락한다. 일부 일본 경제학자들은 엔/달러 환율이 160~200엔까지 급등할 수 있다고 경고한다. 이를 달러에 적용하면 달러 약세를 의미하며, 그 경우 미국은 '디폴트'에 근접할 위험이 있다.

일본은 금융위기는 피했지만, 기업가·혁신가에게 공급할 자금이 부족하다. 한때 미국보다 부유했지만 지금은 영국·프랑스·독일보다 뒤처졌다. 소득 대비 부채 비율을 60% 수준으로 낮춘 것 역시 금융 억압의 결과다. 2013년 '아베노믹스'로 무제한 완화가 시작되며 금융 억압이 일부 풀렸고, 일본 경제의 심박 소리가 조금씩 돌아온 이유다.

지난 몇십 년, 한때 강력해 보였던 나라들조차 큰 흔들림을 겪었다. 미국도 그런 시기를 맞을 수 있다. "미국은 늘 잘할 것"이라는 운명론은 없다. 운도 좋았지만, 앞으로는 운도, 실력도 예전 같지 않을 수 있다. 그 경우 미국 경제는 10~15년간 크게 흔들릴 수 있다. 바로 이 점에서 사람들이 놓치는 사실은, 20년 전만 해도 아무도 달러가 지금처럼 세계를 지배하리라 확신하지 않았다는 것이다. 마찬가지로 앞으로 달러가 지배적 지위에서 후퇴할 가능성도 상상하지 못한다.

달러 가치가 하락하면 미국은 앞으로 부채에 더 높은 이자를 내야 한다. 여전히 '주요 통화 1위' 지위는 유지하더라도, 달러에 대한 도전이 잦아지면 국가 안보에도 영향을 준다. 제재 수단의 효능이 약해지고, 정보 수집 능력에도 타격이 간다. 현대 정보 수집은 대부분 사이버 공간에서 이뤄지고, 그 핵심은 금융 데이터다. 국가 안보가 약해지면, 다른 방식으로 더 많은 비용을 써야 한다.

변화는 하룻밤 사이에 오지 않는다. 인플레이션 위기는 점진적이고, 달러의 위상 하락도 느린 불꽃처럼 진행된다. 달러 위상이 떨어지는 국면에서 팬데믹이나 또 다른 위기가 닥치면, 그때서야 사람들은 변화를 실감할 것이다. 지금도 사람들은 미국을 좋아하지만 예전만큼은 아니다.

미국은 소비경제라는 특성상 다른 나라보다 두세 배 많은 차입을 한다. 만약 금리가 갑자기 더 빨리 오르면? 향후 10년 내에 사람들이 달러에 대한 신뢰를 잃는다면, 자금은 어디로 갈까? 10~15년 후 달러 약세의 최악 시나리오에서는 무엇이 벌어질까? 중국이 금융 주도권을 잡을까? 다극화로 여러 통화가 균등하게 쓰일까, 금본위로의 회귀가 있을까, 아니면 모두가 암호자산으로 갈까? 사실 모두가 비트코인으로 갈 가능성은 낮다. 비트코인은 화폐라기보다 자산이다. 금은 쪼개어 액면가에 맞출 수 있지만, 비트코인은 어렵다. (비트코인에 대해서는 4장에서 자세히 설명하겠다.)

다극화 시나리오에서는 미국이 시장 점유율을 잃는다. 통화에도 네트워크 효과가 있어, 아마존·페이스북·구글처럼 중심 통화가 커지는 경향이 있다. 많은 경제학자는 "달러는 항상 중심에 있을 것"이라 가정하지만, 정치 현실은 다르다. 중국·러시아·유럽은 미국의 전면 통제를 원하지 않는다. 그들은 달러 힘이 줄어드는 대가를 치를 준비가 되어 있고, 미국은 그 기회를 제공하는 듯 보인다. 중국은 이미 아프리카·아시아·남아시아, 라틴 아메리카를 적극 공략하고, 유럽은 군사력을 강화하며 유로화의 기회를 엿본다. 결국 미국은 영향력을 잃게 될까? 아니면 로고프(Kenneth Rogoff) 교수의 진단처럼 미국의 중장기 재무성 채권을 들고 있는 국가들만 대상으로 한정적 디폴트를 선언해버릴까?

비트코인도 그 흐름 속에 있다. 지하경제의 상당 부분이 달러에 의존하지만 규모는 정확히 알 수 없다. 추정치로는 전 세계 경제의 약 20%가 세금을 내지 않는다. 암호자산은 전자적이고 편리하며 추적이 어려워 이 시장에서 유용하다. 암호자산이 일부 점유율을 가져가고, 위안화와 유로화도 일정 지분을 가져갈 것이다.

결국 미국은 '좋았던 시절' 이전의 위치로 돌아갈 수 있다. 군사 분야도 중요하다. 만약 미국이 제공하는 안보망이 최적의 시스템이라면, 모두가 비용을 지불하고 자체 군사력 확장을 자제할 것이다. 문제는 그 수요가 지속될지 여부다. 역대 대통령들은 지휘권을 원했고, NATO 임무에서도 미국이 지휘하는 경우가 많았지만, 트럼프의 NATO 전략은 상이하다.

과거 미국은 '사장'이었고, 다른 나라에 요구하는 시스템을 운영했다. 미국은 그 시스템을 계속 원하나? 안보 서비스를 받는 국가들은 돈만 내는 게 아니라 '황금 수갑'의 제약이 따른다는 점을 안다. 그들이 황금 수갑을 벗고 자체 군사력을 키우면 이야기는 달라진다.

미국이 달러의 힘을 잃어갈 때, 안보 분야의 세력 약화도 자연스럽게 뒤따를 것이다. 이 점을 미국 코미디언 데이브 샤펠의 한마디가 잘 요약한다. "나는 나이키 신발을 신고 싶다. 나이키 신발을 만들고 싶지 않다." 이 말은 미국의 진심처럼 들린다. 앞으로 세상은 달라질 것이다. 미국과 우리 모두 앞에 놓인 숙명 같은 변화다.[28]

달러 약세,
'고통의 세계'가 임박

전 세계의 기축통화인 달러가 흔들리면 세계는 고통의 시기를 맞을 수밖에 없다. 달러 약세는 무역 불균형, 금융 불안, 지정학적 긴장을 동반하며 전 지구적 충격을 불러온다. 지금 우리 앞에 놓인 현실이 바로 그러하다.

$ 수입해서 소비하는 경제로 고착되어가다

미국 달러의 가치 하락은 단순한 환율 문제를 넘어 세계 경제 전반에 심각한 충격을 초래한다. 수십 년간 달러는 국제 무역, 투자, 중앙은행 외환보유고, 안전자산 역할을 해왔지만 최근의 정치적 불확실성과 재정 불안, 급변하는 무역정책이 달러에 대한 신뢰를 흔들고 있다. 결국 미국의 정책 운용 실패가 달러화의 기축통화 지위를 위협하는 형국이다.

백악관의 스티븐 마이런 경제자문위원장은 "달러화의 국제적 지위와 이에 따른 수요가 제조업 경쟁력을 약화시키고 자산 거품을 유발한다"고 지적한다. 미국 달러화는 늘 강해야 했다. 역대 대통령도, 연준 의장도 강달러를 지지했었다. 하지만 이러한 강달러 정책으로 미국은 '생산'보다 '수입 후 소비'에 치우친 경제로 고착되었다는 의미다. 따라서 미국은 관세나 의도적 달러 약세 유도를 통해 이를 보상받아야 한다고 주장하는 것이다.

하지만 달러화의 기축통화 지위는 차입비용 절감, 경기침체 시 보다 강한 재정 여력 제공, 국제무역에서의 환위험 전가, 금융 제재 권한 강화, 주조차익 확보 등 분명한 이점을 제공하고 있다. 다만 정부 부채 확대 및 자산 거품 유발 등을 초래할 수 있는 위험도 동시에 갖고 있어 엄격한 재정 규율과 정교한 금융 규제가 요구된다.

💲 무역전쟁에 이어 자본전쟁까지 초래할 가능성

미국 달러는 수십 년간 미국의 힘을 상징해왔다. 전 세계에서 하루 약 7.5조 달러 규모의 통화 거래가 이루어지며, 이 중 약 90%가 달러를 포함한다. 대부분의 중앙은행은 달러를 외환보유고의 핵심 자산으로 간주하고 있으며, 위기 시 소비자들은 달러로 몰리고, 밀워키든 말레이시아든 기업들은 무역 결제 통화로 달러를 선호한다. 당장 달러가 세계 지배적 통화의 지위를 잃을 가능성은 낮다.

대체할 명백한 후보가 존재하지 않기 때문이다.

그러나 달러는 지금 '자초한 상처'를 입고 있으며, 그 여파가 이제 전 세계에 나타나기 시작했다. 2025년 1월 중순 유로화 매수가 시작되면서 '달러 매도'는 조용히 진행되었다. 독일의 새 정부가 재정지출을 확대할 것이란 기대가 원인이었다. 이는 NATO 방위비 분담 확대 제스처였지만, 필요하다면 유럽 경제가 유로화로 달러를 대체할 수 있는지 시험해보겠다는 의미도 내포했다.

이 분위기는 2025년 4월 2일, 트럼프 대통령이 전방위 관세 부과를 전격 발표한 뒤로 급변했다. 그는 연이어 제롬 파월 연준 의장에 대한 공격 수위를 높이며 시장 불안을 증폭시켰고, 그 결과 금값이 사상 최고치를 기록하면서 새로운 '안전자산'에 대한 탐색이 시작되었다. 4월 16일까지 한 주 동안 금 펀드로의 자금 유입은 2007년 이후 최대치를 보였고, 미 국채 펀드에서는 2020년 3월 팬데믹 초기 이후 최대 규모의 자금 유출이 발생했다. 주식시장은 팬데믹이나 2008년 금융위기 때와 비슷한 극심한 혼란을 보였다.

최근 미 하원을 1표 차로 통과해 상원에 계류중인 감세 법안은 향후 미국 재정적자를 3조~5조 달러 확대할 것으로 추정된다. 2024년 기준 미국의 국가부채는 36조 2천억 달러로, GDP 대비 120%에 달한다. 이는 달러 위상까지 위태로워질 수 있는 신호다. 관세로 재정을 메우겠다는 명분의 '관세전쟁'은 중국 산업구조와 보조금 정책을 겨냥했지만, 그 본질은 '재정적자' 그 자체다. 미국의 재정적자는 달러 약세로 이어지고, 달러 약세는 기축통화 지위의 신뢰 약화를 뜻한다.

더구나 스테이블코인을 발행해 연준 채권을 매입함으로써 재정적자와 국가부채를 해결하고, 동시에 기축통화 지위를 유지할 수 있다는 생각은 큰 착각이다. 미국은 자본시장을 지켜야 하지만, 그마저도 더 이상 예전 같지 않다는 의혹이 제기된다.

간단히 생각해보라. 50개 주정부마다 서로 다른 스테이블코인에 관한 입법이 이루어지고, 연방 정부는 이를 통제, 관리 및 감독할 수 있는 권한이 없거나, 한정적 기능만을 가지고 있다고 하자. 그럴 때 과연 미 증권거래위원회(SEC)나 상품선물거래소(CFTC)만으로 이처럼 산재한 과제들을 해결할 수 있을까? 어렵다. 트럼프 정부라면 무엇이든 할 수 있다는 우려가 존재한다. 만약 외국인 투자자에 차별적 과세를 한다면 어떻게 될까? 달러 위상 약화는 더욱 빨라질 수 있다.

글로벌 자본의 미국 투자는 높은 수익률, 기술기업의 경쟁력, 명확한 재산권 보장 덕을 봤고, 패시브 투자 확산으로 추가 자본까지 유입되며 자기강화적 순환을 이뤄왔다. 그러나 미국 정부가 글로벌 투자자에게 대가를 요구할 가능성은 충분하다. 특히 감세 법안의 889조는 미국 정부 해석에 따라 해외 투자 수익에 과세할 수 있게 해, 무역전쟁이 자본전쟁으로 확전될 위험을 안고 있다.

이는 미국 자산의 고평가 논란 속에 해외 자본 유출을 촉발할 수 있다. 트럼프 정부가 의도대로 달러 위상 약화를 추진하는 것 자체가 21세기 후반 산업사회의 구조적 변환기에 미국이 두는 자충수일 수 있다.

달러 위상 약화의 핵심 요인을 정리하면 이렇다. 첫째, 과감한 관세 정책이다. 전면적 관세 발표는 시장에 충격을 줬고, 달러 자산 신뢰를 약화시켰다. 감세 법안 역시 미 재무성 채권의 매력을 떨어뜨려 해외 자금 유출을 불러왔다. 둘째, 연준에 대한 정치적 압박이다. 이는 통화정책 독립성을 훼손하고 달러 신뢰에 심대한 악영향을 끼친다. 셋째, 자산 이탈이 가시화되고 있다. 금 펀드 자금 유입은 2007년 이후 최대치, 미 국채 펀드 자금 유출은 팬데믹 이후 최대 규모였다. 마지막으로 달러 대체 자산의 부상이다. 유로화, 금, 스위스 프랑 등이 새로운 안전자산으로 부각되고 있다.

이처럼 달러가 기축통화 지위를 잃는다면 세계적 고통이 시작된다. 아직 가능성은 높지 않지만, 금 가격 상승, 대체 통화 부상, 국제 거래에서 달러 신뢰 붕괴, 미국 동맹 체계의 균열은 세계를 대불황이나 공황으로 몰 수 있다.

달러 약세가 전 세계에 고통을 주는 이유는 크게 세 가지다. 첫째, 신흥국의 부채 위기다. 많은 신흥국이 달러 표시 외채를 발행했기 때문에 달러 가치 하락은 부채 상환 부담을 키운다. 둘째, 무역 불균형의 악화다. 달러 약세는 미국의 수출 증가·수입 감소로 이어져 무역 상대국 산업에 타격을 준다. 셋째, 글로벌 금융 불안정성의 증대다. 기축통화 달러 자산 이탈은 전 세계 금융시장을 요동치게 한다.

따라서 달러 하락은 단순한 환율 조정이 아니다. 이는 미국 재정, 정치적 안정성, 통화정책 신뢰 모두에 대한 경고다. 지금 상황이 이어진다면 달러 중심 금융 질서의 균열이라는 전환점을 맞이할 수 있다. 이런 점에서 미국은 이미 미중 무역협상에서 중국보다 불리한 조건을 안고 있다. 따라서 협상은 장기화되거나 미국의 양보를 통해 진전될 수 있다.

달러는 여전히 세계 지배 통화지만, 과도한 관세와 연준 압박으로 신뢰가 흔들리며, 시장은 점차 '달러 회피'로 이동하고 있다. 그 결과 글로벌 금융시장은 불안정해지고 금리, 환율, 자산가격 변동성이 커지며 '고통의 시기'가 도래할 수 있다.

트럼프 대통령이 파월 의장 해임 위협에서 한발 물러서면서 불안정한 안정이 찾아왔지만, 달러 손상은 이미 진행중이다. 2025년 4월 25일 기준 달러 가치는 주요 교역국 통화 대비 8% 이상 하락했다. 백악관은 약달러 선호 입장을 반복적으로 밝혔고, 이는 수출 촉진을 의도한 것이다. 그러나 지금은 과거와 상황이 전혀 다르다.

트럼프 행정부의 단독적이고 예측 불가능한 정책 추진 방식은 투자자를 불안하게 하고 미국 자산 신뢰를 약화시켰다. 투자자들은 무역전쟁의 영향뿐 아니라 미국 제도의 강건함과 글로벌 파트너로서 신뢰성까지 의심하기 시작했다.

백악관은 우크라이나, 그린란드, 캐나다 주권 등에서 전통적 외교 원칙을 뒤집었고, 불과 몇 년 전까지만 해도 트럼프 대통령은 미·멕시코·캐나다 무역협정을 "우리 역사상 가장 현대적이고 균형 잡힌 협정"이라 칭찬했었다.

2025년 4월 IMF·세계은행 회의에서는 "미국이 마치 신흥국처럼 행동한다"는 이야기가 나왔다. 일부 해외 투자자들은 미국 자산 매입 시 수수료 부담, 즉 투자수익 과세 가능성을 우려했다. 이는 스티븐 마이런 경제자문위원장이 언급한 바 있는 아이디어였다. 나아가 정부가 원할 때 자산 매도를 제한할 수 있다는 걱정도 제기되었다.

결국 전 세계 연기금, 기금, 중앙은행 등 투자위원회는 미국 투자 비중 축소 여부를 검토할 수밖에 없다. 2024년 중반 기준 해외 투자자들의 미국 주식·채권 보유액은 31조 달러였다. 비록 대형 기관투자자의 움직임은 느리지만, 변화는 달러 지배력 약화를 불러온다. 주식·채권 비중을 각각 2%만 줄여도 0.62조 달러에 달하며, 이는 대규모 달러 매도로 이어질 수밖에 없다. 이러한 축소는 향후 미국 직접투자 유입 감소를 의미한다.

💲 약달러의 세계, 미국경제의 유불리

먼저, 달러 가치 하락이 미국 경제에 가져올 긍정적 측면도 있다.

첫째, 수출 기업에는 호재가 될 수 있다. 트럼프 대통령은 관세 유예 기간 중 체결된 협정들이 미국 기업의 해외 진출 기회를 늘릴 것이라 기대한다. 그러나 이미 1970년대 중후반부터 상당수 제조업 기업들이 해외로 이전했기에 기대 효과는 제한적이다. 최근 '리쇼어링(reshoring)'이 거론되지만, 높은 임금 구조와 비효율적인 이민정책으로 미국 내 재유치는 쉽지 않다.

둘째, 약달러는 미국 관광산업에 긍정적 영향을 줄 수 있다. 관광객 유치는 수백만 개의 일자리를 창출할 수 있다. 하지만 관광산업은 단순한 환율 문제만이 아니라, 이민정책과 국가 신뢰도 같은 비환율 요인이 더 크게 작용한다.

셋째, 외국 자산 투자 매력도 높아질 수 있다. 예컨대 파리에 아파트를 사려면 유로화가 필요하므로 달러를 팔고 유로를 매입해야 한다. 약달러와 유로 강세가 겹치면, 자산 매각 시 환차익까지 더해져 이익이 발생한다.

그러나 약달러는 동시에 큰 비용을 수반한다.

첫째, 수입품 가격 상승으로 소비자 물가가 오르고, 가계 구매력이 약화된다.

둘째, 연방준비제도(Fed)는 물가 안정과 고용이라는 이중 목표 사이에서 난처해진다. 현재 인플레이션은 여전히 연준의 2% 목표치를 상회하며, 노동시장도 견조하다. 향후 성장 둔화와 높은 인플레이션이 동시에 나타날 위험이 있다. 트럼프 대통령은 금리 인하를 공개적으로 압박했으나, 연준은 무차별 관세정책으로 인한 인플레이션의 기대 상승을 이유로 이를 거부했다. 너무 이른 금리 인하는 연준에 대한 신뢰 훼손과 미 국채의 자금 이탈로 이어질 수 있기 때문이다.

무역전쟁의 피해는 세계로 확산되고 있다. 일본 사례를 보자.

트럼프 대통령이 관세를 발표한 지 불과 2주 만에 일본 민간 투자자들은 200억 달러 이상 해외 채권을 매도했다. 첫 주 동안 미 국채 수익률이 급등했는데, 이는 일본 투자자들의 대규모 매도가 원인이었다. 그 결과 달러가 엔화로 환전되면서 엔화 가치는 달러 대비 9% 상승했다.

그러나 엔화 강세는 일본 경제에 악재다. 스미토모, 도요타 등 수출 대기업은 환율에 민감하다. 엔화 강세와 트럼프의 관세는 수출 채산성을 약화시키며, 닛케이 지수는 2025년 4월까지 10% 가까이 하락했다. IMF는 일본의 2025년 성장률 전망을 0.6%로 하향 조정(0.5%p↓)했는데, 이는 무역전쟁 타격을 반영한 것이다.

비슷한 역학이 미국 주요 교역국 전반에서 나타나고 있다. 약달러가 미국 수출에는 긍정적일 수 있으나, 글로벌 수요 자체가 위축되면서 효과가 제한된다. IMF는 2025년 세계 성장률을 2.8%로 전망했는데, 이는 1월 전망치보다 0.5%p 낮다. 이 수치조차 향후 하향 조정 가능성이 크다. 즉 트럼프 행정부의 관세와 약달러 기조는 단기적으로 일부 산업에는 도움이 될 수 있으나, 글로벌 금융시장 불안, 세계 성장 둔화, 무역 파트너국 피해로 인해 장기적으로 미국 경제에도 부담이 된다.

한편 '건전한 약달러' 사례도 있다. 2001년 중반부터 2008년 중반까지 달러는 주요 통화 대비 40% 가까이 하락했다. 미국인들은 달러를 팔고 해외 자산에 투자했으며, 경쟁력 있는 통화 가치와 강한 글로벌 수요가 맞물려 수출이 크게 늘었다. 그러나 그 혜택은 불균등했다. 수출 기업은 호황을 누렸지만, 미국은 300만 개 제조업 일자리를 잃었다. 상당수는 중국 등 해외 이전에서 비롯되었고, 나머지는 기술 발전으로 대체되었다. 오늘날 AI 확산은 이 같은 구조적 일자리 축소를 가속할 전망이다.

역사는 약달러가 만병통치약이 아님을 보여준다. 왜 달러 가치가 하락하는지 이해하고, 이를 미국과 세계 모두에 유익하게 활용할 정책을 고민하는 것이 중요하다.

미국 신용등급 강등은 상징적인 사건

트럼프 대통령의 정책 비용 확대와 경제 건전성 악화에 대한 우려가 무디스의 신용등급 하락으로 부각되자 주가는 하락하고 달러화는 약세를 보였으며, 국채 금리는 급등했다. 무디스는 1949년 이후 처음으로 2025년 5월 16일 미국의 최고 등급을 철회했다는 점에서 이번 조정은 더욱 상징적이다. 무디스는 미국 예산 적자가 지속적으로 악화되고 있다는 점, 그리고 이를 되돌리기 위한 미 의회의 반복된 실패를 그 이유로 들었다.

무디스는 앞으로 10년 안에 적자가 국내총생산(GDP)의 9%까지 증가할 수 있다고 추정했다. 이 법안은 소위 '감세 법안'으로, 트럼프 자신은 이를 '아름답고 거대한 법(The One, Big, Beautiful Bill Act)'이라 불렀다. 하지만 동 법안은 2017년 트럼프의 핵심 성과였던 세제 감면을 영구화하는 내용을 담고 있어, 연방 부채를 수조 달러 늘릴 수 있다는 우려가 제기되었다. 약 3조~5조 달러의 부채가 발생할 수 있다.

해당 법안은 하원 위원회에서 215대 214 단 1표 차로 통과되었으나, 상원 통과까지 거센 논쟁이 예상된다. 미국이 무디스로부터 AAA 신용등급을 잃은 것(미국 신용등급은 2011년 8월 S&P, 2023년 피치(Fitch)에 의해 각각 AAA에서 AA+로 강등됨)과 정부 부채 우려는, 최근 몇 주간 트럼프 대통령이 대다수 관세를 유예하며 되찾은 시장의 평온을 위협한다. 문제는 무역에서 촉발된 관세전쟁이 금융시장으로 옮겨 붙고 있다는 점이다. 무디스는 미국 신용등급 하락 배경에 세제 감면 법안뿐만 아니라 구조적 재정적자와 증가하는 이자 비용을 이유로 들었다.

이로써 전미 주요 3대 신용평가사가 모두 미국의 신용등급을 최상등급에서 한 등급 낮춘 셈이다. 이처럼 미국 채권의 '안전자산' 지위가 흔들리면, 글로벌 투자자들은 더 높은 금리를 요구할 가능성이 크고, 이는 다시 이자 비용 부담으로 되돌아오는 순환을 만든다. 미국 자산 수요의 약화와, 높은 적자를 고착시키는 재정 절차의 경직성이 시장을 불안하게 만드는 단초가 된다. 불안한 투자자들은 안전자산인 금으로 몰리며 약 1.5% 상승했다.

다소 진부한 표현일 수 있지만, 미국 작가 어니스트 헤밍웨이(Ernest Hemingway)의 "파산은 점진적으로 오다가 갑자기 찾아온다"는 말은 미국의 지출과 부채 상황을 보면 매우 적절하다. 상황은 점점 악화되고 있으며, 위기를 향한 모멘텀이 축적되고 있다.

수십 년간 부채 우려가 큰 사고 없이 지나갔음을 떠올리면, 이런 경고를 과소평가하기 쉽다.

1988년, 미국 연방 부채가 GDP 대비 지금의 절반 이하였을 때(약 2.6조 달러, GDP 대비 50%) 당시 연방준비제도 의장이었던 앨런 그린스펀은 이미 국가 재정에 대해 경고했다. 그는 "장기적 문제가 빠르게 단기적 문제로 바뀌고 있다"고 말하며, "적자의 영향이 점점 더 즉각적으로 나타나게 될 것"이라고 경고했다.

하지만 결과적으로 국내외 투자자들이 미국의 과소비를 감당하기 위해 점점 더 많은 국채를 구매하면서, 부채 문제는 뒤로 미뤄져 왔다. 그러나 오늘날의 시장 역학은 그린스펀의 경고를 현실적 위협으로 만들고 있다. 일부 투자자들은 미국 금융자산에 얼마나 투자할지 재고하기 시작했고, 의회에서 간신히 다수당 지위를 유지하고 있는 정치인들은 재정 건전성보다 세금 감면과 지출 확대를 통해 유권자에게 어필하려는 경향이 강하다.

그 결과 투자자들이 미국 국채를 사기 위해 더 높은 금리를 요구하게 만들 것이며, 이는 가계와 기업의 차입 비용을 높여 경제 성장을 둔화시키고, 동시에 정부의 재정 여유를 축소시켜 근본적인 예산 문제를 악화시킨다. 즉 '고금리 → 성장 둔화 → 더 큰 적자 → 더 높은 요구수익률'의 악순환이 반복된다.

미 의회의 양당 정치인들은 이 문제를 직접적으로 해결하기보다는, 의회가 지출을 계산하는 복잡한 방식에 손을 대며 대응해 왔다. 예를 들어 최근 하원 세입위원회에서 발표한 예산 법안을 보면, 몇몇 감세 조항은 일반적인 10년 기간을 유지하지 않고 트럼프 대통령의 임기 말에 종료되도록 되어 있다. 여기에는 팁과 초과근무 수당에 대한 세금 면제, 표준 공제와 자녀 세액공제 인상 등이 포함된다.

감세 조치를 '임시'로 설정하면 10년 예산 계획상의 전체 비용이 줄어들고, 이는 의회를 통과시키기 더 쉬워진다. 동시에 차기 행정부와 의회로 부담을 이월하는 결과가 된다. 대개 유권자들은 재정 수학을 잘 이해하지 못한다.

스탠퍼드 대학과 연계된 보수 성향 싱크탱크 후버 연구소의 최근 조사에 따르면, 응답자의 75%는 연방 부채 증가에 우려를 표하며 의회가 해결책을 마련해야 한다고 생각했지만, 단 17%만이 사회보장제도가 연방 예산에서 가장 큰 항목이라는 사실을 알고 있었고, 트럼프의 2017년 감세 법안을 10년 더 연장할 경우 적자가 늘어난다고 인식한 사람은 27%에 불과했다. 정치인과 유권자들의 인식이 엇갈리는 한(사회보장 개혁과 선택적 증세의 필요성에 공감대가 없는 한) 미국 양당은 계속해서 재정 회계를 교묘히 활용하려 할 것이다.

워싱턴에서 '임시'라고 설명되는 대부분의 조치는 실제로는 거의 항상 '영구화'된다. 그렇다면 이런 흐름이 미국 재정 전망에 어떤 영향을 줄까? 일부 관세 수입을 손실 세수의 일부와 상쇄하더라도, 향후 10년 동안의 비용은 약 2.5조 달러에 달할 전망이다. 30년 후에는 미국의 국가부채가 GDP의 180%에 이를 것으로 전망된다. 현재 이보다 부채 비율이 높은 국가는 일본과 수단뿐이다. 무디스의 결정은 이런 재정 경로에 실질적 비용이 따른다는 점을 보여준다.

그중 하나는 미국 국채에 대한 투자자 수요다. 이들이 미국 재정 위험 증가를 반영해 더 높은 금리를 요구하면, 국채 이자 부담은 더욱 커진다. 피터슨 재단 보고서에 따르면, 외국인이 보유한 미국 공개시장 국채 비중은 1970년 약 5%에서 2024년 말 기준 약 30%까지 상승했다. 무디스가 미국 신용등급을 강등하자, 이들 중 일부는 당연히 국채 비중을 줄이려 할 수 있다.

역으로 미국 10년물 국채 금리의 급등은 트럼프 대통령이 상호 관세 계획을 잠정 연기한 주요 이유 중 하나였다. 이 문제는 여전히 트럼프 대통령의 관심사다. 재무장관 스콧 베센트(Scott Bessent)는 의회에서 "부채 수치는 정말 무섭다"고 말하며, 위기가 터질 경우 "경제가 갑자기 멈춰버릴 수 있으며, 이는 신용 경색으로 이어질 것"이라고 경고했다.

이처럼 커져가는 부채 부담은 채권 투자자들의 불안을 자극하고, 미국의 부채 유지 비용을 더욱 상승시킬 위험이 있다. 안타깝게도, 이번 무디스의 신용등급 강등이 의회가 정책 경로를 바꾸도록 유도할 결정적 계기가 될 가능성은 낮아 보인다. 그러나 지금 미국은 지속 불가능한 점진 경로에서, 갑작스러운 금융 위기로의 전환 가능성이 분명히 커지고 있다.

💲 미국 국채 경고음은 달러화 약세 전조?

JP모건(JP Morgan)의 제이미 다이먼(Jamie Dimon) 회장은 조만간 미국 채권 시장에 균열이 생길 것이고, 이는 곧 미국 달러화, 즉 달러 패권에 부정적 영향을 미칠 것이라고 경고했다. 일반적으로 국가 부채 위기에 대한 경고는 금이나 다양한 금융 상품을 거래하는 투자자들에게 위기이자 동시에 기회가 될 수 있다. 때로는 부채 위기를 과장한 경고가 진심 어린 걱정으로 받아들여지지 않고 헛웃음을 사기도 한다.

그런데 왜 갑자기 미국 국채와 달러화 위상 약화에 대한 우려가 쏟아지고 있는 것일까? 달러화의 종말이 가까워진 것일까? 그렇지는 않다. 이유는 단순하다. 국가 채무에 대한 이자가 미 국방비 예산보다 500억 달러가 많은 8,800억 달러를 넘어섰음에도, 워싱턴은 여전히 무책임하게 지출하고 있기 때문이다. 참고로, 올해 연방정부의 이자 지출만 해도 국방비를 초과하며, 메디케이드·장애보험·푸드스탬프 지출을 합친 것보다 많다. 과거 "늑대가 온다"며 경고했던 이들조차 이제는 귀 기울일 만한 수준의 경고라고 강조하고 있다.

[자료 4]에서 보듯, 미국 GDP 대비 부채 규모가 처음으로 60%를 넘어선 것은 1992년으로, 당시 61%였다. 1991년에는 58%였던 GDP 대비 부채 비율이 1992년 61%를 기록한 뒤, 1998년에야 다시 60%로 떨어지기까지 7년이 걸렸다. 이는 1993년부

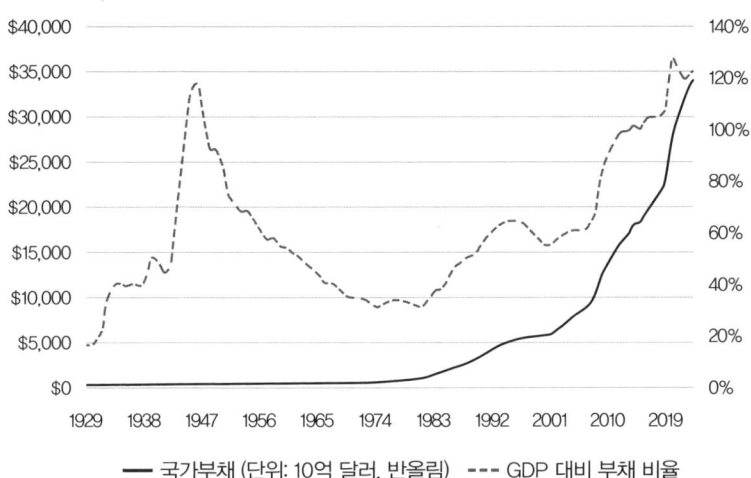

자료 4. 미국의 국가부채 규모 및 GDP 대비 부채 규모 변화 추이

출처: The Balance

터 2001년까지 재임한 클린턴 대통령 시기다.

그러나 재정적자 축소는 오래가지 못했다. 이라크 사태 등 중동 전쟁으로 인해 2004년 다시 60%를 기록했고, 2005년에는 61%로 올라섰다. 이는 2001~2009년 집권한 조지 W. 부시 대통령 시기이며, 이후 미국은 OECD에서 경계선으로 주목하는 GDP 대비 국가부채 비율 60% 아래로 다시 내려오지 못했다.

2008년 서브프라임 모기지 부실 문제 이후, 2009년 오바마 대통령 시절 경기회복 및 재투자법(American Recovery and Reinvestment Act of 2009)이 발효되었고, 2010년에는 감세법 시행, 이어 2019년 이후 팬데믹을 거치면서 미국 재정은 2023년 기준

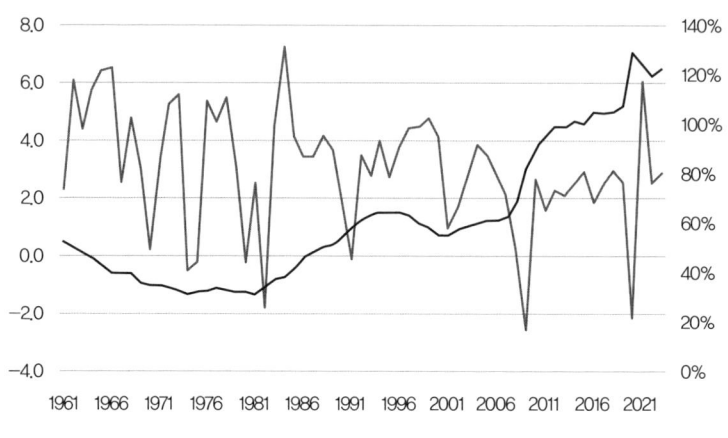

자료 5. 미국 국가부채 증감률 및 GDP 성장률 변화 추이

출처: 세계은행 및 The Balance

GDP 대비 122%의 적자에 이르렀다. 2024년 기준 국가부채는 GDP 대비 124.3%였다.

미국의 재정적자 규모가 GDP 대비 60%를 훌쩍 넘어 100%에 가까워진 계기는 2008년 이후 두 차례의 경제위기였다. 하나는 서브프라임 모기지 부실이었고, 다른 하나는 천재지변이었던 팬데믹이다. 2008년 미국 경제 성장률은 0.1%, 2009년 -2.6%를 기록하며, 이전까지 잠재성장률 2.5%를 안정적으로 달성하던 미국 경제는 2020년 다시 -2.2%를 기록했다.

이 두 차례의 경제위기로 인해 재정적자 누적 규모는 경기부양 정책으로 더욱 확대되었다. 거대한 항공모함 전단처럼 세계 제일의 경제가 2.5% 잠재성장률을 바탕으로 웅장하게 나아가던 미국 경제는, 이처럼 두 차례의 내외부 충격으로 인해 재정적자가 누적·악화되는 구조로 전락했다.

억만장자이자 헤지펀드 매니저인 레이 달리오(Ray Dalio)는 미국 경제가 "심장마비를 피할 수 있는 시간은 약 3년, 길어야 4년"이라고 경고한다. 투자은행 라자드 CEO이자 전 백악관 예산국장인 피터 오르자그 역시 과거 정부 시절 동료들과 함께 "지출과 채무의 지속 불가능성"을 경고했을 때 "늑대가 온다"는 말을 너무 자주 외쳤다는 비판을 받았다고 인정한다. 그러나 지금 그는 "이제 진짜 늑대가 문 앞에 있다"고 다시 경고한다.

미국의 파산 혹은 달러화 위상 추락을 늑대의 습격에 비유할 수 있을까? 그 파급 효과는 늑대보다 더한 괴물의 습격일 수 있다. 최근 상원에 제출된 '하나의 크고 아름다운 법안(One Big Beautiful Bill Act)'은 그 늑대를 불러들일 미끼가 될 수 있다. 연방예산위원회(CRFB)에 따르면, 해당 법안은 기존 전망 대비 향후 10년간 국가 부채를 약 3조 달러, 특정 조항이 영구화될 경우 최대 5조 달러까지 추가로 늘릴 수 있다.

게다가 의회예산국(CBO)은 앞으로도 채권시장이 이런 지출 증가를 잘 감당할 것이라는 전제를 깔고 있다. 그러나 만약 10년물 국채 금리가 현재 수준인 4.4%를 유지한다면, CRFB는 이자 비용이 추가로 1.8조 달러 늘어날 것으로 예상한다. 만약 '금리 급등 → 이자 부담 확대 → 금리 재상승'의 악순환이 발생한다면, JP모건 CEO인 제이미 다이먼이 경고한 대로 채권시장은 균열을 피하기 어렵다. 겉으로는 아직 침착해 보이지만, 사실 누구도 확신할 수 없다.

그렇다고 해서 미국 채권시장이 곧 붕괴 직전이라고 보기는 어렵다. 30년 만기 금리가 위기 이후 최고치로 치솟았지만, 시장 전반은 아직 침착하다. 다만 미국 정부의 "이상 없다"는 말보다, 위기를 경고하는 전문가들의 목소리에 귀 기울일 필요가 있다.

또 다른 헤지펀드 매니저 폴 튜더 존스(Paul Tudor Jones)는 현재 상황을 경제적 '케이페이브(kayfabe)'라고 부른다. 케이페이브란 프로레슬링에서 '모두가 쇼임을 알면서도 진짜처럼 믿어주는 공동의 환상'을 뜻한다. 채무 상황이 지속 불가능하다는 사실을 알면서도, 쇼가 계속되는 한 불신을 잠시 멈추고 따라간다는 것이다.

재무장관 스콧 베센트는 미국은 결코 디폴트(채무 불이행)를 하지 않을 것이라고 강조한다. 그의 말처럼 미국은 절대 채무 불이행에 이를 필요가 없다. 미 연준이 개입해 통화를 풀고 인플레이션을 유도한다면, 디폴트가 없이도 사실상 같은 효과를 낼 수 있기 때문이다. 이를 가리켜 경제학에서는 '재정 우위(fiscal dominance)'라고 한다. 즉 정부의 재정 상태가 통화정책을 지배하는 상황이다.

그렇다면 전환점은 언제일까? 채권시장이 '가벼운 불안'에서 '자기 먹이처럼 번지는 공포'로 바뀌는 임계점은 언제일까?

채무 위기의 권위자인 케네스 로고프(Kenneth Rogoff) 하버드대학교 명예교수는 채무 위기는 단순한 산수 문제가 아니라고 말한다. 대부분의 국가는 채무 비율이 한계에 도달하기 전, 이미 디폴트하거나 높은 인플레이션을 겪는다. 즉 위기는 숫자가 말해주기 전에 터진다. 따라서 레이 달리오가 말한 "3년"이라는 수치는 참고일 뿐 정확한 계산은 아니다. 이런 맥락에서 자주 인용되는 말이 스타인의 법칙(Stein's Law)이다. 즉 "지속될 수 없는 것은 결국 멈춘다."[29]

트럼프의 관세는 세계 경제에 충격을 줄 것이 분명하다. 경제협력개발기구(OECD)는 미국과 세계 무역전쟁이 경제 발전을 저해하면서 올해와 내년 경제 성장 둔화를 전망했다. 세계 지도자들이 무역 문제에서 합의를 이끌어내지 않는 한, 이런 흐름은 계속될 것이다.

OECD는 2025년 9월 23일 보고서에서 2025년 세계 경제 성장률 전망치를 기존 2024년의 3.3%에서 3.2%로 0.1%p 낮게 소폭 조정했다. 미국 경제 성장률도 2025년 1.8%에 그칠 것으로 전망했는데, 이는 2025년 3월 전망치 2.2%에서 크게 낮아진 수치다. 2026년 성장률 전망 역시 1.6%에서 1.5%로 추가 하향되었다. 참고로 2024년 미국 경제 성장률은 2.8%였다.

팬데믹 종료 이후 2024년 말까지 세계 경제는 강한 회복력을 보였으나, 이후 환경은 크게 도전적으로 변했다. 트럼프 대통령은 지속적으로 관세를 도입했다가 중단하고, 다시 일부를 부활시키는 전략을 반복했다. 이는 가까운 동맹국(캐나다, 멕시코, 유럽연합)부터 전통적 경쟁국(중국)까지 아우르는 새로운 무역협정 체결을 유도하기 위한 전술로 해석된다.

그러나 잦은 관세 정책과 불확실성은 세계 시장을 불안하게 만들었고, 상품과 서비스 흐름에 혼란을 야기했다. 미·중 관계 악화와 지정학적 리스크는 미국 재정적자 문제와 얽히면서 달러 위상 약화로까지 확산되고 있다. OECD에 따르면, 미국이 주요 교역 상대국에 추가로 10% 관세만 부과해도 향후 2년간 미국 성장률은 1.6%p, 세계 성장률은 1%p 감소할 수 있다.

여기에 유럽연합 등 주요 선진국은 국방비 지출과 친환경 경제 전환 투자를 동시에 감당해야 하는 이중 부담을 안고 있다. 유로존 20개국의 경제 성장률은 2025년 1.2%, 2026년 1.0%로 전망된다. 중국의 경우 2025년 성장률은 4.7%, 2026년은 4.4%로 예상되며, 이는 봄 전망치 대비 0.1%p 소폭 상향 조정된 수치다.

트럼프와 미국 권력의 원천

도널드 트럼프 대통령은 관세 부과라는 카드를 활용해 세계에 미국의 영향력을 강하게 드러내는 듯하지만, 실제로는 미국을 세계로부터 고립시키려는 듯한 모습을 보였다. 그는 두 번째 임기를 시작하며 미국의 강경한 힘을 과시했다. 그린란드를 매입하겠다며 덴마크를 압박했고, 파나마 운하를 다시 확보하는 결과를 만들었다. 또한 캐나다, 콜롬비아, 멕시코에 대해 이민 문제를 빌미로 처벌적 관세를 위협하며 이를 실질적으로 활용했다. 파리기후협약과 세계보건기구(WHO)에서도 탈퇴했다. 2025년 4월에는 전 세계 여러 나라에 대한 광범위한 관세를 발표해 글로벌 시장을 혼란에 빠뜨렸다. 이후 그는 추가 관세 대부분을 철회하며 방향을 바꾸었지만, 중국과의 무역전쟁은 지속되었다.

중국은 트럼프 대통령이 가장 집중적으로 견제한 워싱턴의 주요 경쟁 상대였다. 이러한 행동의 배경에는 미국이 제2차 세계대전 이후 동맹 질서를 구축해온 강자라는 자의식이 깔려 있었다. 다른 나라들이 미국의 거대한 구매력과 군사적 안정성에 의존하는 만큼, 그는 무역 상대국에 관세라는 압박을 가함으로써 미국의 힘을 강화할 수 있다고 믿었다. 이는 미국이 동맹국이나 협력국을 압박할 수 있는 구조를 제공한다는 인식에서 비롯된 것이다. 트럼프의 논리는 비대칭적 상호의존 관계에서는 덜 의존하는 쪽이 더 큰 이점을 가진다는 것이었다.

그는 미국의 대중국 무역적자를 비판하면서도, 동시에 그 불균형이 베이징에 대한 압력의 명분이 된다는 점도 이해하고 있었다. 그러나 트럼프는 그 힘을 비생산적으로 사용했다. 상호의존적 관계를 존중하는 대신 동맹을 '미국을 속여온' 존재로 규정하며 공격했고, 이로써 미국 권력의 기반을 스스로 약화시켰다.

무역에서 비롯된 권력은 물질적 역량에 기반한 하드 파워다. 그러나 지난 80년 동안 미국은 강요나 비용 부과가 아닌 매력에 기반한 소프트 파워도 축적해왔다. 현명한 정책은 하드 파워와 소프트 파워를 함께 활용해 권력을 강화하는 방향이어야 했다. 하지만 트럼프의 외교 정책이 계속된다면, 미국 자신에게 혜택을 주어

온 국제 질서의 붕괴가 가속화될 수 있다.

국제 질서는 국가 간의 안정적 권력 분배, 행위자들의 행동을 규율하고 정당화하는 규범, 그리고 이를 지탱하는 제도 위에서 성립한다. 그러나 트럼프 행정부는 이 기둥을 흔들었다. 지금의 쇠퇴는 단순한 일시적 후퇴가 아닐 수도 있다. 그것은 더 깊은 수렁으로의 추락일 가능성이 있다. 미국을 더 강하게 만들겠다는 트럼프의 시도는 오히려 '미국의 세기'를 정지시킬 수 있다.

전통적으로 외교정책 분석가들은 냉전기의 군사 경쟁을 통해 권력을 바라보았다. 그러나 무역을 둘러싼 상호의존적 관계에서는 비대칭성이 중요하다. 무역 흑자를 거두는 국가는 그만큼 취약해지고, 반대로 무역 적자를 보는 국가는 상대를 압박할 수 있는 여지를 가진다. 적자국은 관세나 무역 장벽을 도입할 수 있지만, 흑자국은 보복할 수 있는 카드가 제한적이다. 이 점에서 미국은 주요 무역 상대국들과의 협상에서 유리한 위치에 있었다. 중국, 멕시코, 아세안 국가들과는 수출입 비율이 2:1을 넘고, 일본·한국·유럽연합과도 1.4~1.8:1 수준의 비대칭적 구조를 보였다. 캐나다만이 비교적 균형적인 무역 구조를 갖고 있었다.

중국은 수출이 수입의 3배에 달해 가장 취약해 보였다. 다만 중국은 애플이나 보잉 같은 미국 기업, 미국 내 정치적으로 중요한 이해 집단을 겨냥하거나 희귀 광물 공급을 차단하는 등 다양한 방식으로 대응할 수 있었다. 시간이 지남에 따라 양국은 서로의 취약성을 더 정확히 인식하게 되었고, 무역전쟁의 초점은 이 과정에서 변화했다. 멕시코는 여전히 미국에 대해 대응 수단이 부족해 취약했고, 유럽은 나토 의존도가 높아 미국의 압력에서 자유롭지 않았다. 캐나다는 미국과의 긴밀한 경제적 연결로 인해 상대적으로 덜 취약했지만, 무역만 놓고 보면 불리한 입장이었다.

'권력'이란 다른 이에게 자신이 원하는 것을 하게 만드는 능력이다. 이는 '강압, 보상, 매력'의 세 가지 방식으로 실현된다. 전자는 하드 파워이고, 후자는 소프트 파워다. 단기적으로 하드 파워가 우세할 수 있으나, 장기적으로는 소프트 파워가 더 지속적이고 강력하다. 트럼프 대통령은 하드 파워 행사에 치중하면서 소프트 파워를 경시했다. 이는 동맹국에 대한 신뢰를 약화시키고, 라틴아메리카에서는 제국주의의 망령을 다시 불러왔다.

또한 USAID를 약화시키고, 미국의 소리를 침묵시키는 조치는 미국의 명예와 메시지를 흐리게 했다. 어떤 이들은 국제정치가 본래 거친 게임이라며 트럼프의 접근을 긍정적으로 평가했지만, 권력은 두려움과 동시에 매력에서도 나온다. 트럼프가 매력의 요소를 간과한 것은 미국 권력의 중요한 원천을 스스로 버리는 것이나 다름없었다.

소프트 파워는 단기적으로도 중요하다. 한 나라가 매력적이라면 굳이 인센티브나 처벌 없이도 타국을 설득할 수 있다. 동맹국들이 미국을 신뢰할 수 있는 존재로 본다면 기꺼이 협력할 것이다. 그러나 강압적 태도는 결국 신뢰를 해치고 상호의존을 축소하게 만든다. 냉전기의 유럽이 그 좋은 예였다. 소련은 군사력으로 질서를 유지했지만, 미국은 '초청에 의한 제국'으로서 나토를 강하게 유지했다.

중국은 군사력과 경제력을 키우는 동시에 소프트 파워를 강화하려 했지만, 주변국과의 갈등, 시민사회 통제로 인해 그 성과는 제한적이었다. 인권 문제와 영유권 분쟁은 중국의 매력을 약화시켰다. 2023년 조사에서도 대부분의 국가는 미국을 중국보다 더 매력적인 국가로 보았다. 그러나 트럼프 대통령이 계속 소프트 파워를 훼손한다면 이 수치는 달라질 수 있다.

미국의 소프트 파워는 정부 정책뿐만 아니라 사회와 문화에서도 비롯된다. 베트남전 당시 미국 정책에 반대하는 시위대조차 미국의 민권운동가들이 부른 노래를 불렀다. 열린 시민사회는 오히려 자산이 되었던 것이다. 하지만 미국의 민주주의가 후퇴하고 강압적 태도가 강화된다면, 미국 문화에서 파생된 소프트 파워는 유지되기 어려울 것이다.

중국은 이러한 공백을 메우려 하고 있다. 스스로를 글로벌 사우스의 지도자로 규정하고, 미국 중심의 질서를 대체하려는 것이다. 일대일로 같은 인프라 프로그램은 경제적 하드 파워를 제공하는 동시에 타국을 유인하는 수단이 되고 있다. 현재 미국보다 중국을 최대 교역국으로 두는 나라가 더 많아졌다. 만약 트럼프 대통령이 동맹국의 신뢰를 약화시키고, 제국주의적 행보를 드러내며, 국내 법치를 훼손한다면, 미국의 리더십은 머지않아 심각한 도전을 받을 것이다.

$ '세계화의 망령'이 다시 되살아나다

트럼프 대통령과 서구 포퓰리스트들의 부상 배후에는 '세계화의 망령(The Specter of Globalism)'이 있다. 이들은 세계화를 마치 악마처럼 묘사하지만, 실제 세계화란 단순히 대륙 간 지정학적 상호의존성이 확대되는 현상을 뜻한다. 트럼프가 중국에 관세를 위협한 것도 미국 산업과 일자리 손실의 원인으로 지목한 세계적 상호의존성을 줄이려는 시도였다.

세계화는 긍정적·부정적 영향을 모두 낳는다. 그러나 트럼프 대통령은 미국에 유익한 측면을 공격하고, 진정으로 해로운 측면은 방치하고 있다. 세계화는 지난 2차 세계대전 이후 80년간 미국의 국력을 강화해왔지만, 그가 가하는 공격은 오히려 미국을 약화시킬 뿐이다.

19세기 초에 영국 경제학자 데이비드 리카도(David Ricardo)는 "비교우위를 통해 국가 간 무역이 부가가치를 창출한다"고 주장했다. 개방된 무역은 각국이 잘하는 분야에 특화하도록 만들고, 이는 요제프 슘페터가 말한 '창조적 파괴'를 유도했다. 이 과정에서 일자리가 사라지기도 했지만, 장기적으로 경제는 더 효율적으로 변했다. 미국은 혁신 성장의 최대 수혜자였고, 그 효과는 전 세계로 확산되었다.

그러나 성장의 이면에는 고통도 있었다. 21세기 들어 수백만 개의 일자리가 사라지고 새로 생기는 과정에서 적응 비용은 주로 노동자들이 부담했으며, 정부 보상은 충분치 않았다. 자동화와 해외 무역이 겹치면서 일자리 충격은 더욱 커졌다. 특히 중국의 거대한 수출 공세는 미국 내 긴장을 증폭시켰다.

세계화가 생산성을 높였음에도, 많은 개인과 지역사회는 변화를 달가워하지 않았다. 이민 역시 세계화의 중요한 흐름이었다. 국경을 넘는 인구 이동은 수용국에 숙련 노동을 제공하고, 송금은 모국 경제에 기여했다. 그러나 급격한 이민 증가는 정치적 반발을 불러왔다. 이민은 책임이 없는데도 경제·사회 변화의 원인으로 지목되며 포퓰리즘 정치의 주요 쟁점이 되었다. 트럼프의 2016년, 2024년 대선 승리에도 이 요인이 크게 작용했다.

세계화가 역행한 사례도 있다. 19세기 말 급속한 무역·이민 확대는 제1차 세계대전으로 급격히 둔화되었고, 무역 비중은 1970년에야 1914년 수준을 회복했다. 1950~2008년 무역은 급성장했으나 금융위기 이후 속도가 둔화되었고, 최근 미국의 대중 무역 조치가 본격적 무역전쟁으로 번질 경우 심각한 충격을 낳을 수 있다.

다만 막대한 무역 규모는 각국이 전면전으로 치닫는 것을 망설이게 한다. 지정학적 갈등이 격화되더라도 완전한 단절에는 높은 비용이 따른다. 그러나 대만을 둘러싼 전쟁처럼 특정 사태는 미·중 무역을 급속히 중단시킬 수 있다.

세계화의 파동은 단절과 회복을 반복해왔다. '실크로드, 대항해시대, 산업혁명, 정보혁명'을 거치며 상호의존은 강화되어 왔고, 앞으로도 쉽게 되돌릴 수 없다. 기술 혁신과 인류의 이동성이 지속되는 한 세계화는 형태를 달리해도 계속될 것이다. 중요한 것은 세계화를 공동선의 방향으로 재조정하는 일이다. 이를 위해서는 국가 간 협력과 제도적 네트워크 구축이 필요하다.

이 네트워크의 중심은 여전히 경제·군사·기술·문화적으로 가장 강력한 미국이다. 그러나 트럼프 행정부는 무역 불균형과 제재를 앞세운 근시안적 접근으로 국제질서를 약화시키고 있다. 그는 동맹국의 무임승차만 강조하다가, 미국이 여전히 '운전대'를 쥐고 있다는 사실을 잊고 있다. 결국 미국의 힘은 상호의존에서 비롯된다는 점을 간과한 채, 스스로의 약함을 증명하는 위험한 도박을 하고 있는 셈이다.

신제국주의와 세계 3강대국

—

시진핑·푸틴·트럼프, 독재의 부활과 파급력

—

트럼프 정책의 변덕과 신뢰의 붕괴

—

미국 채권 불신과 금융질서의 균열

—

미국 달러가 여전히 '왕'인 이유

CHAPTER 3

달러 패권의 흔들림:
종말인가, 전환인가

INTRO

'미국 달러화의 종말'은 단순한 금융 담론을 넘어 세계질서 재편과 직결된 문제다. 그렇다고 해서 달러 패권의 균열이 곧바로 미국의 몰락을 의미하는 것은 아니다. 역사는 제국의 권력이양이 항상 전쟁·질병·사회 혼란 같은 격변을 동반하며 서서히 진행되어 왔음을 보여준다. 오늘날 중국의 도전도 달러 패권을 일거에 무너뜨리려는 것이 아니라, 다극체제 가능성을 염두에 둔 전략적 압박으로 읽을 수 있다.

미국 패권은 결코 공고하지 않다. 50개 주의 다양성과 문화적 개방성, 국가 일체성은 힘의 기반이지만 사회 갈등과 정치적 양극화, 동맹의 균열은 잠재적 약점으로 작용한다. 이러한 균열이 누적될 경우 글로벌 질서의 다극화는 더 이상 가설이 아닌 현실로 다가올 수 있다.

3장에서는 미국 달러 종말 논의를 네 가지 차원에서 다룬다. 첫째, 외교 전략 변화와 영향권 축소 가능성. 둘째, 달러에 내재된 미국 가치와 '아메리칸 드림'의 퇴색 여부. 셋째, 미·중 갈등 속 무역정책과 대응 전략. 넷째, 채권시장 불확실성과 대체 자산의 부상이다. 마지막으로 비트코인·스테이블코인 등 새로운 통화정책의 실험이 어떤 함의를 지니는지 살펴보며, 이어질 4장의 논의로 연결한다.

신제국주의와
세계 3강대국

오늘날 미국·중국·러시아 3강은 서로 다른 전략과 자원을 바탕으로 영향권을 넓히며 국제질서를 재편하려 한다. 이들의 경쟁과 협력은 단순한 패권 다툼을 넘어 세계 경제 구조와 문명의 방향을 좌우하는 핵심 변수로 작용하고 있다.

$ 트럼프의 구상과 미·중·러 3극체제

트럼프 대통령의 최근 행동과 발언은 미국·중국·러시아가 각자 영향권을 지배하는 체제를 원하고 있다는 인상을 준다. 이는 트럼프 개인의 비전일 수 있다. 물론 이러한 비전이 미국 의회와 사법부에서 공유된다는 근거는 없다. 그러나 그의 발언이 워싱턴을 비롯한 미국 조야의 일부 인식을 대변한다면, 검토할 가치가 있다.

트럼프에게는 언제나 협상의 시기이지만, 특히 지금처럼 중국과 러시아 지도자들과 교섭할 기회는 더없이 중요하다. 그는 러시아와의 통상 관계 정상화를 희망한다고 밝히며, 우크라이나 전쟁에 대한 압박 수위를 낮추는 듯한 모습을 보인다. 그러나 그 속에는 상반된 의미가 동시에 내포되어 있다.

또한 그는 시진핑 주석에게 대화의 창을 열어 두었다는 신호를 보내며, 자신이 벌인 무역전쟁의 여파를 줄이고 빠른 시간 내에 '승리'로 매듭짓기를 원한다. 트럼프는 〈타임〉 지와의 인터뷰에서 이렇게 말했다. "우리는 모두 거래를 원한다. 하지만 나는 거대한 상점이다. 이건 거대하고 아름다운 상점이고, 모두가 그곳에서 쇼핑하고 싶어 한다." 여기서 '거대한 상점'은 미국을 의미한다. 시진핑 주석에게는 중국이 동일한 비유가 될 수 있다.

트럼프는 러시아와 중국까지 포함한 더 큰 구상을 염두에 두고 있을지도 모른다. 그의 일련의 행동과 발언은 세 강대국이 각자의 지역을 지배하는 새로운 세계 질서를 상상하고 있음을 드러내는 듯하다.

💲 19세기 제국주의 시대로의 회귀

트럼프는 19세기 제국주의로의 회귀를 꿈꾸는가? 그는 덴마크로부터 그린란드를 차지하고, 캐나다를 51번째 주로 편입하며, 파나마 운하에 대한 미국의 통제를 재확립하고 싶다고 공언해왔다. 이는 미국의 영향력을 서반구로 확장하려는 의지를 보여주는 사례들이다. 그는 동맹국을 비판하고, 전 세계 미군 철수를 언급하기도 했다.

그의 발언을 곧이곧대로 해석하면, 이는 유럽과 아시아에서 미국의 안보 존재를 약화시키려는 러시아와 중국에 유리하다. 물론 단순한 미끼일 수도 있다. 트럼프는 푸틴 대통령과 시진핑 주석을 자주 "강하고 똑똑한 친구"라고 칭송한다. 자신의 제국주의적 구상을 실현하기 위해, 그는 러시아가 우크라이나 일부 영토를 통제하는 것을 공식화하고, 미국이 우크라이나 광물 자원에 접근하는 방안을 협상 카드로 내세웠다.

푸틴의 우크라이나 분할 점거를 인정하는 것은 19세기 제국주의 열강이 추진했던 지역분할과 다르지 않다. 실제로 트럼프는 시진핑보다 푸틴과 더 자주 대화를 나누는 듯하다. 전화를 통한 접촉이나 휴전 협상에서 우크라이나 문제가 반복적으로 논의되고 있다. 터프츠대학교의 모니카 더피 토프트 교수는 "미국, 러시아, 중국 지도자 모두 더 자유롭고 영광스러웠던 '상상의 과거'를 추구한다"고 지적했다. 그는 "영향권 지배는 사라져가는 위엄을 되찾으려는 시도"[30]라고 평가한다. '영향권(Spheres of Influence)'이라는 용어는 1884~1885년 베를린 회의에서 유래했다. 당시 유럽 열강은 아프리카를 분할하는 공식 계획을 채택했다.

그러나 트럼프를 가까이에서 본 이들, 특히 그의 1기 행정부 관리들 가운데 일부는 그의 말과 행동을 전략적 비전으로 해석하는 것에 신중해야 한다고 경고한다. 트럼프가 이민·무역 문제에서는 확고한 신념을 보였지만, 세계 질서 전반에 대한 비전을 갖고 있다고 보기는 어렵다는 것이다.

그럼에도 불구하고, 트럼프와 일부 참모들이 제국주의자들의 사고방식을 반복하는 징후는 존재한다. 카네기 재단의 스티븐 베르트하임은 "가장 분명한 증거는 트럼프가 미국의 영향권을 서반구에서 확대하려는 시도"라고 분석했다. 그러나 제국주의 이후 시대에 영향권을 설정하는 것은 초강대국에게조차 결코 쉽지 않다.

2025년 4월 29일, 캐나다는 트럼프에 반대하는 마크 카니를 총리로 선출했다. 그의 자유당은 트럼프의 공격 직전까지 선거에서 패배 위기에 몰려 있었다. 덴마크의 그린란드 지도자들은 미국 지배를 거부했고, 중국은 홍콩 기업이 운영하는 파나마 운하 항만의 매각을 막았다.[31] 분명한 것은 중국은 서반구 지분을 쉽게 포기하지 않을 것이라는 점이다.

그럼에도 불구하고 트럼프와 참모들은 북극에서 파타고니아까지 영향력 확대를 멈추지 않았다. 2025년 5월 7일, 카니 총리가 백악관에서 "캐나다는 매물로 나온 나라가 아니다"라고 말하자, 트럼프는 "절대라는 말은 하지 마라"고 응수했다. 이는 '불가능이란 없다'는 그의 신념을 드러낸다. 이 태도는 그의 멘토 로이 콘에게 배운 철학이다.

2025년 3월, J.D. 밴스 부통령은 그린란드 미군 기지를 방문해 트럼프의 영토 확보 의지를 재확인했다. 마르코 루비오 국무장관도 취임 후 두 차례 라틴아메리카와 카리브해를 방문했다. 엘살바도르에서는 미국 정부가 추방한 이민자를 수용하는 사실상의 징벌 수용소 설치에 동의했다. 그는 파나마 항만 문제에도 압박을 가했다.

루비오는 상원의원 시절 "서반구 집중은 국가 안보와 경제 이익에 필수적이며, 지리적 근접성은 곧 영향력"이라고 강조했다. 이는 트럼프와 다르지 않은 생각이다. 루비오는 외교관으로서 미국이 아시아 동맹을 유지해야 한다는 입장을 견지했지만, 영향권 협상 가능성에 대해서는 완전히 부정하지 않았다. 그는 "우리는 영향권을 이야기하지 않는다. 그러나 미국은 인도-태평양 국가로서 일본·한국·필리핀과의 관계를 유지할 것"이라고 말했다.

$ 신제국주의로의 귀환?

트럼프의 우크라이나 전쟁 접근은 사실상 '영향권 개념'과 맞닿아 있다. 미국은 러시아와 협상해 우크라이나 국경을 조정하려 하고, 동시에 천연자원 통제권까지 확보하려 한다. 트럼프는 크림반도에 대한 러시아 주권을 인정하고, 우크라이나 동부 점령을 묵인하는 종전안을 제시한 바 있다.

그러나 그는 때때로 기존 입장마저 철회하는 듯한 발언을 내놓는다. 지지자들은 이러한 종전안이 우크라이나가 독자적 힘만으로 러시아를 몰아내기 어렵다는 현실을 반영한다고 본다. 하지만 트럼프가 푸틴을 칭송하고, NATO에서의 미국 역할에 회의적 태도를 보이는 모습은 유럽 국가들에 '미국 신뢰 약화'라는 불안감을 안겨준다.

대만과 아시아 안보 역시 불확실하다. 트럼프는 오래전부터 대만을 비판하고 시진핑을 치켜세웠다. 대만 관리들은 미국의 무기 지원이 철회될 수 있다고 우려한다. 트럼프가 말하는 중국과의 협상이 단순히 관세 문제를 넘어 대만과 아시아 주둔 미군 문제까지 다루게 될 가능성은 열려 있다.

만약 중국이 미국과의 '대타협(grand bargain)'을 바란다면 최우선 과제는 대만일 것이다. 그러나 이는 미국이 지역 안보 부담을 줄이고, 인도-태평양 방위 구상 속에 NATO식 체계를 아시아에 구축하려는 계산일 수도 있다. 미국으로서는 주둔 비용을 절감하는 유리한 조건이 된다.

문제는 아시아 국가들의 인식이다. 중국의 위협보다 일본의 군국주의에 더 민감할 가능성이 크다. 따라서 트럼프의 아시아 전략은 일본을 매개로 한 정교한 프레임이 필요하다. 그렇지 않으면 아시아 지역은 친미 세력보다 친중 국가들이 늘어나며 중국과의 협력을 심화할 수 있다.

트럼프 행정부는 중국이 대만을 침공할 경우 미국이 어디까지 방어에 나설지 명확히 밝히지 않았다. 만약 개입하지 않는다면 한국과 일본은 미국의 방어 의지가 약화된 것으로 받아들일 것이다. 이는 군비경쟁과 동맹 재편이라는 지연된 뇌관이 될 수 있다.

미국에게 대만이나 한국이 반드시 '절대적 이해관계'는 아닐 수 있다. 트럼프는 중국을 아시아 맹주로 인정하는 대신, 미국은 서반구 지배만 확보하면 충분하다고 판단할 수 있다. 겉으로는 중국의 패권을 저지하는 것이 핵심 이해관계라 하지만, 속내는 대만 문제를 미국의 생존적 과제가 아닌 지역 분쟁으로 보는 것이다.

결국 트럼프의 입을 통해 드러나는 21세기 미국의 세계관은 '거래주의'를 넘어선 세력 분할 구상일 수 있다. 즉 미국은 서반구, 러시아는 유럽과 중앙아시아, 중국은 동남아와 인도-태평양을 맡는 신제국주의적 사고방식이다. 이는 민주주의·국제법·다자주의 질서에 반하는 접근으로, NATO와 인도-태평양 안보체제를 약화시킬 위험을 안고 있다. 앞으로 트럼프 외교는 동맹의 재정의를 거쳐 국제 질서의 중대한 변곡점이 될 수 있다.

시진핑·푸틴·트럼프, 독재의 부활과 파급력

시진핑, 푸틴, 트럼프는 제각기 서로 다른 체제와 배경을 지녔지만 권력 집중과 제도 무력화라는 공통된 궤적을 보인다. 이들 3인의 리더십은 민주주의와 세계 질서에 도전하고 있으며, 21세기 정치의 불안정성을 상징한다.

독재와 미국 핵심가치의 파괴

하버드대학교 조셉 나이(Joseph Nye) 교수는 1980년대 후반 '소프트 파워(Soft Power)' 개념을 제시했다. 핵심 주장은 미국이 인권과 민주주의 같은 가치를 증진함으로써 글로벌 영향력을 강화한다는 것이었고, 이는 수십 년간 공화당과 민주당 행정부 모두의 외교 정책을 이끌었다. 제2차 세계대전 이후 미국을 군사적으로 상대할 잠재적 위협국가가 없었던 상황에서, 미국은 군사력뿐 아니라 연성권력까지 장악할 수 있었다. 연성권력은 교육·문화·기술 발전 등 비군사 영역을 의미하며, 이에 대비되는 개념이 바로 '경성권력(Hard Power)'이다.

그러나 트럼프 대통령은 이 비전을 근본적으로 거부했다. 그는 국무부 개혁을 지시했고, 그 결과 평화봉사단 같은 활동을 통한 가치 전파 능력이 크게 약화될 위기에 처했다. 핵심은 민주주의·인권·노동국(Bureau of Democracy, Human Rights and Labor)[32] 등 연성권력 기반 부서의 대대적 예산 삭감이었다. 의회가 개입하지 않는 한, 이 부서 축소는 미국이 권위주의에 맞서고 민주주의 운동을 지원하며 독립적 외교 분석을 수행하는 능력을 저해할 것이다. 장기적으로 미국은 더 약해지고 원칙도 흔들리며, 러시아와 중국 같은 권위주의 국가들이 거래식(global transactional) 협력 모델을 제시하는 가운데 점차 소외될 가능성이 크다.

사실 미국의 인권 정책은 처음부터 순탄치 않았다. 외국 정부들은 국무부 연례보고서에서 지적 받는 것을 불쾌해 하며 정당성을 공격했고, 국무부 내 전통주의자들은 인권 문제를 현실 정치(realpolitik)와 동떨어진 불필요한 산만함으로 여겼다. 좌파 진영에서는, 미국이 필리핀의 마르코스, 자이르의 모부투, 이집트의 무바라크 등 군사 정권을 지원한 사실 때문에 '위선'이라는 비판도 제기되었다. 그럼에도 불구하고 중요한 점은 '누구도 지켜보기만 하며 독재를 무너뜨린 적은 없다'는 사실이다.

오늘날 권위주의는 더욱 교묘하다. 21세기 독재자들은 대개

선거를 통해 권력을 얻는다. 과거 카스트로나 피노체트가 야당을 폭력으로 억압했다면, 오늘날 독재자들은 공공기관을 정치 무기로 바꾸고 법 집행·세무·규제 기관을 동원해 반대자를 압박한다. 이를 '경쟁적 권위주의(competitive authoritarianism)'라고 한다. 형식상 정당이 선거에 참여하지만, 집권자의 조직적 권력 남용으로 야당에게 불리한 환경이 조성되는 체제다. 헝가리, 인도, 세르비아, 터키 등이 이 방식으로 움직이고 있으며, 베네수엘라 차베스 집권기에도 같은 양상이 나타났다.

경쟁적 권위주의는 경고음 없이 다가올 수 있다. 정부가 명목상 합법적인 수단(명예훼손 소송, 세무조사, 정치적 수사 등)을 동원해 반대자를 공격하기 때문에 시민들은 자신들이 권위주의 체제에 빠졌음을 인식하지 못한다. 차베스 집권 10년이 지나서도 대부분의 베네수엘라인들은 여전히 자신들이 민주주의 국가에 살고 있다고 믿었다.

그렇다면 미국은 어떤가? 권위주의로 넘어섰는지 아닌지를 가늠하는 간단한 기준은 '정부에 반대하는 비용'이다.

민주주의에서는 정부를 비판하거나 야당 후보를 지지하거나 평화적으로 시위해도 처벌받지 않는다. 정당한 반대(opposition)의 존재는 민주주의의 핵심 원칙이다. 모든 시민은 정부를 비판하고, 야당을 조직하고, 선거로 정부를 교체할 권리를 갖는다.

반대로 권위주의 체제에서는 반대에 대가가 따른다. 정치인은 터무니없는 혐의로 기소되고, 언론은 과도한 소송과 규제로 위축된다. 기업은 세무조사를 당하거나 계약에서 배제되고, 대학·시민단체는 자금과 면세 지위를 잃을 수 있다. 활동가와 비판 언론인은 괴롭힘·협박·폭력에 노출된다. 이러한 보복의 존재가 민주주의와 권위주의를 가르는 경계선이다. 하지만 최근 들어 조지아주 현대자동차와 LG 에너지 솔루션 사태에서 확인할 수 있듯이, 이러한 경계선이 무너지는 듯 보인다.

💲 로펌, 언론 및 대학 등 전방위적인 압박

정부를 비판하거나 반대하는 데 앞장선 시민들이 '정부로부터 보복을 당할 수 있다'는 현실적 두려움 때문에 한 번 더 주저해야 하는 순간, 그 국가는 이미 민주주의 국가라 부르기 어렵다. 이 기준에 따르면 미국은 이미 '경쟁적 권위주의(competitive authoritarianism)'로 넘어갔다고 할 수 있다.

트럼프 행정부는 정부 기관을 무기화해 비판자들에게 징벌적 조치를 가하고, 광범위한 시민들에게 정부에 반대하는 데 드는 비용을 높여왔다. 반대자나 위협이 된다고 판단한 개인·단체에 대해 실제적이거나 신뢰할 만한 수준의 보복 조치가 취해졌다. 예컨대 법 집행 기관을 선별적으로 동원해 비판자를 조사하게 했다. 트럼프 대통령은 대선 부정 주장을 반박한 크리스토퍼 크렙스(사이버보안청장), 2018년 대통령을 비판하는 기고문을 쓴 마일스 테일러(국토안보부 전직 관리)에 대한 법무부 수사를 지시했다. 또한 자신에게 소송을 제기한 레티샤 제임스(뉴욕주 검찰총장)에 대해서도 형사 수사를 개시했다.

트럼프 2기 행정부의 보복 대상은 무차별적이다. 예컨대 주요 로펌도 타격을 피할 수 없었다. 민주당과 가까운 것으로 알려진 퍼킨스 코이(Perkins Coie), 폴 와이스(Paul, Weiss) 등 대형 로펌은 정부 계약에서 배제되었고, 고객사들 또한 정부 계약을 잃을 수 있다는 협박을 받았다. 일부 직원들은 보안 인가가 정지되어 정부 사건을 수행하지 못하게 되었다. 이는 단순한 정치적 갈등을 넘어, 제도적 억압과 공포 조성을 통한 권위주의적 통치 방식을 드러낸다. 더 위험한 것은, 이러한 탄압에도 불구하고 언론·의회·사법부 어디에서도 반격의 공감대가 형성되지 못하고 있다는 사실이다.

정치적 보복은 민주당과 진보 세력의 기부자들에게도 확산되었다. 2025년 4월 트럼프 대통령은 민주당 기부 플랫폼인 액트블루(Act Blue)를 수사하라고 지시했다. 경쟁 세력의 정치 자금 기반을 약화시키려는 의도다. 이후 주요 기부자들 사이에서는 세무조사와 법적 소송에 대한 두려움이 커졌다. 일부는 추가 법률 자문을 고용하거나 자산을 해외로 이전하기까지 했다.

언론에 대한 공격도 빠지지 않았다. 트럼프 대통령은 ABC 뉴스, CBS 뉴스, 메타(페이스북), 사이먼 앤 슈스터, 디모인 레지스터 등을 상대로 소송을 제기했다. 근거가 약하다는 평가에도 불구하고, 대기업 소속 언론사들이 대통령과 장기 소송전을 벌이는 것은 재정적으로 큰 부담이다. 동시에 트럼프 행정부는 연방

통신위원회(FCC)를 정치화해 PBS, NPR의 모금 활동을 수사했고, ABC·CBS·NBC의 반트럼프 편향성 고발을 재개했다. 반면 2020년 대선 허위 정보를 퍼뜨린 폭스뉴스에 대해서는 고발을 재개하지 않았다. 이는 헝가리·인도·터키·베네수엘라 등 권위주의 국가들이 집권 초기에 보였던 조치보다도 더 빠르고 강력하다.

대학도 공격 대상이 되었다. 교육부는 다양성·형평성·포용성(DEI) 프로그램에 참여한 최소 52개 대학을 수사했고, 반유대주의 혐의로 60여 개 대학에 강력한 처벌을 경고했다. 브라운, 콜롬비아, 프린스턴, 펜실베이니아 대학교 등 주요 대학들은 이미 수억 달러 규모의 지원금이 중단되었다. 하버드대학교에는 22억 달러의 연방 보조금이 동결되었고, 세금 면제 지위를 박탈하는 문제까지 제기되었다. 외국인 유학생 유치 자격 박탈까지 거론되면서, 대학들은 하루아침에 자금이 끊길 수 있다는 공포 속에서 운영되고 있다. 이는 학문의 자유와 대학의 자율성을 정면으로 위협하는 정치적 보복으로 비칠 수 있다.

같은 당 소속이라고 예외는 아니다. 공화당 정치인들도 트럼프에 반대하면 폭력 위협에 직면한다. 일부 의원들은 2021년 1월 6일 의사당 폭동 이후 탄핵에 찬성하지 않은 이유가 지지자들의 폭력 보복 때문이었다고 증언했다. 2025년 초 피트 헤그세스 국방장관 지명 청문회에서도 공화당 상원의원들이 위협을 받았으며, 톰 틸리스(노스캐롤라이나주 상원의원)는 FBI로부터 "신빙성 있는 살해 위협" 경고를 받았다고 밝혔다.

결과적으로 미국 사회에서 정부에 반대하는 데 따르는 비용이 급격히 높아졌다. 아직 러시아처럼 비판자들이 일상적으로 투옥·망명·살해되는 수준은 아니지만, 미국은 놀라울 만큼 빠른 속도로 '정부 비판자들이 형사수사·소송·세무조사·보복'을 두려워하는 사회로 변하고 있다. 심지어 공화당 내부에서도 "살해 위협이 너무 두려워 제정신이 아닌 수준으로 겁먹었다"는 증언이 나올 정도다.

정부 비판자에 대한 위협과 보복이 처음은 아니다

1919~1920년의 '레드 스케어(Red Scare)', 매카시즘 시기, FBI의 흑인 인권운동·좌파 운동가 감시, 닉슨 행정부의 IRS 악용 시도 등은 이미 전례가 있었다. 그러나 이들 조치는 오늘날처럼 광범위하고 조직적이지 않았으며, 닉슨의 경우 결국 탄핵 위기와 1974년 이후 일련의 개혁으로 이어지며 견제 장치가 오히려 강화되었다.

그러나 트럼프 집권 이후 50년간 이어진 미국 민주주의의 황금기는 종언을 맞은 듯하다. 트럼프 대통령은 존 애덤스 행정부가 제퍼슨파를 탄압한 1790년대 이래, 주류 야당과 시민사회를 체계적으로 공격한 첫 미국 대통령으로 평가된다.

이러한 권위주의적 공세는 사회 전반에 뚜렷한 영향을 미쳤다. 사람들은 헌법이 보장하는 '정당한 반대 행동'조차 주저하게 되었고, 정치인과 시민단체는 스스로 입을 닫거나 물러나고 있다.

민주주의가 형식적으로는 남아 있지만, 실제로는 악화된 '경쟁적 권위주의 체제'로 진입했음을 보여준다.

보복에 대한 두려움은 민주당과 진보적 시민단체에 '위축 효과(chilling effect)'를 불러왔다. 일부 단체는 운영을 축소하고 직원을 해고했으며, 민주당 내부 리더십조차 뚜렷이 보이지 않는다. 로펌들은 보복을 우려해 정부를 상대로 소송을 꺼리고, 컬럼비아대학교는 행정부의 '강요성 요구(extortionary demands)'에 굴복해 학생 표현을 제한했다. 트럼프 대통령은 "우리가 대학들을 상대로 뭘 하고 있는지 보라. 모두 굽신거리며 '대통령님, 감사합니다'라고 말하고 있다"라고 자화자찬했다.

언론 역시 자기검열에 빠졌다. CBS 모회사 파라마운트는 정부 승인에 의존한 합병을 추진하는 와중, 탐사보도 프로그램 〈60분(60 Minutes)〉에 대한 추가 감독 장치를 도입했고, 이에 책임 프로듀서 빌 오언스가 "언론 독립성 상실"을 이유로 사임했다. 그러나 무엇보다 심각한 것은 공화당 의원들조차 행정부 견제 기능을 포기했다는 점이다. 리사 머카우스키 상원의원은 "미국 전체가 두려움에 사로잡혀 있다"고 말한다. 이제는 소신과 목소리를 드러내기조차 어렵게 된 것이다.

미국인들은 이미 새로운 체제 속에 살고 있다. 문제는 '이 체제를 받아들일 것인가, 거부할 것인가'이다. 트럼프 대통령은 연준을 공격하며 금리 인하를 요구하고, 결국 미국 경제의 모든 열쇠를 쥐려는 의도를 드러내고 있다. 가족들이 무차별적으로 뛰어든 암호화폐 사업과 해외 순방에서의 이해상충적 사업 추진은 '미국판 마르코스'를 연상케 한다. 이는 미국 경제와 달러 패권에 대한 회의를 불러일으키고, 글로벌 패권 몰락의 전조가 될 수 있다.

더 큰 문제는 미국 사회가 이에 대해 놀라울 정도로 미온적인 대응만을 보이고 있다는 사실이다. 정치인·CEO·로펌 파트너·언론 편집장·대학 총장 등은 민주주의 수호를 원하면서도, 정부 위협 앞에 회유적 태도를 보이고 있다. 이들은 "3년만 버티자"는 자기보호 전략에 몰두하며, 주주·예산·규제·소송 위험을 피하려 한다. 그러나 이런 작은 굴복은 권위주의를 강화하는 '유화정책(appeasement)'의 치명적 논리다.

실제로는, 개별 조직의 자기보호는 집단적 비용을 초래한다. 굴복은 독재자를 더욱 대담하게 만들고, 공격을 확장하게 한다. 권력은 단순히 힘으로만 강화되지 않는다. 저항할 수 있는 사람들이 침묵하거나 타협할 때 강화된다. 처칠이 말했듯이, "유화정책은 악어에게 먹이를 주며 마지막까지 살아남기를 바라는 것"이다.[33]

결과적으로 개인의 굴복은 미국 민주주의 방어 능력을 약화시킨다. 기부자·로펌·언론·대학이 물러서면, 트럼프 행정부에 맞설 세력은 자금·법적 보호를 잃는다. 보도되지 않은 기사, 사라진 연설, 열리지 않은 기자회견 하나하나가 누적 효과를 낳는다. 야당인 민주당이 침묵하면, 정부가 승리한다.

시민사회 지도자들의 굴복은 "민주주의는 지킬 가치가 없다"는 사기를 꺾는 메시지를 보낸다. 의회 의원, 변호사, 기업 CEO,

대학 총장 등 사회 상층부조차 민주주의를 지킬 의지가 없다면, 평범한 시민들은 무엇을 할 수 있을까?

그러나 권위주의는 극복 가능하다. 브라질, 폴란드, 슬로바키아, 한국 등 최근 몇 년간 민주주의 퇴보를 되돌린 사례는 존재한다. 미국 역시 재정·조직 역량을 갖추고 있다. 수백 명의 억만장자, 수십 개 대형 로펌, 1,700여 개 사립대학, 교회·노동조합·비영리단체, 그리고 조직된 야당이 있기 때문이다.

이미 각성의 조짐도 보인다. 하버드는 학문적 자유를 지키며 행정부 요구를 거부했고, 마이크로소프트는 정부와 합의한 로펌 대신 반대했던 로펌을 고용했다. 워싱턴 D.C.에 새로 설립된 로펌은 정부의 부당한 타깃팅에 맞서겠다고 나섰다.

미국의 권위주의적 추락은 되돌릴 수 있다. 그러나 권위주의는 결코 방관으로 물리쳐지지 않는다.

트럼프 정책의 변덕과 신뢰의 붕괴

정치 지도자의 일관성 없는 태도는 단순한 변덕으로만 볼 수 없다. 정책이 뒤집힐 때마다 사회의 신뢰는 약화되고, 국제 관계의 불확실성도 커진다. 결국 이러한 변덕은 공동체의 신뢰 기반 자체를 흔드는 심각한 위험 요인이 된다.

$ 독재자의 드러난 발톱

트럼프 대통령의 오락가락하는 관세정책은 크게 세 가지 의미를 시사한다. 첫째, 자신이 없어 언제든 철회할 준비를 하고 있다. 둘째, 상대방과 대화를 통해 문제 해결을 하되 주도권은 자신이 가지고 있다는 점을 강조한다. 여기에는 이미 목표가 정해져 있으며, 자신은 그 목표를 바꾸거나 수정할 의도가 전혀 없다는 의미도 내포되어 있다. 셋째, 본성이 그럴 수 있다. 맥베스와 같은 인성으로 결정장애를 지니고 있을 수 있다.

이 가운데 트럼프의 오락가락하는 관세정책의 배경은 두 번째일 가능성이 크다. 그 대상국가는 중국이며, 중국이 미국의 발 아래 무릎을 꿇어야 하는 가장 큰 이유는 미국 달러화가 패권 통화로 지속되어야 하는 당위성을 정치, 경제, 사회, 문화적 배경을 모두 포함해 가지고 있기 때문이다.

이는 독재자의 전형적인 권위주의적 사고체계다. 미국 역시 다른 나라들이 미국과의 무역을 필요로 하는 것만큼이나 다른 나라들과의 무역을 필요로 한다. 트럼프 대통령은 중국 관세와 관련해 큰 약속을 했다.

중국이 미국보다 미국을 더 필요로 한다는 점을 알고 있다. 미국은 무역전쟁에서 중국보다 더 오래 버틸 수 있다. 이러한 우위 덕분에 행정부는 큰 양보를 얻고 세계 상업을 재편할 수 있을 것으로 판단하고 있다. 하지만 트럼프의 말과 행동은 그런 말들이 허세였음을 자주 드러낸다.

예컨대 "러시아-우크라이나 전쟁을 취임하자마자 다음 날 종전시키겠다"는 발언에 대해 "농담이었다"라고 응수한 경우가 그렇다. 트럼프는 중국에 부과한 관세를 145%에서 30%로 몇 달 동안 인하하기로 했고, 중국은 보복 관세를 125%에서 10%로 낮춘 상태다. 양측은 계속 협상할 것이며, 1년 이상 이어질 수도 있다.

중국은 아무런 양보를 하지 않고 있다. 오히려 시진핑 주석은 허리펑 무역 교섭 본부장에게 절대 양보하지 말 것을 주문한 상태다. 트럼프 대통령 1기 당시 유허 부장은 지나치게 유약했다는 평가가 내려졌다. 미·중 간에 줄다리기가 한창인 지금, 눈싸움에서 누가 먼저 눈을 깜빡일지를 모두가 지켜보고 있다. 이런 와중에 트럼프는 이미 거의 자신의 카드를 다 보여준 셈이다.

따라서 자신의 뜻이 관철되기 어렵다고 판단될 때마다 말과 행동의 번복이 빈번하게 일어날 가능성이 크다. 우리는 이 패턴에 익숙해질 것이다. 트럼프는 관세가 가져올 수 있는 효과에 대해 거창하게 주장하지만, 결국 상대국이 중요한 양보 없이 버티는 상황이 반복된다. 멕시코, 캐나다와의 '해방의 날(Liberation Day)' 관세 정책에서도 마찬가지였다. 그의 주장에도 불구하고, 미국은 다른 나라들과의 무역에서 상호 절대적 필요성이 드러나면서 트럼프의 협상 입지가 약화되었다.

💲 가격 인상과 품귀 현상

문제는 무역의 정의와 목적을 이해하지 못하는 데 있다. 무역은 단순히 경제적 비교우위와 열위를 따지는 차원이 아니다. 여기에는 사람과 물품이 함께 이동한다. 사람은 문화이고, 상품은 과학과 기술이다. 따라서 무역이란 정치, 경제, 사회, 문화, 환경적 모든 요소들이 교환되며 상호 이익을 창출하는 과정이다. 가장 단순하게 설명하면, 구매자는 상품을 얻고 판매자는 이익을 얻는다.

미국은 중국과 무역 적자를 기록하고 있다. 이는 미국이 중국보다 더 많은 재화와 용역을 구매하기 때문이다. 미국 소비자들은 중국산 제품을 원하고, 그만한 현금을 지불할 능력이 있다는 뜻이다.

트럼프 대통령의 대중 관세는 지나치게 높아 사실상 모든 상호 이익 거래를 끝낼 수 있는 금수조치에 가깝다. 스마트폰, 노트북, 장난감을 포함해 70% 이상의 제품, 그리고 현대 전자 기기에 필수적인 희토류 금속 같은 제조 자재까지 포괄한다. 도·소매업체들은 가격 인상과 공급 부족을 경고했고, 자산시장은 급등락을 반복하고 있다.

미국 경제에 미친 충격은 트럼프 대통령 자신의 협상력을 약화시키는 것은 물론, 2026년 상·하원 중간선거에도 악영향을 줄 가능성이 크다. 중국은 이를 잘 알고 있기에 다급할 이유가 없다. 미국 소비자들은 최근 몇 년간 인플레이션과 공급난에 분노해왔으며, 이번 사태는 트럼프의 정책 탓으로 귀결될 수밖에 없다. 따라서 중국은 인내심을 가지고 기다리며, 가격과 시장이 흔들리도록 두는 전략을 구사한다. 이는 현재로서는 매우 성공적이다.

그렇다면 향후 과제는 무엇일까? 트럼프는 여전히 중국으로부터 일정한 양보를 이끌어낼 시간이 남아 있다. 중국 역시 세계 최대 고객을 완전히 잃고 싶어하지 않기 때문이다. 그러나 그 양보는 제한적일 수밖에 없다. 종전에도 여러 나라가 트럼프의 관세 압박에 작은 타협을 내놓아 그가 체면을 세울 수 있도록 한 적이 있었다.

예컨대 캐나다는 2025년 초 이민 문제와 펜타닐 불법 유통과 관련해 국경 단속을 강화하겠다고 모호하게 약속했다. 그럼에도 불구하고 대캐나다 관세는 여전히 트럼프 2기 이전보다 높은 수준을 유지하고 있다. 트럼프가 대선 후보로 나섰을 때, 많은 경제학자들은 '다른 나라에 10%의 보편적 관세를 부과하겠다'는 그의 공약이 미국 경제를 해칠 것이라고 경고한 바 있다.

2025년 9월에도 EU와 일본산 자동차에는 15%의 상계관세가 유지되고 있으며, 자동차 같은 특정 품목에는 더 높은 세금이 부과된다. 의류, 가전제품, 비디오 게임 콘솔 등 해외 생산품의 가격은 전반적으로 상승할 가능성이 크다.

중국에 대한 관세 인하는 일시적 휴전에 불과하다. 수입업자들은 보복을 우려해 중국 제품 수입을 더욱 신중하게 접근할 수밖에 없다. 미국의 자산시장에 투자중인 다수의 외국인 투자자들에게 금융소득세 부과를 언급하는 발언은 달러 위상을 약화시키는 자충수일 뿐이다.

무역 전문가들은 "90일이라는 시간은 미국과 중국의 긴 무역 분쟁에서 실질적 성과를 내기엔 부족하다"고 경고한다. 트럼프 1기 당시 미·중 관세 협정은 1년이 걸렸다.

리 위(Li Yua)는 트럼프가 중국과 관세 전쟁을 이어가더라도 중국 경제의 두 가지 측면을 반드시 고려해야 한다고 지적한다. 하나는 '기술 강국'으로서의 중국이고, 다른 하나는 '경제적 어려움에 처한 국가'로서의 중국이다. 그러나 중국은 이미 이 어려움에 대한 상당한 내성을 갖추었고, 공산당 1당 체제라는 정치적 구조 또한 간과해서는 안 된다. '기술 강국'이라는 점은 단순한 경쟁을 넘어선다. 미·중이 새로운 기술 개발과 글로벌 표준 제정에서 협력의 장을 마련하는 것이 바람직하다는 조언으로 이해될 수 있다.

💲 잘못된 집착과 잘못된 계산

요약하자면, 다음과 같이 여섯 가지로 정리할 수 있다.

첫째, 이번 대중국 관세 유예에서 예상보다 큰 정책 선회가 나타나자, 많은 시장 관찰자들은 미국과 중국이 합의한 관세 철폐 규모에 놀라움을 드러냈다.

둘째, 무역전쟁은 끝난 것이 아니다. 이번 휴전은 90일간 지속될 뿐이며, 완전한 합의에 도달하려면 더 오랜 시간이 필요하다. 일부 전문가들은 이 기간을 '자존심 경쟁'의 전초전으로 보지만, 본질은 달러화 패권 수성과 이에 대한 중국의 도전이라는 점이다.

셋째, 미국은 아직 중국으로부터 실질적 양보를 얻지 못했다. 여기서 말하는 '양보'란 단순한 상품 이동이 아니라, 달러 결산체계 속에서 달러를 계속 사용하며 이에 따른 비용과 국가 정보를 제공하는 것을 뜻한다. 중국이 트럼프의 허세를 간파한 것은 미국 달러 위상 약화와, 제3국 통화 절상 가능성을 시사한다. 미국이 제2의 프라자 합의를 노리고 있다면, 이는 '마라라고 협상' 전략으로 평가될 수 있다. 반면 중국은 미국이 요구한 시장 개방 등 구체적 약속을 거부하고 있다.

넷째, 미국은 중국산 제품 구매를 줄여갈 것이다. 관세율이 40%에 이르면 대중 수입은 최대 3분의 1까지 줄어들 수 있다. 이 정도만으로도 미중 무역에 큰 충격이 될 것이다.

다섯째, 펜타닐 관련 관세가 주목받고 있다. Citi 이코노미스트들은 이를 가장 처리하기 쉬운 문제로 본다. 그러나 펜타닐 관세까지 철폐한다면 중국은 다른 교역국과 비슷한 대우를 받게 되므로, 이는 단순히 협상용 '조커 카드'에 불과하다.

여섯째, 최근 미국 증시와 채권시장에서 나타난 '매도' 트레이드의 의미다. 이는 미국 자산시장에 중장기적 문제가 내재하고 있음을 드러낸다. 유럽 증시가 미국보다 더 좋은 성과를 낸 것도, 무역전쟁이 미국 기업에 미칠 영향을 반영한 결과였다. 관세 휴전이 격차를 줄일 수는 있겠지만, 미국 달러 위상 약화는 동맹 관계 붕괴와 맞물려 단순한 문제가 아니다.

미국 채권 불신과
금융질서의 균열

미국 국채는 오랫동안 세계 금융시장의 안전 자산으로 여겨져 왔다. 그러나 재정 적자 확대와 정치적 불확실성이 그 신뢰를 점차 약화시키고 있다. 채권에 대한 불신이 커질수록 달러 패권도 흔들리며, 국제 금융질서 전체에 균열이 나타날 수 있다.

$ 달러보다 채권부터, 오점 찍힌 채권

주식시장은 트럼프 대통령의 관세 발표로 인한 혼란 이후 반등했지만, 채권시장은 여전히 문제를 안고 있다. 지난 2025년 4월 2일 이후 장기 국채 가격이 하락하며, 기준 10년물 국채 수익률은 약 4.37%대로 끌어올려졌다. 장기 재무성 채권 수익률 상승은 단기 채권 수익률이 하락한 상황에서도 나타났는데, 이는 경기 둔화에 따른 연준의 금리 인하 기대와 장기 채권 매도세가 동시에 영향을 미친 결과다.

하지만 단기 채권 금리도 여전히 4%대 초중반에 머물고 있다. 이러한 비정상적 수익률 차이, 즉 월스트리트 용어로 '경사형 비틀림(steepening twist)' 현상은 정책 입안자들에게 큰 도전 과제가 되고 있으며, 소비자의 차입 비용을 높이고 있다.

일반적으로 미 재무성 국채 수익률은 연준이 설정하는 단기 금리에 대한 기대에 크게 좌우된다. 그러나 기업 투자 비용을 포함한 경제 전반의 차입 비용은 장기 금리에 더 크게 의존한다. 최근 채권 가격 하락과 금리 상승은 이 연결고리를 약화시켜, 연준이 금리 인하를 통해 성장을 촉진하는 데 장애가 될 수 있다.

왜 이런 현상이 나타났을까? 주요 이유 중 하나는 인플레이션 불확실성 때문이다. 투자자들은 향후 몇 년간 물가와 금리가 완화될 것이라 예상하면서도, 트럼프 대통령의 변덕스러운 무역 정책으로 예측이 빗나갈 위험이 크다고 본다. 따라서 장기 국채 보유 리스크에 대한 추가 보상으로 더 높은 수익률을 요구하는데, 이를 '기간 프리미엄(term premium)'이라고 한다.

채권시장은 경제 전망과 정책 환경에 대한 불확실성을 반영한다. 보통 장기 금리가 높은 이유는 중장기 성장 가능성을 가정하기 때문이지만, 이번 경우는 다르다. 관세로 인한 인플레이션 우려와 미국 채권 매도세가 겹치면서, 가격은 떨어지고 그 역수인 금리는 상승하고 있는 것이다.

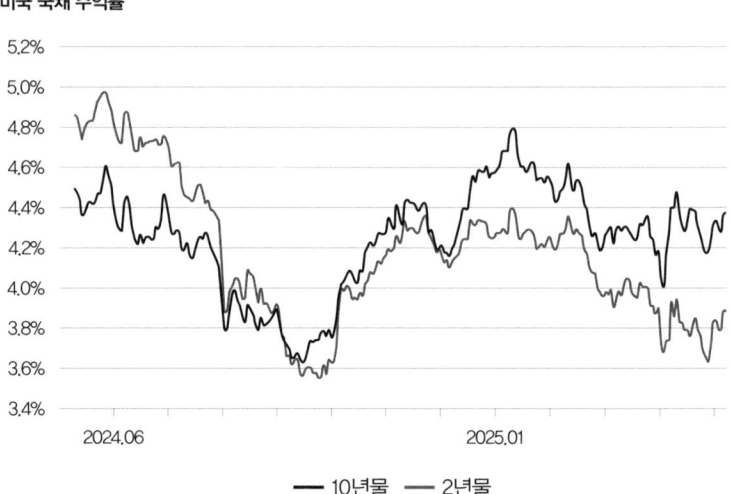

자료 6. 미국 2년 및 10년 만기 국채금리의 변화 추세

출처: 트레이드웹 FTSE 종가

　투자자들이 장기 국채 매입을 주저하는 가장 큰 이유는 미 연방정부의 재정적자 때문이다. 재정적자를 메우기 위해 늘어나는 채권 공급이 가격 하락을 부를 수 있다는 우려가 반영된 것이다.

　현재 공화당은 수개월간 대규모 감세 법안을 추진하고 있으며, 미 의회예산국(CBO)은 향후 10년간 이번 법안으로 약 2.5조 달러의 추가 재정적자가 누적될 것으로 추산한다. 재정적자 확대는 곧 미국 달러화 위상 약화로 이어진다. 따라서 달러의 기축통화 지위에 대한 의문은 앞으로 미중 관세정책의 전개, 재정적자 누적 속도와 규모, 달러 약세 수준 등에 의해 좌우될 것이다.

최근 OECD와 IMF는 미국의 경제 성장률을 2025년 1.6%, 2026년 1.5%로 각각 전망했다. 대부분의 투자자와 분석가들은 올해 미국이 경기 침체나 스태그플레이션에 빠지고, 연준이 공격적으로 금리를 인하할 경우 장기 국채 수익률이 하락할 가능성을 점치고 있다.

그러나 장기 국채 수익률 하락이 제한적일 경우, 연준의 차입 촉진 정책에도 불구하고 주택담보대출 및 기업 부채 금리가 여전히 높은 수준을 유지할 수 있다. 이는 다시 가계 소비와 기업 투자 위축으로 이어진다. 실제로 프레디 맥(Freddie Mac)[34]에 따르면, 6월 30년 만기 고정금리 주택담보대출 금리는 6.8%로, 5월보다 0.4%p 하락했으나 여전히 높은 수준이다.

또한 기간 프리미엄은 정확히 추정하기 어렵지만 여러 지표는 이미 트럼프 대통령의 4월 세금 발표 이전부터 상승했음을 보여준다. 이는 2020년 팬데믹 이후 고인플레이션이 재현된 2021년부터 본격화되었고, 2023년 11월 트럼프 당선 이후에도 관세 정책이 인플레이션과 재정적자를 확대할 것이라는 기대 속에서 또 한 차례 상승했다.

지난 2025년 4월 2일, 본격적인 관세 부과 발표가 나오면서 기대치가 현실화되자 시장 전반에서 매도세가 발생했고, 국채 역시 영향을 받았다. 투자자들은 기간 프리미엄 상승으로 장기 국채 가격이 하락할 것이라 보고 채권을 매도한 것이다.

이후 트럼프 행정부가 일부 정책을 완화하면서 수익률은 하

자료 7. 10년 만기 국채의 기간 프리미엄의 변화 추세

주: 추정치는 ACM 기간 프리미엄 모형을 기반으로 함
출처: 뉴욕 연방준비은행

락했지만, 기간 프리미엄은 여전히 0.8% 이상 높은 수준을 유지하고 있다. 거시경제 전반이 장기간 불확실성 국면에 있으며, 이는 주요 경제 지표로 입증될 때에만 시장이 움직일 명분을 제공한다. 따라서 기간 프리미엄이 단기간에 리셋되기는 어려울 전망이다. 결국 기간 프리미엄의 지속적 상승은 경제 전반에 관리 가능한 부담으로 작용하게 된다.

대부분의 지표에 따르면 기간 프리미엄은 1980~1990년대 동안 현재보다 높았으며, 이는 1970년대 인플레이션의 기억이 여전히 투자자들에게 남아 있기 때문이다. 이 시기 미국의 경제 성장률은 1984년 연평균 7.4%를 정점으로 3~4%대의 강세를 보였지만, 장기 국채에 대한 수요 변동성이 커지면서 정부는 통화·재정 정책을 설정할 때 신중할 수밖에 없었다.

또한 미 재무부는 부채 발행 구조를 결정할 때 시장 상황에 민감하게 반응하고 있다. 2023년에는 차입 수요 증가에 대응해 장기 부채 입찰 규모를 확대했으나, 장기 수익률 급등으로 시장이 흔들리자 그 속도를 늦춘 바 있다. 대선 국면에서 스콧 베센트 재무부 장관은 장기 부채 발행 확대를 주저하는 정부를 비판했지만, 최근에는 당분간 입찰 규모를 추가 조정할 계획이 없다는 신호를 내보냈다.

미국 채권시장을 흔드는 요인

미국 채권시장을 흔드는 대표적 요인 중 하나는 의회에서 논의 중인 감세 법안이다. 2017년 트럼프의 핵심 성과였던 세제 감면을 영구화하려는 내용이 담겨 있으며, 향후 10년간 연방 부채를 2.5조 달러 늘릴 수 있다는 우려가 제기되고 있다. 이 법안은 지난 2025년 6월 2일(현지시간) 하원 위원회를 1표 차로 통과했으나, 상원에서는 거센 논쟁이 예상된다.

또 다른 요인은 2025년 5월 16일(현지 시간) 단행된 미국의 신용등급 강등이다. 강등 배경에는 막대한 재정적자와 증가하는 이자 비용이 자리하고 있으며, 이는 채권 투자자들의 불신을 키우는 핵심 요인으로 작용하고 있다.

미국 재정적자가 구조적으로 돌이킬 수 없는 악순환의 고리에 접어들었다는 의미다. 미국 채권의 '안전자산' 지위가 흔들리면, 글로벌 투자자들은 더 높은 금리를 요구하게 된다. 미 연준이 트럼프의 요구를 받아들여 한 번에 1%p 금리를 내린다 해도, 이를 곧이곧대로 받아들일 투자자는 없을 수 있다.

재정적자가 GDP 대비 120%를 넘어서면서, 채권 이자율 급등이 다시 재정적자 이자 비용 증가로 이어지고, 이는 모기지 금리 상승으로 연결되어 기업과 가계에 큰 부담을 준다. 이를 두고 미국 자산 수요 감소와 매우 높은 적자를 고착시키는 재정 절차의 경직성이라 할 수 있다. 결국 이러한 경직성이 자산시장을 불안하게 만든다.

안전한 투자처를 찾는 투자자들은 금으로 몰릴 수 있다. 이 기간 동안 금값은 다시 온스당 1.5%가량 상승했다. 따라서 당분간 많은 변동성이 주식·채권 시장뿐 아니라 금, 은, 암호화폐 자산 가치에도 영향을 줄 것이다. 일반적으로 금리가 오르면 달러화 가치는 상승하지만, 최근에는 오히려 달러가 유로·엔 등 주요 통화 대비 약세를 보이고 있다. 이는 미국 자산에 대한 전반적 부정적 시각을 반영하는 것이다.

미 채권시장의 불확실성으로 금리 급등·주가 하락·달러 약세가 나타나며, 이는 채권의 안전자산 지위를 위협했던 과거의 시장 동요를 연상시킨다. 당시 트럼프 대통령은 '상호 관세'를 보류하며 진화에 나섰으나, '양치기 소년'처럼 자주 말을 번복하는 태도는 미국과 대통령 자신의 신뢰를 떨어뜨렸다.

미국 10년물 국채 금리의 급등과 채권시장 불안은 트럼프 대통령이 상호 관세 계획을 중단한 주요 이유 중 하나였다. 이 문제는 여전히 행정부의 핵심 관심사다. 재무장관 스콧 베센트는 의회에서 "부채 수치는 정말 무섭다. 위기가 터질 경우 경제가 갑자기 멈춰버릴 수 있으며, 이는 신용 붕괴로 이어질 것"이라고 경고했다. 여기서 말하는 '경제'는 미국뿐 아니라 세계경제를 뜻한다. 미국이 중국을 키웠다고 말하지만, 세계경제 또한 미국을 키워온 것이다. 그러나 커져가는 부채 부담은 채권 투자자들의 불안을 자극하며, 미국의 부채 유지 비용을 끝없이 상승시킨다.

그 결과 향후 10년간 10년물 국채 금리가 4.4% 수준으로 유지될 경우, 추가로 1.8조 달러의 부채가 발생할 것이라는 추정이 제시되고 있다. 안타깝게도 무디스의 신용등급 강등이 미 의회가 정책 경로를 바꾸도록 유도할 결정적 계기가 될 가능성은 낮아 보인다. 그러나 정치인들이 반드시 알아야 할 점은, 지금 미국이 점진적이면서도 지속 불가능한 경로에 서 있으며, 언제든 갑작스러운 금융 위기로 전환할 위험이 커지고 있다는 사실이다.

$ 미국, '신흥국 함정'에 빠질 위기

미국 정부의 차입 비용이 급등하면서, 미국 국채가 안전 자산 지위를 유지할 수 있을지에 대한 의문이 제기되고 있다. 미국 국채 수익률 상승은 마치 "멈출 줄 모르는 흐름"이라고까지 불린다. 이는 미 연방 부채 증가에 따른 불안감을 반영한다.

연준의 기준금리와 국채 수익률이 사상 최저 수준에 머물던 시기에는 문제가 없어 보였다. 그러나 지금은 잠재적인 위협이다. 미국 국채의 절반, 즉 약 14조 달러 규모의 연방 부채가 곧 만기를 맞이하며, 더 높은 금리로 재조달되어야 한다.

신흥국 투자자들은 이 상황의 위험성을 누구보다 잘 알고 있다. '수익률 상승 → 이자 비용 증가 → 부채 확대 → 통화 완화 정책 의존'이라는 전형적인 금리 악순환 때문이다. 이는 결국 물가 상승과 금리 인상, 그리고 채권 수익률 상승이 반복되는 '신흥시장 함정'이다. 지금 미국(그리고 일본 역시)은 그 함정을 정면으로 바라보고 있다.

일본도 2025년 9월 기준 장기 국채 수익률이 급등했다. 30년물은 3.23%로 사상 최고치, 20년물은 2.69%로 25년 만의 최고 수준을 기록했다. 일본의 장기 금리 상승은 경제 회복 기대라는 긍정적 신호이기도 하지만, 동시에 GDP 대비 부채 규모 260%라는 현실 속에서 장기 금리가 더 오르면 일본은행이 감당해야 할 이자 부담이 급증한다. 우려의 정도는 미국과 크게 다르지 않다.

이 때문에 미·일 국채 수익률 격차가 축소되면 일본 투자자들은 자금을 미국에서 빼내 본국으로 돌릴 수 있다. 과거 세계로 분산되었던 저축 자금이 이제는 일본 국채의 금리 수준을 고려할 때 본국 회귀(리쇼어링)가 합리적이라는 판단이 작동하기 때문이다. 현재 일본 투자 자금의 상당 부분은 여전히 미국에 머물고 있다. 그러나 만일 이 자금이 본격적으로 빠져나가면, '미국 채권 가격 하락 → 금리 재상승 → 또다시 악순환'이 이어져 일본 경제에도 위기로 다가올 수 있다.

최근 자료에 따르면 미국 내 일본 자산에 대한 월별 자금 환류가 과거의 두세 배에 달하고 있다. 이제 일본 내 국채에서 3.1% 수익률을 얻을 수 있고, 환 리스크도 없다. 그렇다면 당연히 일본 투자자들은 자국 채권으로 돌아가려 할 것이다. 이를 한 번 더 꺾어 해석하면, 미국 달러화의 위상에 커다란 변화가 발생할 수 있다는 의미다.

신흥시장 채권의 매력

Kingswood Group의 IBOSS 최고투자책임자 크리스 메트카프(Chris Metcalf)는 지금 시점에서 글로벌 신흥시장 채권 투자에 전적으로 타당성이 있다고 평가한다. 그 이유는 미국 국채가 이전보다 더 높은 초기 수익률을 제공하지만, 그 상승의 배경이 미국 달러화의 약세 기조 심화와 미래 인플레이션에 대한 선제적 대응이라는 점 때문이다. 따라서 차라리 안전한 자국 통화와 물가 지표에 연동된 투자가 더 바람직하다는 판단이다.

실제로 미국 자산에서 이탈하는 움직임은 전례가 없으며, 지금으로서는 미국 국채 수익률이 어디까지 오를지 예측조차 어렵다. 이에 따라 환율 변동성을 활용할 수 있는 혼합 접근 방식의 신흥시장 채권 운용이 선호될 수 있다. 물론 미국 국채는 여전히 '대부분의 투자 수단과 비교할 수 없는 안전성과 유동성'을 제공한다. 그러나 미국 국채를 '사실상 무위험 자산'으로 보는 전통적 관점은 수정이 필요하다. 이는 곧 신흥시장 국채가 고정 수입 포트폴리오 다변화의 대안이 될 수 있음을 시사한다.

예컨대 중국의 신용등급은 A1(안정적 전망)이며, 미·중 10년물 수익률 차이는 관세 갈등에도 불구하고 중국 채권을 충분히 매력적인 옵션으로 만든다. 나아가 인도네시아(10년물 약 7%), 말레이시아 등 고성장 국가는 현재의 포트폴리오 재편 과정에서 직접적인 수혜를 입을 가능성이 크다.

$ 미 채권 가격 하락의 진짜 원인

미국 채권시장의 불안, 진짜 원인은 무엇인가? 미국 재무부 채권에 대한 수요는 항상 존재한다. 문제는 '얼마에 팔리느냐'이다. 지난 2025년 2월 20일, 미국은 중요한 신호를 경험했다. 160억 달러 규모의 20년물 국채 입찰에서 예상보다 낮은 수요가 나타나며 작은 혼란이 발생한 것이다.

수익률은 5.014%로 예상치를 소폭 웃돌았고, 최근 일련의 입찰에서 형성된 약 4.6% 기준치를 크게 상회했다. 30년물 국채 수익률은 5%를 넘었고, 10년물도 4.6%에 근접하며 상승세를 보였다. 물론 이는 금융위기 수준은 아니다. 만약 미국이 금융위기에 빠진다면 국채 금리는 15%를 향해 급등할 수 있다. 현재의 수익률 상승은 상대적으로 완만하다.

이번 혼란의 근본 원인은 미국 경제 성장에 대한 불확실성이다. 성장동력이 부족하면 국채 발행 조건은 악화되고, 재정적자를 흑자로 전환할 세수 역시 기대하기 어렵다. 결국 해답은 미국의 경제 성장률에 달려 있다.

일각에서는 국채 매도세의 책임을 공화당 의회로 돌리고 있다. 논의중인 감세 법안이 향후 10년간 1.5조~3.3조 달러의 추가 적자를 초래할 수 있어 투자자들의 우려를 자극한다는 것이다. 이는 공화당에 정치적 부담으로 작용할 수 있다. 그러나 트럼프 전 대통령이 감세법2에 과도한 의미를 부여하는 것은 무리라는 지적도 있다.

문제는 관세로 인한 소비자 물가 상승과 금리 인상 압력이다. 이는 연준의 통화정책보다 재정우위(fiscal dominance) 정책을 불가피하게 만들 수 있다. 그러나 복지 개혁은 미진하고, 세법에는 여전히 특정 이익집단을 위한 조항이 남아 있다. 그럼에도 이번 법안은 바이든 행정부 시절보다 더 많은 지출 억제 내용을 담고 있다.

2017년 감세안 연장은 워싱턴에서 드물게 성장에 초점을 맞춘 정책 제안이었다. 따라서 이번 법안이 미국 자산 신뢰를 무너뜨렸다는 주장은 설득력이 약하다. 그러나 케인스주의 좌파와 지출 확대 성향의 우파는 이 주장을 계속 밀어붙일 것이다.

이미 우리는 2022년 영국 사례에서 교훈을 얻은 바 있다. 리즈 트러스 총리가 소규모 감세 패키지를 제안했을 때, 시장은 금융

정책 실수와 구조적 취약성 탓에 혼란에 빠졌고, 연금펀드 중심의 작은 금융위기가 발생했다. 그러나 이는 감세안 때문이 아니라 기존 문제들의 누적 결과였다. 정치권과 언론은 자신들의 실책을 가리기 위해 감세안에 책임을 전가했을 뿐이다.

미 공화당이 얻어야 할 교훈은 명확하다. 성장 중심의 정책에서 물러서지 말아야 한다. 누군가가 예산안에서 복지 지출 삭감을 추진한다면 허용해야 하며, 트럼프 전 대통령은 관세 인상 계획을 철회하고 세계시장 개방으로 방향을 전환하는 편이 나을 것이다.

리즈 트러스 총리가 44일 만에 자리에서 물러난 이후, 영국은 여전히 '고세율·고지출·고인플레이션'의 늪에서 회복하지 못하고 있다. 만약 글로벌 투자자들이 공화당 예산안을 싫어한다면, 오히려 그것이 통과되지 않을 경우의 후폭풍도 고려해야 한다. 시간이 흐른 뒤 "고맙다"는 평가를 듣게 될 것이라 트럼프는 믿고 있는 듯하다.

💲 40년 후 미국 달러화의 기축통화 지위

결론부터 말하자면, '크고 멋진 법안(The Big Beautiful Bill)'이 국채 수익률 상승의 주된 요인은 아니다. 투자자들이 트럼프 시대의 경제를 우려할 이유는 많지만, 성장 촉진형 감세정책은 그중 하나가 아니다. 현재 채권 수익률 상승은 트럼프의 감세 법안 때문이 아니라, 복합적이고 상충하는 요인들이 누적된 결과다. 그러나 언론은 언제나 그렇듯 신속하고 단정적인 태도로 엉뚱한 설명에 집착한다. 미국 채권시장의 혼란을 두고 벌어지는 '탓 돌리기'가 대표적인 사례다.

최근 30년 만기 미국 국채 수익률은 4%대 후반~5%대 초반을 오가고, 10년물은 4% 초·중반을 오르내리고 있다. 20년물 국채 입찰에서 투자 수요가 예상보다 부진해 주식시장 급락에도 영향을 미쳤다. 논란의 중심은 2017년 감세법(Tax Cuts and Jobs Act) 일부 조항 연장안으로, 향후 10년간 최소 4조 달러의 비용이 예상된다. 트럼프 전 대통령이 이를 'the Big Beautiful Bill'이라고 부르는 이유다.

채권시장의 움직임을 감세법의 영향으로만 해석하려면 다음과 같은 몇 가지 비현실적 전제를 수용해야 한다.

첫째, 무디스의 신용등급 하향 발표가 있던 날, 글로벌 투자자들이 미국의 만성적 재정적자를 처음 인지했다는 가정이다. 이는 터무니없다. 둘째, 투자자들이 법안의 적자 효과에 대한 수많은 경고를 단 한 번도 읽지 않았다는 가정이다. 셋째, 바이든 행정부 시절의 막대한 지출에는 반응하지 않던 시장이, 이번 법안의 일부 지출 억제 요소에는 과민하게 반응한다는 가정이다.

이 모든 설명은 설득력이 약하다. 오히려 최근 국채 수익률 상승과 증시 불안은 트럼프의 무차별적인 '관세·무역정책'에 대한 시장 불안을 반영한다. 미국 국채 수익률은 2025년 4월 초부터 꾸준히 올랐고, 이는 '해방의 날(Reciprocal Tariffs)' 계획에 대한 반응이 누적된 결과다. 특히 재무장관 스콧 베센트가 "90일간 유예된 상호관세가 재부과될 수 있다"고 경고한 발언은 시장을 크게 흔들었다. 미국 자산시장으로의 자본 유입은 무역적자의 반영인데, 수입이 줄면 자본 유입도 줄어들기 때문이다.

언론은 채권시장의 불안을 빌미로 인기가 없는 '무역정책' 대신, 대중적으로 인기가 있는 '감세안'을 공격 대상으로 삼는다. 이는 2022년 9월 영국의 사례와 닮아 있다. 당시 영국은 초저금리와 막대한 지출로 금융시스템이 취약해진 상황이었고, 리즈 트러스 총리가 공급 측 감세안을 제안했을 때 국채시장은 요동쳤다. 하지만 문제의 본질은 취약한 금융구조와 중앙은행의 규제 실패였다. 트러스는 희생양이 되었고, 실제 시행되지도 않은 감세안이 비난의 화살을 맞았다.

미국 의회 역시 언젠가는 지출, 특히 복지 지출 축소 문제를 정면으로 다루어야 한다. 그러나 현재 채권시장이 진정으로 걱정해야 할 것은, 이번 감세 법안이 공화당이 올해 추진할 수 있는 유일한 성장 촉진책일 수도 있다는 점이다.

JP모건체이스 CEO 제이미 다이먼은 "미국이 급증하는 국가부채 문제를 해결하지 않으면 채권시장이 균열을 일으켜 글로벌 위기를 촉발할 수 있다"고 경고했다. 하원을 통과한 이번 법안은 향후 10년간 1.5조~5조 달러의 추가 적자를 발생시켜, 이미 36조 달러를 넘은 국가부채를 더 악화시킬 전망이다. 무디스는 천문학적인 부채를 이유로 미국의 AAA 등급을 박탈했고, 20년물 국채 입찰 부진은 불안감을 키웠다.

다이먼은 "2008년 금융위기 이후 강화된 규제 때문에 은행들이 채권을 보유할 여력이 줄었고, 시장 경색 시 개입하기 어렵다"고 지적한다. 이는 자본 요건 완화로 해결 가능하지만, 그의 경고가 주목받는 이유는 따로 있다. 그는 트럼프의 관세정책에 따른 '시장의 안일함'을 비판하며, 부채 위기뿐 아니라 미국의 경제력과 군사력이 약화될 경우 달러의 기축통화 지위 자체가 흔들릴 수 있다고 강조한다.

다이먼은 말한다. "40년 후 미국이 세계 최강의 군사력과 경제력을 유지하지 못한다면, 달러는 기축통화 지위를 잃을 것이다. 미국은 회복력이 크지만, 동시에 그렇지 않을 수도 있다. 내가 진짜 걱정하는 건 우리 자신이다. 과연 미국은 가치·역량·운영 능력을 제대로 정비할 수 있을까?"

미국 달러가 여전히 '왕'인 이유

글로벌 무역과 자본 흐름이 여전히 기축통화인 달러를 중심으로 움직이며, 위기 상황에서도 달러는 안전 자산으로 선택된다. 그러나 달러 패권이 지속되는 만큼 그 영향력은 경제를 넘어 정치와 안보까지 깊숙이 파고든다.

$ 달러가 왕좌에서 내려올 수 없는 이유

모건스탠리에 따르면, 달러가 세계 지배적인 통화로서 왕좌에서 밀려날 수 없는 이유는 세 가지다.

첫째, 대체할 수 있는 통화가 없다. 유로, 위안화, 엔화 등이 있지만 모두 달러의 지배력을 대신하기에는 부족하다. 유로는 유로존 내 재정정책 차이와 정부 부채 문제를 안고 있으며, 위안화는 중국의 자본 통제와 금융 개방 부족으로 제약을 받는다.

둘째, 미국은 세계에서 가장 크고 유동성이 풍부한 금융시장을 보유하고 있다. 특히 미국 국채는 안전자산으로 평가되며, 글로벌 투자자들은 이를 보유함으로써 외환보유고를 유지한다. 미국 시장의 깊이와 유동성은 달러의 지배력을 더욱 강화한다.

셋째, 달러는 세계 무역과 금융에서 핵심적 역할을 한다. 전체 외환 거래의 약 88%가 달러로 이루어지며, 글로벌 대출의 절반 이상이 달러로 표시된다. 이러한 지배적 위치는 글로벌 거래에서 달러 수요를 지속적으로 뒷받침한다. 넷째, 달러를 대체하려는 '탈달러화' 시도는 성공하기 어렵다.

모건스탠리는 '탈달러화'에 대한 우려가 과장되었다고 지적하며, 다음과 같은 네 가지 근거를 제시한다.

첫째, 중앙은행과 국제 무역에서 달러의 지위는 쉽게 사라지지 않는다. 위안화나 엔화, BRICS 공동통화 같은 경쟁자들이 달러의 위상을 흔들 수 있다는 경고가 나오지만, 세계 주식시장이 하락하고 경제가 침체할 때 투자자들이 선호하는 것은 여전히 달러다. 역사적으로 금융 불안이 발생할 때 달러는 강세를 보여왔다.

둘째, 위안화는 달러를 위협할 만큼 유동성이 충분하지 않다. 중국은 위안화를 글로벌 경쟁 통화로 만들려 하지만, 자본 통제 때문에 통화 이동이 제한된다. 따라서 위안화가 달러를 의미 있게 위협할 가능성은 낮다. 게다가 중국은 소비 위축, 부동산 위기 등 구조적 문제를 안고 있어 자본 계좌 개방을 단기간에 추진하기 어려울 것이다.

셋째, 미국의 막대한 부채가 달러의 시위를 흔들지는 않는다. 미국 정부 부채는 이미 34조 달러를 넘어섰지만, 달러는 여전히 장기적으로 유동성이 풍부한 안전자산이다. 선거 결과에 따라 재정 지출이 확대될 수는 있으나, 채무 불이행 사태를 촉발할 수준은 아니다. 연준이 인플레이션 억제를 포기하지 않는 한 달러는 불안정한 통화가 될 가능성이 낮다.

넷째, 암호화폐는 달러의 대안이 되기에는 지나치게 변동성이 크다. 예컨대 비트코인이 한 달 만에 10% 오른다면 사람들은 이를 거래 수단보다 투자 수단으로 보관할 가능성이 크다. 지배적 통화의 조건은 급등락이 아니라 안정성이다. 달러는 법정화폐로서 거시·미시경제 정책 운용을 가능케 하며, 국제금융에서 투명성과 유연성을 제공한다. 지배 통화가 교체되는 과정은 수십 년에 걸친 장기적 변화일 수밖에 없다.

$ 달러 패권 유지 요인과 대체 통화의 한계

최근 몇 년간 주목받는 금융 트렌드 중 하나는 탈달러화다. 이는 미국 달러의 국제무역에서의 역할을 줄이려는 여러 국가들의 시도다. 러시아, 인도, 중국, 브라질, 말레이시아 등은 달러 외 통화를 활용한 무역 채널을 모색하고 있다. 트럼프 대통령의 무역전쟁이 세계 경제 질서를 흔드는 가운데, 미국 달러의 기축통화 지위가 흔들릴지 주목된다.

기축통화는 세계 대부분의 거래에 쓰이는 통화다. 역사적으로는 스페인, 프랑스, 영국 등 유럽 제국들이 각기 다른 시기에 그 지위를 가졌으며, 당시에는 금과 같은 귀금속으로 뒷받침되었다. 그러나 제1차 세계대전 이후 영국 경제가 쇠퇴하고 금이 대거 미국으로 흘러들면서 뉴욕은 금융 중심지가 되었다. 제2차 세계대전 후 미국의 위상은 더욱 강화되었고, 1944년 브레턴우즈 협정으로 달러는 공식 기축통화로 자리 잡았다.

1971년 닉슨 대통령이 금본위제를 폐지한 이후, 달러는 귀금속이 아니라 미국 정부의 신뢰와 신용에 의해 지탱되었다. 이때부터 달러 기축체제의 취약성에 대한 비판이 꾸준히 제기되었다.

달러 패권을 떠받치는 대표적 요인은 '페트로달러'다. 세계 대부분의 석유 거래가 달러로 이루어지며, 에너지 수요가 곧 달러 수요로 이어진다. 석유뿐 아니라 국제 교역의 결제 통화로서 달러는 보편적 단위를 제공한다. 예컨대 한국의 기업이 브라질 농부에게 대두를 수입한다고 가정해보자. 원화와 레알로 직접 거래하는 것은 사실상 불가능하다. 결국 원화를 달러로 환전하고, 그 달러로 거래가 이뤄진다.

이런 구조 때문에 달러는 국제무역의 매개 역할을 공고히 한다. 연준 자료에 따르면 1999~2019년 국제무역 거래에서 미주는 96%, 아시아는 74%, 기타 지역은 79%가 달러로 결제되었다. 2025년 9월 기준 이 비중은 40% 수준으로 하락한 상태다. 은행 비거주자 예금과 대출의 약 60%, 외환거래의 90%가 달러를 포함한다.

유로는 한때 대체 가능성이 있었으나 2008년 금융위기와 유럽의 정치·재정 불안으로 힘을 잃었다. 일본은 장기 침체와 인구 감소, 중국은 자본 통제와 금융 개방 부족으로 기축통화 지위를 얻기 어렵다. 스위스 프랑은 안정적이나 경제 규모가 작아 국제 결제 흐름을 감당할 수 없다. 달러의 대안은 현재로선 없다는 결론이다.

💲 디달러화 운동의 확산과 BRICS의 도전

2022년 러시아의 우크라이나 침공과 미국의 제재 이후, 디달러화 움직임은 재점화되었다. 각국은 미국이 외교·군사 갈등을 이유로 언제든 자산을 동결할 수 있다는 사실에 불만을 드러냈다. 여기에 2025년 트럼프 대통령의 관세·고립주의 정책은 동맹을 흔들고, 더 많은 국가들이 '달러 의존 축소'를 모색하게 했다.

미국의 부채 확대와 인플레이션도 달러 신뢰도를 약화시키는 요인이다. 세계 각국은 장기적으로 달러 자산의 실질 가치가 인플레이션으로 깎일 수 있다는 점을 우려한다. 이에 따라 중국, 인도, 브라질 등은 자국 통화로 직접 결제하려는 움직임을 강화하고 있다.

BRICS는 러시아, 중국, 인도, 브라질, 남아공으로 구성된 신흥 경제 블록으로, 2023년에는 아르헨티나, 이집트, 에티오피아, 이란, 사우디, 아랍에미리트를 새로 편입했다. 2024년 정상회의에서 푸틴 대통령은 "달러는 무기로 사용되고 있으며, 이는 큰 실수"라고 비판했다. 실제 러시아와 중국 무역의 95%는 이미 루블·위안화로 결제되고 있다. BRICS 단일 통화 구상도 제시되었지만, 아직 실질적인 진전은 없다.

💲 달러의 미래와 탈달러화 논쟁

미국의 부채와 인플레이션에도 불구하고 달러는 여전히 강하다. 지난 5년간 달러 인덱스는 0.29% 상승했지만, 2025년 들어 상반기 기준으로 11%나 하락했다. 이는 트럼프 행정부의 예측 불가능한 정책이 시장 불확실성을 키운 결과다. 트럼프는 대체 통화로 거래하는 국가에 100% 관세를 부과하겠다고 위협했고, 달러 강세가 미국 제조업에 피해를 줬다고 주장했다. 그러나 이러한 강경책은 오히려 달러 신뢰를 흔들 수 있다. 기축통화는 경제력뿐 아니라 정치적 안정성이 뒷받침되어야 하기 때문이다.

다만 현재 금, 암호화폐, 소규모 통화 모두 달러의 실질적 대안이 되기는 어렵다. 금은 유동성과 운송 문제, 암호화폐는 변동성과 신뢰성 부족 탓이다. 세계 중앙은행들은 호주·캐나다 달러 같은 소규모 안정 통화와 금을 추가 편입하며 다변화를 꾀하고 있지만, 달러 지위를 근본적으로 흔들지는 못한다.

그럼에도 완전한 탈달러화가 발생한다면 충격은 대공황급 자산 붕괴와 신용위기를 불러올 것이다. 투자자 입장에서는 미국 중심 펀드(SPY) 비중을 줄이고 해외 펀드(VEA, VWO), 금(GLD), 부동산(VNQ) 등으로 분산할 수 있다.

흥미롭게도 트럼프 행정부 내 일부 인사들은 달러 약세를 반길 수도 있다. 부통령 J.D. 밴스는 외국인의 미국 증권 대량 보유가 달러 가치를 인위적으로 높여 제조업에 피해를 줬다고 주장했다. 백악관 경제자문위원 스티븐 마이런도 해외 보유 미 국채에 세금을 부과하는 아이디어를 담은 보고서를 제출했다.[35] 여기서 그가 강조한 핵심은 해외 준비자산으로서 미 국채 매수를 억제할 수 있는 조치다. 즉 미국의 경상·무역적자는 상대국의 대미 흑자가 미 국채 매수로 '재활용'되는 구조다. 따라서 달러 표시 국채 매입을 막으면, 흑자국의 대미 흑자를 축소하거나 아예 실현되지 못하게

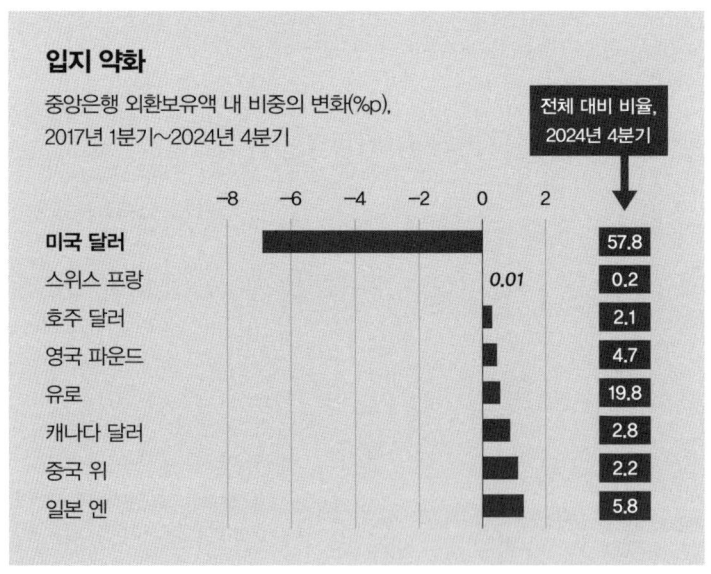

자료 8. 세계 중앙은행의 외환 보유 주요 화폐의 비중

출처: 블룸버그

만들 수 있다는 논리다. 전 세계 중앙은행가들을 이 정도로 자극한 단일 문서는 드물다. 이에 앞서 외환보유고 당국은 이미 준비자산 다변화에 착수했다([자료 8] 참조).

일부는 미 재무부의 제재 역량을 경계하고, 다른 이들은 '모든 달걀을 한 바구니에 담지 않기' 차원의 분산을 택했다. 달러의 전 세계 외환보유 비중은 2001년 73%에서 현재 58%로 하락했다. 같은 기간 동안, 호주 달러, 캐나다 달러, 스웨덴 크로나, 스위스 프랑 등 다양한 통화의 비중은 증가했다. 중앙은행들은 통화 외에도 보유 자산을 다변화하고 있으며, 최근 3년간 매년 1천 톤이 넘는 금을 매입했다. 이는 그 이전 3년에 비해 140% 이상 증가한 수치다. 통화뿐 아니라 금 등 실물 자산 비중도 확대되는 흐름이다.

이러한 다변화는 앞으로 더욱 가속화될 가능성이 크다. 미국의 관세 공세로 인해 단기적으로는 향후 10년 동안 달러의 외환보유 비중이 소폭 증가할 수도 있다. 그러나 그 비중을 과대평가할 필요는 없다.

달러화 신뢰 위기, 금융질서가 흔들린다
—
경제 비관론, 회복 신호가 안 보인다
—
자산시장의 변화, 돈의 흐름이 바뀌고 있다
—
투자 수익 전망이 무의미해지고 있다
—
중국의 패권 도전은 아직 이르다
—
금값의 상승, 달러의 불안을 비추다
—
비트코인, 달러를 흔드는 혁명인가?

CHAPTER 4

금과 암호화폐:
달러를 대체할 수 있을까

INTRO

미국 달러화의 기축통화 지위는 언제까지 유지될 수 있을까? 달러가 스스로 그 지위를 포기할지, 혹은 또 다른 패권 국가의 부상으로 상실될지, 아니면 달러·유로·위안화가 공존하는 다극체제로 전환될지는 여전히 열려 있는 질문이다. 중요한 것은 그 가능성 자체가 이미 논의의 대상이 되고 있다는 사실이다.

만약 달러체제의 전환기가 도래한다면, 불확실성을 완충할 안전자산에 대한 수요는 국가·기업·개인 차원에서 더욱 커질 수밖에 없다. 금값 상승과 디지털 자산, 특히 암호화폐에 대한 관심 증대는 이러한 맥락에서 자연스러운 흐름으로 읽힌다. 동시에 달러화에 맞춰져 있는 기업 자산과 주가의 조정은 또 다른 기축통화 체제로 이동하기 전에 반드시 넘어야 할 과제가 된다.

이에 따라 4장에서는 달러체제 전환 가능성을 전제로 몇 가지 논점을 살펴본다. 첫째, 중국의 패권 가능성과 그 한계. 둘째, 미국 경제의 현황과 주요 자산 가치 변화의 파급효과. 셋째, 달러 포기 이후 금과 암호화폐 등 대체 자산의 가능성이다. 이러한 논의를 통해 달러 이후 질서가 단순한 통화 교체가 아니라 세계경제 전체에 어떤 파장을 가져올지를 탐구하고자 한다.

달러화 신뢰 위기, 금융질서가 흔들린다

미국 달러화의 절대적 신뢰가 흔들리고 있다. 국가 부채, 금융 불안, 정치적 불확실성이 겹치면서 기축통화 지위에 균열이 생기고 있다. 이는 단순한 환율 변동을 넘어, 세계 금융질서 전반에 파급효과를 미칠 중대한 변화로 다가온다.

$ 달러화 체제 전환기의 시작

'달러에 대한 신뢰 위기'가 제기되고 있다. 최근 전문가들은 미국 달러가 현재 '체제 전환기(regime shift)'에 직면했으며, 앞으로는 '위험한 통화'로 간주될 수 있다고 경고한다. 트럼프 대통령의 잦은 관세 정책 변화로 금융시장의 변동성이 커졌음에도 달러는 약세를 보이고 있다.

DXY 달러 지수는 '해방의 날(Liberation Day)' 이후 4% 하락해

3년 만의 최저치를 기록했다. UBS 전략가 샤하브 잘리누스(Shahab Jalinoos)는 "달러가 전통적으로 안전자산으로 기능하며 시장 변동성이 클 때 강세를 보여왔다는 점을 고려하면 매우 이례적 현상"이라고 지적했다.

이 같은 역설은 미국 국채 시장에서도 나타났다. 독일·스위스

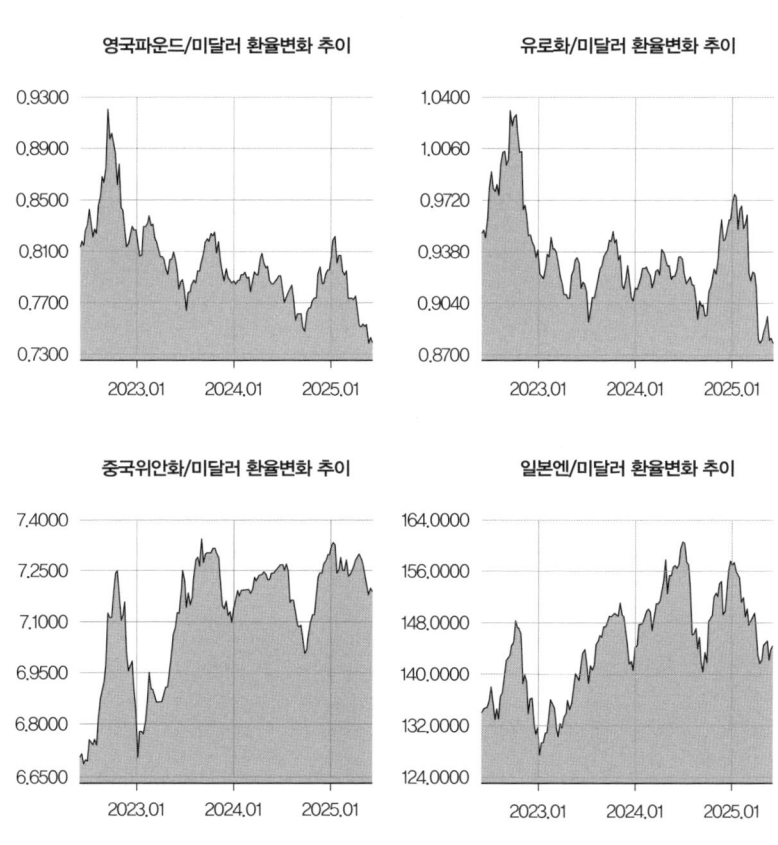

자료 9. 주요국 통화의 지난 3개월간 미달러 환율 변화 추이

출처: 하나은행

국채 금리가 안정적인 반면, 미국 국채 금리는 여전히 4% 중후반 대에 머물고 있다. 금융권 분석가들은 미국 정책 불확실성이 커질수록 투자자들이 미국 자산 비중을 줄이고 위험 회피를 늘릴 가능성이 높다고 본다. 투자자들은 미국 자산을 보유하기 위해 더 높은 위험 프리미엄을 요구하며, '달러가 추가 약세를 보여야 자산을 매입할 수 있다'는 인식을 갖고 있다.

달러 약세로 유로화와 파운드화가 반사이익을 보고 있다. 파운드화는 2025년 5월 이후 연속 상승하며 달러 대비 6개월 내 최고치를 기록했다. 과거에는 파운드화의 신뢰도가 유로화보다 낮았지만, 최근에는 그 격차를 좁히고 있다.

반면 중국 위안화와 일본 엔화는 달러 대체 통화로서는 여전히 부족하다. 특히 위안화는 미국이 요구하는 40% 수준의 절상이 시기상조일 뿐 아니라, 중국이 기축통화 지위를 확보하려면 통화·재정정책의 투명성이 보장되어야 한다. 그렇지 않다면 위안화는 경제 규모와 무관하게 달러를 대체하기 어렵다.

💲 미국 달러의 기축통화 지위는 위협받는가?

달러의 하락은 '탈달러화(de-dollarisation)' 논의로 이어지고 있다. 현재 달러는 전 세계 외환보유고의 58%를 차지하지만, 20년 전의 70% 이상에서 줄어든 수치다. 특히 2022년에는 중앙은행들의 적극적인 매도가 달러 비중 축소의 절반 이상을 차지했다. 핵심은 단일 경쟁자의 존재 여부가 아니라, 기존 기축통화에 대한 신뢰가 흔들리고 있다는 점이다. 기축통화 지위는 선천적 권리가 아니라 안정성·책임감·리더십을 통해 획득하고 유지되는 것이다.

트럼프 행정부의 정책 접근은 오히려 미국 제도에 대한 신뢰를 약화시키고 있다. 달러 하락은 세계 중앙은행들에 안도와 동시에 불안을 안겼으며, 달러 인덱스는 2025년 들어 9% 이상 하락했다. 뱅크오브아메리카 조사에서도 응답자의 61%가 향후 12개월 내 달러 가치 하락을 예상해, 20년 만에 가장 비관적인 전망이 제시되었다.

달러 약세는 수입 인플레이션 등 부작용도 낳고 있다. 일본 엔화, 스위스 프랑, 유로는 올해 들어 각각 10% 이상 강세를 보였다. 그러나 일부 신흥시장은 달러 약세에도 자국 통화 가치가 떨어졌다. 베트남 동, 인도네시아 루피아, 터키 리라 등이 대표적이다. 중국 위안화는 일시적으로 사상 최저치를 기록했다가 반등했으며, 멕시코 페소(5.5%), 캐나다 달러(4% 이상), 폴란드 즈워티(9%), 러시아 루블(22% 이상)은 강세를 보였다. 신흥국의 평가절하는 수출에 유리할 수 있으나, 수입 물가 급등으로 국내 인플레이션을 자극할 수 있다. 또한 미국 행정부의 무역 보복을 불러올 가능성도 있다. 한국은 이미 '환율조작 감시대상국'으로 지정되어 있으며, 이는 관세정책 강화의 명분이 될 수 있다.

신흥국 중앙은행들은 부채 부담과 자본 유출 위험으로 인해 금리 인하에 신중할 수밖에 없다. 한국은행이 무리하게 금리를 내린다면 한미 간 금리 격차 확대가 외국 자본의 급격한 유출을 초래할 수 있다. 이는 주식시장의 단기 급등 뒤 급락, 그리고 해외로의 자금 이탈로 이어질 수 있다. 인도네시아는 통화 변동성에도 불구하고 금리 인하 가능성이 낮다는 분석이 나오며, 한국과 인도는 금리 인하 여력이 있지만 중장기적으로는 바람직하지 않다. 가계·기업 부채 규모를 고려하면 무분별한 금리 인하는 오히려 시장을 위협할 수 있기 때문이다.

유럽중앙은행(ECB)은 최근 물가 하락을 기회로 25bp 인하를 단행했다. 그러나 유로화가 달러 대비 평가절상되는 상황임을 감안하면, 이는 한국 등 신흥국의 정책 모델로 삼기는 어렵다.

신흥국경제의 환율 및 금리정책 위험성

통화 평가절하, 즉 환율 상승은 수입 가격 상승을 촉발할 위험이 있으며, 중앙은행들은 물가가 목표를 초과하는 상황을 경계하고 있다. 환율 하락에서 비롯된 인플레이션 상승 위험과 미국의 관세 압력은 중앙은행들이 자발적으로 평가절하를 추진하지 못하게 만드는 주요 요인이다. 또한 대부분의 외환 당국은 이론적으로 자국 통화를 약세로 만들 수 있는 여력이 있지만, 현재 환경에서는 그 선택이 미국과 해외 투자자들의 보복을 불러올 수 있어 부담이 크다.

한 국가가 통화를 임의적으로 평가절하할 수 있는지는 외환보유고, 외채, 무역수지, 수입 인플레이션 민감도 등 여러 요인에 따라 달라진다. 수출 지향 국가라 하더라도 충분한 외환보유고와 낮은 외채 의존도를 갖춘 경우에만 평가절하 여력이 있지만, 실제로 환율을 크게 끌어올리기는 신중할 수밖에 없다.

무역 협상의 방향 역시 각국 통화정책에 큰 영향을 미친다. 중국을 제외한 여러 국가는 무역 협상에 적극적 의지를 보였으며, 협상이 낮은 관세로 이어진다면 중앙은행들이 약한 통화를 추구할 가능성은 낮아진다. 반대로 지정학적 상황에서의 평가절하는 보복 위험과 통화조작 혐의를 초래할 수 있다. 보호무역주의 강화가 중앙은행들로 하여금 평가절하를 고민하게 만들 수 있지만, 지금으로서는 각국과 세계 경제에 불안을 키울 통화전쟁을 피하는 것이 바람직하다.

한편 글로벌 투자은행들은 미국 주가에 대해 긍정적인 전망을 내놓고 있다. JP모건은 빅테크 실적과 무역협정 타결이 주가 상승에 기여할 것이라 보며, 모건스탠리도 달러 약세가 기업 실적에 긍정적 영향을 미쳐 미국 주가가 상대적으로 강세를 보일 것이라 예상한다. 그러나 도이치은행은 외국인 투자자의 미국 자산 매입 중단을 지적하며, 이는 달러 가치에 도전이 될 수 있다고 평가한다. 미국 내 소비·투자시장 역시 공급망 훼손과 불확실성으로 기업들이 매우 부정적 전망을 갖고 있다.

대다수 기업인들은 관세 인상이 미국 경제에 악영향을 미칠 것으로 본다. 따라서 요약하면 다음과 같다. 첫째, 달러의 지배력과 신뢰 약화 우려는 존재하나 실질적 대안은 없다. 둘째, 달러 패권 야화가 자산시장 위험과 신뢰 위기로 이어질지는 불투명하다. 셋째, 미국 경제는 자산가격 상승 의존도가 높아 외부 충격에 취약하다. 넷째, 민간 레버리지 확대가 금융 불안 요소로 부상하고 있다. 다섯째, 규제 완화 속 암호화폐 확산은 추가적 리스크를 키울 수 있다. 결국 무역전쟁 여부와 상관없이 미국 자산시장은 과대평가 상태이며, 위험은 증폭되고 있다. 여기에 트럼프 대통령이 초래한 신뢰 위기까지 더해지며, '달러 패권 종말 시나리오'는 여전히 진행중이라고 보는 것이 타당하다.

경제 비관론,
회복 신호가 안 보인다[36]

미국 경제는 고용과 소비 지표에서 일견 견조한 모습을 보이지만, 이면을 들여다보면 불안이 가득하다. 고금리 장기화, 제조업 경쟁력 약화, 심화되는 재정적자와 부채 위기로 경제 체력이 근본적으로 흔들리고 있다는 우려가 있다.

$ 다이먼의 비관론, 그러나 그의 은행은 더 잘나간다

JP모건체이스 CEO인 제이미 다이먼은 일관되게 경제에 대해 비관적인 전망을 내놓아왔다. 골드만삭스와 JP모건의 경제 분석이 대체로 상반된 이유도 여기에 있는 듯하다. 그는 미국 경제가 위기에 직면해 있다고 꾸준히 경고해왔지만, 아이러니하게도 그의 경고와는 달리 JP모건은 사상 최고의 실적을 기록하고 있다.

다이먼이 지난 20년 동안 투자자들에게 보낸 연례 서한과 공개 발언을 살펴보면, 그의 위기 경고 빈도는 점차 증가했고, 동시에 JP모건의 성과는 경쟁사들을 앞서기 시작했다. 이러한 모순적 현상의 가장 설득력 있는 설명은, 아무리 JP모건이 크고 강력하다 해도 금융회사는 본질적으로 취약하다는 점이다. 금융의 역사 자체가 흥망성쇠의 반복이기 때문이다.

최근 몇 년간 JP모건체이스는 더 커지고, 더 많은 수익을 창출하며, 미국 경제에서 점점 더 핵심적 역할을 담당하고 있다. 그럼에도 다이먼은 상황이 얼마나 악화될 수 있는지에 대해 더 큰 목소리를 내고 있다. 제2차 세계대전 이후 세계 질서의 흔들림, 경기 침체와 인플레이션의 이중 타격 가능성 등, 거의 모든 공식석상에서 암울한 경고를 빠뜨리지 않았다. 하지만 그의 은행은 그럼에도 불구하고 계속 호실적을 내며 업계 정상 자리를 유지하고 있다. 현재 JP모건은 동종 업계에서 가장 많은 지점 수, 예금 규모, 온라인 사용자 수를 확보하고 있으며, 신용카드와 소기업 금융에서도 선두를 지키고 있다. 트레이딩과 투자은행 부문 역시 업계 최고 점유율을 보유하고 있으며, JP모건의 글로벌 결제망을 통해 하루 10조 달러 이상이 움직인다.

다이먼은 2006년에 CEO로 취임했다. 그의 첫 10년은 미국 주택버블과 2008년 금융위기, 그리고 파산한 경쟁사 베어스턴스와 워싱턴뮤추얼 인수 등 위기 대응의 시기였다. 이후 모기지 위기의 법적 여파가 정리되자, 그는 새로운 위험 신호를 보기 시작했다. 2015년 4월 투자자 서한에서 그는 "또 다른 위기가 올 것"이라고 경고하며, 미국 부채 시장의 불안정성을 "경고 사격"이라고 표현했다. 이 시점 이후로 그는 경기침체, 시장 붕괴, 재정적자 급증 등 다양한 리스크를 반복적으로 경고해왔다.

그러나 바로 이 시기 JP모건은 경쟁사들을 압도하며 본격적인 성장 궤도에 진입했다. 연간 순이익 200억 달러 수준을 유지하던 JP모건은 이후 2015년부터 2024년까지 10년 동안 7차례 사상 최대 실적을 경신했다. 이는 그가 CEO를 맡은 첫 10년간 기록의 2배가 넘는 성과였다.

'너무 낙관적이면 바보처럼 보인다'

이 시기 동안 투자자들은 JP모건 주식을 공격적으로 매입했다. 은행업이라는 전통적이고 지루한 산업 속에서도 JP모건만큼은 '성장 기업'이라는 비전을 보여주었기 때문이다. 현재 JP모건은 세계에서 시가총액이 가장 높은 상장 금융사다. JP모건은 이 지위를 유지하기 위해 인공지능(AI)을 포함해 연간 180억 달러를 기술에 투자하고 있다.

다이먼은 늘 경제와 지정학적 불안정성에 대해 걱정하는 듯 보이지만, 미국 경제는 여전히 견조하다. 실업률은 낮고 소비지출도 예상보다 탄탄해, JP모건은 사상 최대 이익을 이어가고 있다. 2022년 다이먼은 한 투자자 행사에서 "지금은 꽤 맑은 날씨고 모든 것이 괜찮아 보이며, 모두가 연준이 이 상황을 잘 관리할 수 있다고 생각한다. 하지만 저 멀리 허리케인이 다가오고 있다"고 경고했다.

이듬해 실적 발표에서도 그는 "지금은 수십 년 만에 세계에서 가장 위험한 시기일 수 있다"고 말했다. 그러나 다이먼의 경고를 듣고 보수적 포트폴리오를 운용한 투자자들은, 수십 년 만의 최고의 S&P 500 2년 연속 강세장을 놓쳤을 것이다.

다이먼의 비관적 발언과 은행의 호실적 간의 간극은 '흥미로운 모순'으로 평가된다. 이는 '제이미 다이먼'이라는 브랜드를 구축하려는 전략일 수 있고, 혹은 어떤 일이 잘못되면 "내가 경고했잖아"라고 말할 수 있으며, 아무 일도 없으면 "그래도 우리 은행은 잘 돌아간다"고 말할 수 있는 일종의 윈-윈 내러티브일 수도 있다. 은행가들은 지나친 낙관보다 신중함이 현명하다는 점을 잘 알고 있다.

실제로 씨티그룹 전 CEO 찰스 프린스(Charles Prince)는 2007년 서브프라임 모기지 붕괴 직전, "음악이 울리는 한 우리는 계속 춤을 춰야 한다"고 발언했다가 큰 비판을 받았다. 그는 훗날 "상황이 악화되었을 때 지나치게 낙관적이었다는 평은 은행과 개인 평판 모두에 타격이 크다. 반면 너무 신중했다는 평은 오히려 사려 깊은 은행가처럼 보이게 한다"고 회고했다.

결국 다이먼이 늘 비관적인 이유는 '금융은 본질적으로 취약한 사업'이라는 점에 있다. 금융은 흥망이 한순간에 바뀌는 산업이며, 대출 회수 불능 같은 '하방 리스크'에 항상 민감할 수밖에 없다. "좋은 은행가는 햇볕이 쨍쨍할 때도 우산을 든다"는 말이 있 듯, 다이먼은 언제나 다음 위험을 예의주시하며 '무슨 일이 잘못될 수 있는가'를 끊임없이 고민한다.

그러나 다이먼을 오래 지켜본 이들은 또 다른 해석을 내놓는다. 그의 비관적 담론은 경영진이 미래 위험에 대비하도록 긴장감을 유지하게 만드는 전략일 수 있다는 것이다. 실제 리스크가 발생하든 아니든, 조직 문화를 마치 전시 상황처럼 긴장 상태로 유지하기 위한 의도라는 분석이다.

금융사의 '묘지'와 JP모건

다이먼의 비관적 발언은 'X가 반드시 일어난다'기보다 'X에 대비해야 한다'는 차원에서 이해해야 한다. 실제로 JP모건은 2023년 금리 급등기에 경쟁사들보다 훨씬 잘 대비된 상태였다. 저금리 장기 채권에 묶여 손실을 본 다른 은행들과 달리 JP모건의 피해는 제한적이었다.

다이먼은 수년 전부터 "10년물 국채 금리가 5%까지 오를 수 있다"고 경고했는데, 당시 금리가 1%대였던 상황을 감안하면 비현실적으로 들렸을 것이다. 그러나 지금 4%대 초중반 금리를 마주하고 있는 현실이 그의 경고를 뒷받침한다. 따라서 그의 비관적 태도는 단순한 경고를 넘어, 금융 산업의 본질을 드러내는 통찰이라고 볼 수 있다.

금융은 아무리 규모가 크고 성공적이라 해도 쉽게 무너질 수 있는 취약한 산업이다. 탐욕과 자만으로 몰락한 사례는 무수하다. 베어스턴스, 워싱턴 뮤추얼, 퍼스트리퍼블릭 등 한때 잘나가던 금융사들도 결국 JP모건에 인수되며 '금융사의 묘지'에 이름을 올렸다.

다이먼은 한 행사에서 이렇게 말했다. "지난 10년 동안 JP모건은 연 17% 이상의 수익률을 낸 거의 유일한 금융회사였다. 하지만 그 전 10년에는 많은 금융회사가 17% 이상 수익을 냈었다. 그리고 그 회사들 대부분은 파산했다. 세상의 거의 모든 주요 금융회사는 한 번쯤은 거의 무너질 뻔했다. 세상은 그만큼 거칠다." 이 발언은 금융업에 종사하는 사람들뿐 아니라 경제활동에 참여하는 모든 이가 곱씹어야 할 경고다.

자산시장의 변화, 돈의 흐름이 바뀌고 있다

금리와 환율, 지정학적 리스크가 겹치면서 자산시장은 거대한 변곡점에 서 있다. 주식·채권은 불안정성을 드러내고, 금과 원자재, 암호화폐 같은 대체자산은 부상하고 있다. 단순한 가격 조정이 아닌 새로운 자본 질서의 징후일 수 있다.

불안정하고 예측 불가능한 미국 경제와 미국 시장

다우존스 산업평균지수는 1932년 이후 최악의 4월을 기록했다. 이후 반등을 지속하며 9월 기준, 연초 대비 8.4% 상승했다. 트럼프 행정부와 주요 무역 파트너 간의 협상이 긴장을 완화할 만큼 빠른 성과를 낼 것이라고 믿는 사람은 거의 없었다. 트럼프 대통령의 행정명령에 따른 관세 부과는 역사적인 차원을 넘어섰다. 발표 직후 다우존스 산업평균지수는 약 1천 포인트 급락했으며, S&P 500 지수 역시 대통령 취임 이후 성과 기준으로 역대 최악의 수준을 나타냈다. 하지만 S&P 500 역시 연초 대비 9월 기준 13.38% 상승한 상태다.

설상가상으로, 트럼프 대통령이 달러 약세를 위한 금리 인하를 거부했다는 이유로 제롬 파월 연준 의장을 해임할 가능성이 언급되자 투자자들은 더 큰 충격에 대비하기 시작했다. 관세 폭풍이 한 차례 휩쓸고 간 뒤 기업들의 실적 보고서는 한층 보수적으로 바뀌었고, 경영진들은 향후 몇 달 동안 세금과 관세로 인한 수익 전망을 스스로 낮추기 시작했다.

통상적으로 주식이 하락할 때 강세를 보이는 미국 국채나 달러화마저 압박을 받으면서, 투자자들은 안전자산을 찾기 어려운 상황에 직면했다. 이에 금 선호도가 급증해, 2025년 현재 5년 만기 금 선물 가격은 온스당 4,150달러를 넘어섰다. 이는 미국 금융자산 전반에 대한 '신뢰 부족'을 드러내는 대표적 신호다. 실제로 많은 투자자와 자산운용사들이 미국 주식 비중을 줄이고, 글로벌 주식 시장에서 새로운 종목과 업종을 찾아 나서고 있다.

문제는 트럼프 대통령이 '관세'를 통해 재정적자를 메우겠다는 단순하고도 경제 논리에 맞지 않는 정책 구조다. 이러한 불안정하고 예측 불가능한 환경에서 미국 경제에 대한 투자 심리는 빠르게 약화되고 있다. 투자자들은 손실을 최소화하기 위해 서둘러 자금을 회수하고 새로운 투자처를 찾으며, 자금 흐름은 '새로운 향기'를 좇기 시작했다.

한편 2023년과 2024년에 반복된 경기침체 경고를 무사히 견뎌낸 미국 경제는 또다시 불안한 시기를 맞이하고 있다. 2025년 5월 고용은 13만 9천 개가 늘어나며 여전히 꾸준한 증가세를 보였고, 실업률은 지난 1년간 4%에서 4.3% 사이를 유지했다. 겉보기엔 노동시장이 견조하지만, 이는 관세 부과로 인한 소비자물가 상승이라는 '인플레이션 불씨'가 타오를 준비를 하고 있는 셈이다.

불편한 시기가 시작되다

주식: 도널드 트럼프 대통령 당선 직후 몇 주 동안 미국 주요 주식 지수는 세금 인하와 규제 완화가 기업 이익을 늘릴 것이라는 기대에 힘입어 급등했다. 그러나 행정부가 공격적인 관세 정책을 밀어붙이자 가격 상승과 경기 둔화에 대한 우려가 커졌다.

당시 많은 투자자들은 대통령의 발언을 단순한 협상 전술로 여겼으나, 2025년 4월 2일 트럼프 대통령이 실제로 대규모 관세를 발표하면서 시장은 급락했다. S&P 500 지수는 불과 며칠 만에 약 8% 하락했고, 다우존스와 나스닥 역시 동반 약세를 기록했다. 이로 인해 투자 심리는 크게 위축되며, 시장은 불확실성과 변동성의 소용돌이에 빠져들었다.

국채: 시장은 여전히 회복하지 못했다. 트럼프 대통령이 그의 관세 계획을 철회하고 지연시키기도 했지만, 불안은 가라앉지 않

았다. 일반적으로 주식이 하락할 때 채권 가격은 상승해 투자자들에게 헤지를 제공한다. 하지만 이번에는 상황이 달랐다. 2025년 4월 한 달 동안 10년 만기 미국 국채 금리는 0.16%p 올라 4%대 후반에 도달했고, 30년물 국채 역시 5%에 근접했다. 채권 금리는 가격이 하락할 때 상승하므로, 이는 투자자들이 미국 정부 채권을 적극적으로 매도하고 있음을 의미한다. 채권을 매도한다는 것은 더 이상 미국 정부와 달러화에 대한 신뢰가 존속되기 어렵다는 신호다. 미국 재무성 채권은 일반적으로 가장 안전하고 신뢰할 수 있는 자산으로 간주됨에도 불구하고, 이번 매도세의 주력은 중국과 일본이었다. 세계 최대 보유국들이 신뢰를 거두는 순간, 미국 국채는 안전자산에서 오히려 불안을 증폭시키는 요인이 될 수 있음을 드러낸 것이다.

달러: 세계 및 미국경제에 대한 우려와 트럼프 대통령과 미 연준 간의 갈등이 심화됨에 따라 미국 달러화 역시 기축통화로서 위상에 압박을 받고 있다. 미국 달러 지수는 주요 통화 바스켓에 대해 1% 이상 하락해 3년 만에 최저치를 기록했다.

금: 다른 방어적 대체 자산들이 부진한 가운데, 투자자들은 가장 오래된 헤지 수단인 금으로 몰려들고 있다. 금 선물 가격은 연일 최고치를 갱신하고 있다.

자료 10. '해방의 날' 직후 미국 달러 지수의 변화

출처: 팩트셋(FactSet)

자료 11. '해방의 날' 직후 금 선물가격의 변화

출처: 팩트셋(FactSet)

자료 12. '해방의 날' 직후 미 Cboe의 공포지수 변화

출처: 팩트셋(FactSet)

VIX(변동성 지수): 시장의 '공포 지수'라 불리는 변동성 지수는 보통 30을 넘으면 시장 불확실성이 높아, 향후 주식시장이 매우 불규칙하게 움직일 가능성을 시사한다. '해방의 날' 직후 시카고상품거래소(CME)의 VIX 지수는 여전히 높은 수준을 유지하고 있으며, 무역전쟁과 전반적인 경제에 대한 우려가 커지면서 앞으로 더 큰 변동성이 예상된다.

투자 심리: 2025년 4월 2일 직후 월스트리트의 분위기는 어두웠다. 일반 투자자들 사이에서는 주가가 하락할 것이라는 불안 심리가 확산되며, 투자심리는 8주 연속 비관적 전망이 50% 이상을 기록했다. 이는 1987년 이후 가장 긴 기간 동안 약세 전망이 이어

자료 13. '해방의 날' 직후 미국 투자자 심리지수

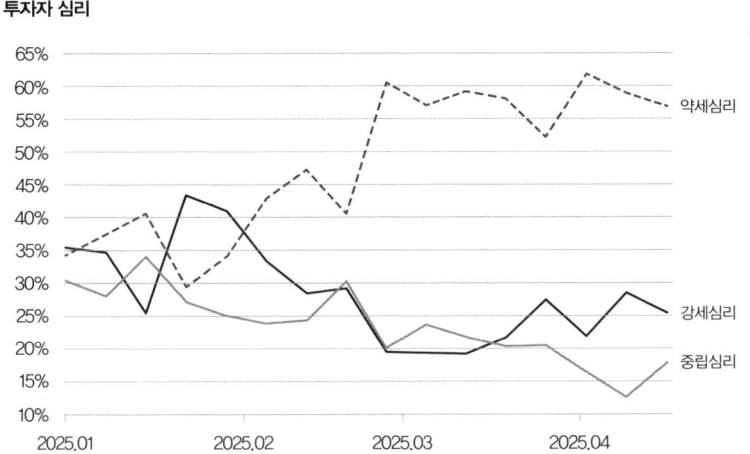

주: 약세심리는 향후 6개월 동안 주가가 하락할 것이라는 기대를 의미함. 강세심리는 향후 6개월 동안 주가가 상승할 것이라는 기대를 의미하며, 중립심리는 향후 6개월 동안 주가가 대체로 변동이 없을 것이라는 기대를 의미함.
출처: 미국 개인투자자협회(AAII)

진 것이다.

기업들은 끊임없이 변화하는 무역 정책 때문에 미래 계획을 세우기 어렵다고 호소한다. 이는 시장의 불안에 대한 일종의 경고다. 채용과 투자가 중단되는 상황은 점차 신규 취업자 수와 실업률에 반영될 수 있다. 더구나 정책의 불확실성은 고용 증가세 둔화와 냉각되는 주택 시장에서 더욱 두드러진다. 2024년과 비교해 미 연준(Federal Reserve)은 인플레이션 재발 우려로 금리 인하에 한층 더 신중한 태도를 보이고 있다. 현재 관세에 대한 명확한 방향이 나오기 전까지는 '고용도 없고 자본 지출도 없는 경제'가 지속될 가능성이 크다.

미국 경제가 또다시 단순히 '휘청거릴지', 아니면 '무너질지'는 이번엔 미국 소비자가 좌우하는 핵심 변수다. 미국 경제를 지탱하는 것은 70%가 소비다. 트럼프 대통령이 촉발한 무역전쟁이 어디로 흘러갈지는 전적으로 그가 앞으로 어떤 선택을 하느냐에 달려 있으며, 어쩌면 그 자신조차도 예측하지 못할 수 있다. 중동 순방길에 둘째 아들이 세운 코인 회사에 대한 투자를 유치하는 등 이해상충 행보는 대통령이라는 공적 지위보다 사적 이해관계를 추구한다는 비판을 피하기 어렵다. 따라서 이 상황이 어디로 향할지는 예측 불가능하다.

경제학자들은 대체로 미국 경제가 침체에 빠지려면 소비자의 동요가 선행되어야 한다는 데 이견이 없다. 과연 소비자는 얼마나 버틸 수 있을까? 팬데믹 시기 정부가 뿌린 재정 지원금 효과가 얼마나 남아 있을까? 만일 미·중 무역전쟁이 원만하게 마무리된다면 세계 경제는 환호할 준비가 되어 있다. S&P 500 지수는 단번에 1만을 향해 치솟을 수도 있다. 그러나 약 3조 달러의 자금을 보유한 민간이 실제로 소비를 이어갈 수 있을지는 미지수다. 현재로서는 경기 침체 가능성이 연초보다는 높지만, 4월과 5월 초 중국산 제품에 대한 관세가 145% 인상되었을 당시보다는 낮아진 상태다. 이는 시장의 심리를 반영하는 것이다. 여전히 세 가지 주요 리스크가 지연된 뇌관으로 잠재하고 있다.

첫째, 미국 노동시장은 불안정한 균형 상태다. 기업들은 신규 채용을 하지 않지만, 3~4년 전 어렵게 확보한 인력을 당장 해고하기에도 주저하고 있다. 그러나 수요가 부족하다고 판단하는 순간 실업률은 마치 물속에 눌려 있던 비치볼이 튀어 오르듯 급격히 치솟을 수 있다.

둘째, 소비자들이 결국 물가 상승에 반발해 지출을 줄인다면 기업들은 더 강하게 허리띠를 졸라매야 한다. 이는 고용과 투자 모두를 위축시킨다. 소비자 부채 연체율은 1년간 꾸준히 상승세다. 특히 저소득층의 재정 악화가 소비 둔화로 직결될 가능성이 크다. 주택 시장 역시 2025년 봄 성수기 매매가 부진했다. 현재 미국 주택 시장은 판매자가 구매자보다 약 50만 명 더 많은 것으로 조사되었는데, 이는 2013년 레드핀이 통계를 집계하기 시작한 이래 최대 격차다. 이로 인해 2025년 주택 가격은 1% 하락할 수 있다.

셋째, 금융시장의 충격이나 갑작스러운 심리 변화는 여전히 예측 불가능한 변수다. 연준은 2024년 단기 금리를 1%p 인하해 신용카드나 변동금리 대출 차입자들에게 숨통을 틔워주었다. 연준이 직접 조정하지는 않지만 주택담보대출 등 다양한 차입 비용에 영향을 미치는 장기 금리는 전 세계 투자자들이 각국 정부의 재정 조달 방식을 주목하면서 상승세를 유지하고 있다. 주택담보대출 금리가 6% 중후반대에서 움직이는 상황에서 성급히 주택을 매입하는 수요는 줄어들 수밖에 없다.

게다가 2025년 들어 미국 주택 시장은 공급이 수요를 약 50만 채 웃돌고 있어, 높은 금리와 과잉 공급 우려가 맞물리며 수요 심리를 더 위축시키고 있다.

노동시장이 견조해 보이지만, 앞서 지적했듯 금융시장의 돌발 충격과 심리 변화 가능성은 여전히 잠재한다. 차입 비용이 갑작스럽고 지속적으로 상승할 경우 주식시장으로 여파가 번지며 기업 수익성을 훼손하고, 주식의 매력을 떨어뜨릴 수 있다. 아직까지는 높은 자산 가격이 기업 투자와 고소득층 소비 지출을 떠받치는 주요 기반이 되고 있다.

$ '세 얼간이' 혹은 '세 친구, 삼총사'

트럼프 대통령의 갑작스럽고 자의적인 관세 발표로 올해 기업 매출 전망에 큰 혼란이 발생했다. 백악관 관계자들은 대통령의 접근 방식이 더 나은 무역 관계로 이어질 것이라며 진화에 나섰지만, 이는 현실성이 없는 공약(空約)에 불과해 위안이 되지 못한다.

현재 의회를 통과중인 감세 법안 역시 미국 소비자와 기업들에 실질적인 도움이 될지는 불투명하다. 기업 입장에서는 이미 수익이 상당 부분 사라진 상황에서 법인세 감면이 큰 의미를 가지기 어렵다. 더구나 이번 관세율은 어느 시점에서 고정적으로 적용될지도 불확실하다. 수혜자와 피해자가 혼재될 수밖에 없다.

예컨대 철강 및 알루미늄에 대한 관세를 25%에서 50%로 인상한 경우, 이는 국내 금속 생산업체에는 호재가 될 수 있지만, 자동차 제조업체·캔 제조업체·타이탄 스틸 같은 회사들의 이익에는 부담이 된다. US Steel을 일본에 매각한 이후 발표된 철강·알루미

자료 14. 미 차입 금리 변화 추세

출처: 프레디맥(Freddie Mac), 미국 재무부, 연방준비제도(Fed), 매크로본드(Macrobond)

뉴 관세는 마치 미국 노동자에게 큰 혜택을 줄 선심 정책처럼 대통령이 현장에서 직접 발표했으나, 현실적으로는 코카콜라 등 음료 가격이 오르고 자동차 가격 역시 인상될 수밖에 없다.

문제는 미국 소비자들이 지갑이 가벼워진 뒤에도 일정 부분 가격 인상을 감내할 수 있을지다. 팬데믹 기간 동안 많은 가계와 기업이 초저금리로 차입 구조를 재편한 덕분에 미국 경제는 일정 부분 보호를 받았다. 이후에는 인공지능(AI)에 대한 자본 투자 붐이라는 뜻밖의 호재가 경기 방어에 기여했다. 그러나 이제는 AI 투자 열기가 끝물에 접어들었다는 전망이 확산되고 있다.

따라서 최근의 AI 붐과 같은 추세는 순식간에 꺾일 수 있다. 한순간이다. 그래서 앞서 언급한 바와 같이, 제이미 다이먼 같은 CEO는 늘 시장, 특히 금융시장을 어둡게 보는 편이 옳다고 본다. 일부 기업들은 현재 가격 인상을 미루고 있으며, 이는 관세가 어떻게 정착될지 관망하고 있기 때문이다. 그러나 이 역시 자발적인 '관망'이 아니라, 대통령의 압박과 엄포에 따른 것이다.

하지만 결국 기업들은 일정 부분 비용 상승분을 소비자에게 전가할 수밖에 없다. 조만간 기업들이 관세 부과 이전 가격으로 확보한 재고를 소진하게 되기 때문이다. 물론 이런 기대는 틀렸다. 기업은 원자재를 싸게 확보했다고 해서 그 이익을 소비자에게 돌려줄 생각이 없다. 어떤 형태로든 이미 가격 인상을 시작했다는 점을 인정해야 한다.

다만 한 가지 긍정적인 요인은 최근의 에너지 가격 하락이다. 이는 관세로 인한 인플레이션 압력을 일부 상쇄하는 데 도움이 될 수 있다. 그러나 이 부분 역시 한계가 있다. 2025년 6월 9일 기준 브렌트유 현물 가격이 배럴당 64.32달러임에도, 미국 소비자들의 갤런당 휘발유 가격은 2달러 중반대가 아니라 이미 3달러를 넘어섰다. 이는 유통 과정에서 상당한 마진 인상이 이미 반영되고 있음을 보여준다.

거시경제 지표를 보면 미국 경제는 나름대로 견조한 모멘텀을 유지하고 있다. 유연한 금리정책, 견조한 노동시장, 소비자들의 잠재 소비 여력이 그 요인이다. 그러나 대통령이 계속해서 혼란을 야기한다면, 2026년 초에는 경제가 완전히 무너질 수도 있다. 트럼프 대통령, 시진핑 주석, 푸틴 대통령이 21세기의 '세 얼간이(Three Stooges)'[37]가 될지, 아니면 '세 친구(Three Amigos)'가 될지는 아직 알 수 없다.

투자 수익 전망이
무의미해지고 있다

전통적인 투자 전략은 수익률 예측을 전제로 한다. 그러나 세계 경제가 극도의 불확실성 속으로 빠져들면서 전망 자체가 무의미해지고 있다. 이제 중요한 것은 예측이 아니라, 변동성을 견뎌낼 유연한 대응과 자산 보존 전략이다.

$ 투자자들은 어떤 전략을 취하는 게 좋을까?

관세 전쟁이 기업들의 수익 전망을 흔들면서 S&P 500 지수 등 기업 가치 평가마저 불확실해지고 있다. 기업들이 일반적으로 분기 실적과 함께 제시하는 향후 수익 가이던스(guidance)는 투자자들이 주식 가치를 평가할 때 핵심 기준이 되지만, 미·중 간 무역 긴장과 예측 불가능한 관세 변화는 이러한 전망 자체를 무의미하게 만들고 있다. 실제로 많은 기업들이 수익 가이던스를 발표하지 않고 있다. 예를 들어 최근 몇 분기 동안 기업들은 '무역 불확실성'을 이유로 실적 전망치를 축소하거나 아예 제시하지 않았다.

이러한 상황이 반복되면 시장은 앞으로의 이익 성장에 대한 확신을 잃게 되고, 결국 주가가 지나치게 낙관적이거나 비관적인 흐름에 휘둘릴 수 있다. 또한 기대 수익이 불확실해지면 전통적인 주가수익비율(P/E)로 평가하는 것이 큰 의미를 잃게 된다. 그 결과 시장은 감정이나 심리, 정치적 이벤트에 따라 더욱 크게 요동칠 수밖에 없다.

이럴 때 일반 투자자들은 어떤 전략을 취하는 게 좋을까? 다음과 같은 네 가지 전략으로 요약할 수 있다.

첫째, 단기 실적보다 장기 펀더멘털에 집중해야 한다. 무역 전쟁은 일시적 충격일 수 있으므로, 구조적으로 강한 기업에 투자하는 것이 바람직하다.

둘째, 투자 섹터를 다변화할 필요가 있다. 글로벌 공급망에 민감한 IT나 산업재보다는 방어적인 헬스케어·소비재 등으로 분산 투자를 고려할 만하다.

셋째, 현금 흐름을 중시해야 한다. GAAP(Generally Accepted Accounting Principles)[38]의 이익보다 자유현금흐름(Free Cash Flow)을 기준으로 기업을 평가하는 편이 신뢰도를 높일 수 있다.

넷째, 거시적 상황 변화에 대한 민감도 조정을 위해 개별 주식 트레이딩보다는 변동성 완충형 ETF, 배당주, 저변동성 전략 펀드의 비중을 늘릴 필요가 있다. 요약하면, 수익 가이던스가 무너질 때 시장은 불확실성 프리미엄을 반영하게 되고, 이에 따라 투자 전략은 더욱 방어적이고 현실적인 접근으로 전환될 필요가 있다.

재무경제에서는 주식시장의 주가 변화를 '무작위 보행(random walk)'이라 부르며, 갈 지(之)자 행보에 비유한다. 그러나 투자자들은 적어도 기업들이 발표하는 미래 수익 전망을 길잡이(guidance)로 삼을 수 있다고 가정한다. 지금처럼 기업들이 전망 자체를 생략한다는 것은 결국 아무런 길잡이 없이 걸어가고 있는 셈이다. 즉 미래 불확실성 속에서 누구도 정확한 안내를 할 수 없다는 의미다.

이럴 때 항공기가 안개로 착륙이 불가능하면 다른 공항으로 회항하듯, 투자자들도 굳이 주식이 아니더라도 금, 채권, 암호화폐 등 다양한 자산에 분산 포트폴리오를 구상할 수 있다. 불리한 조건 속에서 무리한 도전은 피해 규모를 키울 수밖에 없다.

미국과 중국이 관세를 일부 유예하기로 합의하고, 영국 런던에서 새로운 무역 협상이 진행된다고 해도 낙관론을 뒷받침할 근거는 충분하지 않다. 트럼프 대통령의 임기는 3년 이상 남아 있고, 그가 앞으로 어떤 변수를 만들어낼지는 누구도 예측하기 어렵다. 더구나 과거 사례를 보면 그의 '불확실성'은 대체로 부정적으로 작용해왔다. 따라서 스테이블코인으로 미 채권을 매입하거나 달러를 대체 통화로 활용하겠다는 발상은 달갑지 않다. 이에는 상당한 법적·제도적 규제가 필요하기 때문이다.

경제 전문가들은 의미 없는 전망을 내놓는 기업 경영자들로부터 오히려 다양한 신호를 읽는다. 일부 지표는 지수가 현재보다 훨씬 높아야 한다는 가능성도 내포한다. 그러나 관세전쟁이 미국의 일방적 승리로 끝난다는 가정은 지나치게 강하다. 골드만삭스는 향후 12개월 내 경기침체 가능성을 45%로 추정한다. 다만 경기 침체 가능성은 2025년 3월보다는 낮아진 것으로 보인다. 이는 소비자들이 여전히 지출을 유지하고 있기 때문이다.

그럼에도 대부분의 물가는 오름세다. 가솔린 가격이 하락할 가능성을 제외하면, 미국 내에서 가격이 안정된 품목은 거의 없다. 특히 이민자 추방으로 인한 농가 노동력 부족은 과일·채소 가격을 끌어올리며, 이는 가계 물가 전반을 압박할 소지를 안고 있다. 트럼프 대통령이 무역 전쟁을 일시적으로 완화하며 전략적 유연성을 보여주려 하지만, 실상은 노동시장의 견조세가 미국 경제를 떠

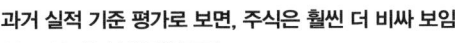

자료 15. 현재 주가 흐름에 대한 선후행적 가치 평가 흐름

과거 실적 기준 평가로 보면, 주식은 훨씬 더 비싸 보임
S&P 500, 주가수익비율(PER)

― 과거 12개월 실적 기준　― 예상 12개월 실적 기준

출처: 팩트셋(FactSet)

받치는 유일한 요인일 수 있다. 관세보다는 '리쇼어링(reshoring)' 정책이 세계 경제에 덜 부정적이라는 점에서 더 효과적일 수 있다. 앞서 언급한 위험들을 무시할 수 없다.

따라서 투자자들은 경기 침체 또는 심각한 경기 둔화 가능성을 일정 부분 반영하고 있지만, 동시에 미국 소비자와 기업들이 여전히 건실한 재정을 유지한 채 앞으로 몇 달간의 혼란을 극복할 경우 경제가 급격히 반등할 가능성도 함께 고려해야 한다.

그러나 이러한 낙관적 추론은 현재로서는 논리적으로 설득력이 떨어진다. 경제 불확실성이 반드시 부정적 영향을 미치지 않는다고 하더라도, 트럼프 대통령의 무역 합의 이후에도 최근 발표된 상당수의 관세가 그대로 유지되고 있다는 점이 확인되었기 때문이다. 이는 수입 비용 상승을 불가피하게 만들고, 기업들은 낮은 마진을 감수하거나 가격 인상을 단행해야 하며, 그 결과 매출뿐 아니라 소비자들의 소비 성향과 심리에도 직접적인 영향을 미치게 된다.

무엇보다 중요한 사실은 S&P 500과 특히 기술주들의 미래 이익 전망이 무역전쟁이 시작되기 전부터 이미 하향 조정되고 있었다는 점이다. 참고로 경기 침체기에는 일반적으로 기업 이익이 20% 이상 감소한다. 매우 온건한 시나리오, 즉 주당순이익(EPS) 성장률이 최근 5년 평균인 7.9%로 둔화되고, 선행 주가수익비율(P/E)이 최근 몇 년간 유지된 최대치인 22로 다시 상승한다고 가정해 보자. 그렇다고 하더라도 S&P 500의 상승 여력은 고작 6%에 불과하다. 현재 현금 수익률이 4%에 이르는 상황에서 이 정도 상승 여력은 매력적이지 않다.

이처럼 불확실성이 지배하는 전망 대신, 실제 수치에 기반한 후행 실적과 향후 관세 정책의 완화, 미중 무역 협상의 원만한 타결, 나아가 '마라라고' 회담에서 위안화 절상과 같은 극적인 합의가 이뤄진다면, 미국 증시는 물론 세계 증시가 21세기 최고치에 근접할 가능성도 남아 있다. 다만 그 가능성이 1%에도 미치지 못한다는 점이 가장 큰 문제다.

그나마 지난 15년간 실리콘밸리의 고성장 대기업들에 밀려 주목받지 못했던 저평가 가치주들이 2025년 들어 강세를 보이기 시작한 점은 긍정적으로 받아들여진다. 대개 가치주는 기대감이

자료 16. 미국 S&P 500 추세선으로 본 주가의 흐름

단순한 '추세선 평가'에 따르면, 미국 주식도 고평가되어 있음
S&P 500 지수(단위: 로그스케일)

주: 데이터는 로그스케일로 표시됨
출처: 로버트실러(Robert Shiller)

가격에 반영되어 있지 않지만, 밸류에이션은 완충 작용을 해줄 수 있다. 인공지능(AI)에 대한 기대는 여전히 미국 투자 논리의 핵심이다.

[자료 16]에서 보듯, 후행 P/E 비율이 신뢰할 만한 지표라면 현재 밸류에이션은 닷컴 버블과 크게 다르지 않을 만큼 과열된 상태로 해석해야 한다. 월가의 짐 폴슨(Jim Paulsen)은 "기술주가 아닌 일반 S&P 500 주가지표에서 제2차 세계대전 이후 수익률은 로그선 형태로 일정하게 상승해왔으며, 현재의 상승 편차는 1999년 수준에는 못 미치지만, 1년 내 추세선으로 회귀한다면 약 15%의 하락을 의미한다"라고 진단한다. 전문가들의 다수 역시 가까운 시점에서 미국 증시의 조정을 예상하고 있다. 요컨대 오늘날 불확실성이 가득한 투자 환경에서 특별히 큰 수익으로 이어질 만한 경로는 뚜렷하지 않다.

중국의 패권 도전은 아직 이르다[39]

중국은 경제력과 군사력에서 눈에 띄는 성과를 거두며 세계 패권에 도전하는 듯 보인다. 그러나 내부적으로 여러 약점들이 존재한다. 단기적으로는 미국 달러 패권을 흔들 수 있지만, 장기적인 대체 세력으로 자리 잡기에는 아직 역부족이다.

큰 힘에는 큰 책임이 따른다

미국이 세계 유일의 슈퍼파워로서의 수명을 다한 것일까? 많은 이들은 중국이 빠르게 성장하며 미국을 추월하거나 최소한 추격할 준비가 되어 있다고 본다.

실제로 중국 경제는 세계 최대 경제국이 될 잠재력을 지니고 있으며, 성장 속도가 다소 둔화되더라도 향후 몇 년 안에 미국 경제력을 넘어설 수 있을 것이다. 중국의 재정은 풍부하고, 베이징은 이 새로운 부를 활용해 동맹을 끌어들이고, 적을 억제하며, 군을 현대화하고, 주변 지역에서 주권을 적극적으로 주장하고 있다. 트럼프 대통령의 관세정책은 시진핑 주석의 대내외 신제국주의적 전략과 크게 다르지 않다.

핵심은 중국이 슈퍼파워가 될 수 있는지 여부가 아니라, 얼마나 빨리 될 수 있느냐에 있다. 그러나 이는 지나치게 낙관적이거나, 반대로 중국의 부상에 대한 두려움이 빚어낸 선입견일 수 있다. 오늘날 경제 성장은 과거처럼 군사력으로 직결되지 않기 때문에 신흥 강국의 부상이나 기존 강국의 몰락은 그 어느 때보다 실현되기 어렵다.

또한 미국과 글로벌 차원에서 대등한 강국이 될 잠재력을 가진 유일한 나라인 중국은 여전히 과학·교육 분야에서 미국을 따라잡기 위한 시간적 격차를 안고 있다. 더 큰 도전은 정치 체제의 안정성이다. 시장 자본주의와 공산당 일당 독재는 본질적으로 어울리지 않는 조합이다. 미국의 경제적 우위는 이미 정점을 지난 측면이 있지만, 군사적 우위는 여전히 건재하다. 무엇보다 자유주의 국제 질서의 핵심인 동맹 구조는 워싱턴이 스스로 포기하지 않는 한 쉽게 사라지지 않을 것이다. 따라서 국제정치에서 권력 전환을 기대하기보다는, 향후 수십 년간 미국이 유일한 슈퍼파워로 남을 가능성이 크다.

미국 중심의 세계는 주요 강대국 간의 전통적 위험인 전쟁을 피하는 데 기여할 수 있다. 동시에 미국은 테러리즘이나 기후변화 같은 초국가적 도전에 대응할 선택권을 가진다. 그러나 지도력의 부담은 재정 악화 속에서 점차 무거워질 것이며, 경쟁하는 우선순위 간 선택을 강요할 것이다.

"큰 힘에는 큰 책임이 따른다"는 말처럼, 미국이 성공적으로 그 역할을 수행하려면 과거 종종 부족했던 외교 정책의 성숙함을 보여야 한다. 패권은 단순히 물질적 부의 축적이나 국가 규모로만 결정되지 않는다. 그것은 많은 국가로부터의 신뢰, 문화적 성숙, 그리고 세련된 외교를 바탕으로 자연스럽게 이양되는 것이다.

💲 슈퍼파워 지위에 도달하기 위한 진입 장벽

중국과 미국 사이의 기술·경제 격차는, 만약 슈퍼파워 지위가 단지 지역적 힘의 행사 능력만으로 결정된다면 큰 문제가 되지 않을 것이다. 그러나 미국이 슈퍼파워인 이유는 전 세계적으로 활동할 수 있는 능력에 있고, 그 기준은 매우 높다. 정치학자 배리 포젠(Barry Posen)이 말한 '통합 지휘력'은 항공·우주·해상(개방된 바다)에 대한 통제와 함께 이를 관리할 수 있는 필수 인프라를 보유하는 것을 뜻한다.

이 능력을 구성하는 14개 시스템 범주(핵잠수함에서 위성, 수송기까지)를 살펴보면 미국이 다수 분야에서 압도적인 우위를 유지하고 있음이 드러난다. 이는 수십 년간의 과학·기술·산업 발전의 누적 결과다. 중국이 이들 분야 중 어느 하나라도 미국 수준에 근접하려면 아주 오랜 시간이 필요하다.

우선, 미국은 거대한 과학적·산업적 기반을 구축해왔다. 중국은 연구개발(R&D) 투자와 이공계 졸업자 수를 빠르게 늘리며 기술 역량을 강화하고 있지만, 모든 국가가 빠르게 따라잡을 수 있는 한계가 존재한다. 중국의 경우 효과적인 지적재산권 보호의 미비와 자본 배분의 비효율성 같은 장애물이 있다. 이러한 문제는 중앙집권적 정치체제 하에서 쉽게 해소되기 어렵다.

게다가 미국은 수십 년에 걸쳐 첨단 무기 시스템을 조달·개발해왔다. 무기체계는 시간이 지나며 점점 복잡해졌고, 개발 기간도 길어졌다. 1960년대 항공기는 약 5년 만에 개발되었으나, 1990년대에는 부품 수와 코드 라인 증가로 개발 기간이 10년으로 늘었다.

오늘날 최첨단 전투기 설계·제작에는 15~20년, 군사 위성은 그보다 더 긴 시간이 소요된다. 따라서 과학·산업 기반을 갖춘다 해도 실물 능력으로 전환되기까지 상당한 기간이 필요하다. 중국의 국방 기획자들도 이 점을 잘 인식하고 있다.

또한 '통합 지휘력'은 대형 방위 프로젝트를 감독·운영할 조직적 역량을 요구한다. 미국은 연구소·방산업체·관료조직 등에서 실천을 통한 전문성을 수십 년에 걸쳐 축적했다. 반면 중국은 아직 그 경험을 충분히 갖추지 못했다. 이런 조직적 학습은 개인의 능력으로 대체되기 어렵고, 단지 사이버 절도나 정보 유출로 대체할 수 있는 것이 아니다.

중국의 방위산업은 아직 초기 단계라는 평가가 많다. 탄도미사일 등 일부 분야를 제외하면 고성능 재래식 무기체계 설계·대량생산 능력은 제한적이다. 예를 들어 중국은 고성능 항공기 엔진을 대규모로 생산하지 못해 러시아 엔진에 의존하는 면이 있다. 수중전 분야에서도 장비와 경험 면에서 부족했고, 조용한 핵잠수함을 대량생산할 수준에 이르기까지 상당한 시간이 걸렸다. 일부 평가에 따르면 중국의 잠수함 설계 역량은 한국 등 일부 국가보다도 뒤처진다고 전해진다.

마지막으로, 첨단 무기를 실제로 운용하려면 특수한 인력·훈련·정보처리 인프라가 필요하다. 무기 자체의 복잡성뿐 아니라, 육·해·공·우주를 통합해 실시간으로 운용하는 능력이 있어야 한다. 항공모함 전투군을 작전 배치하는 일은 매우 복잡하며, 여러 함정과 항공기, 병력의 실시간 협력이 필요하다. 드론 운용처럼 단순해 보이는 체계도, 수집된 정보를 신속히 처리하고 행동에 옮길 조직적·기술적 역량이 있을 때 비로소 효과적이다.

따라서 '통합 지휘력'을 갖추는 데 필요한 인프라를 개발하고 그것을 운영 가능한 수준으로 만드는 데는 어떤 군대라도 오랜 시간이 걸린다. 또한 이 작업은 유연성과 권한 위임을 중요시하는데, 중앙집권적이고 계층적인 조직 구조를 가진 군대는 이에 적합하지 않을 수 있다. 중국의 군사 조직 특성은 이러한 측면에서 추가적인 제약으로 작용할 가능성이 크다.

💲 국가의 포괄적 부에서 미국이 중국을 압도

중국의 미래 강대국 부상과 관련한 예측에서는 경제 둔화, 심각한 환경오염, 만연한 부패, 취약한 금융시장, 미비한 사회안전망, 급격한 고령화, 불안정해진 중산층 등 시급한 국내 문제가 자주 언급된다. 그러나 이러한 문제들도 강대국으로 부상하는 데 발목을 잡지만, 세계 무대에서 중국의 가장 큰 약점은 미국과 비교했을 때 과학·기술 면에서 역량이 많이 뒤처진다는 것이다.

과거 떠오른 강국들은 타국을 앞서는 과학·기술을 바탕으로 새로운 표준과 문명을 창출했을 때 지속력을 가졌다. 따라서 중국은 선도국과의 기술 격차를 훨씬 더 줄이는 것을 넘어, 중국만의 글로벌 표준을 규정할 수 있는 '핵심 일반목적기술(GPT)'을 확보해야 한다. 힘으로 얻은 패권은 힘으로 빠르게 무너질 수 있다. 그러나 문화·제도·기술로 구축한 영향력은 수명과 번영의 기간이 길다.

중국은 매일 고급 기술제품을 대량 수출하지만, 글로벌 분업 체계에서 그 의미가 과장될 수 있다. 전체 수출의 상당 부분이 부품을 수입해 조립·재수출하는 '가공무역'이고, 주도권도 해외 다국적 기업에 있는 경우가 많다. 물론 2000년대 이후 중국 토종 기술기업의 성장으로 전기차·스마트폰 등 중고가 기술재 수출 비중이 확대되고 있으나, 범용 핵심기술의 원천성과 표준화 주도력에서는 아직 제한이 있다.

기술 역량을 더 정확히 반영하는 지표를 보면 현 위치가 선명해진다. 세계은행(World Bank) 지식재산권 사용료(royalty & license fees) 통계 기준, 미국은 지급과 수취 모두에서 세계 최상위이고 순수취국이다. 2022~2023년 추정치 기준으로 미국의 수취액은 약 1,250억 달러 이상, 지급액은 약 500억 달러로 추산된다. 중국은 수취액이 약 80~100억 달러, 지급액이 약 400억 달러 수준으로 순지급국이다. 즉 미국은 고부가 기술·소프트웨어·브랜드 자산의 '원천지' 역할을 하며, 중국은 여전히 해외 IP 의존도가 높다는 구조가 드러난다.

이 격차의 요지는 간단하다. 수취 측면에서 미국은 중국보다 약 1,100억 달러 더 많이 받아들이고, 지급 측면에서 중국은 미국보다 다소 적게 지불한다. 결과적으로 미국은 'IP 순수취국', 중국은 'IP 순지급국'이라는 지위가 공고하다. 이는 미국이 여전히 고부가가치 기술과 브랜드의 공급자임을, 중국은 기술 내재화의 폭이 제한됨을 시사한다.

자료 17. 미중 간 '삼극특허 격차' 요약

구분	미국	중국	격차
연간 삼극특허 수	약 1만 건	약 1,000~1,500건	약 8~10배
산업 중심	첨단 기술, 바이오, 항공, 반도체	전자, 통신, 기계 중심	기술 질에서 격차

출처: OECD

기술격차를 보여주는 또 다른 지표는 '삼극(미·EU·일) 특허(트라이애딕 특허 패밀리)'다. OECD·WIPO 자료에 따르면 미국은 IT·바이오·항공우주·AI 등 고부가 산업에서 매년 1만 건 이상을 꾸준히 제출하며 세계 1~2위를 유지한다. 반면 중국은 총특허 출원 수에서는 세계 1위임에도, 삼극 특허에서는 상대적으로 빈약하다. 즉 '양(量)'은 앞서나 '질(質)과 글로벌 권리화 범위'에서는 아직 격차가 존재한다([자료 17] 참조).

이처럼 양적 특허에서 중국은 세계 1위를 차지하지만, 질적 특허(삼극(미·EU·일) 특허)에서는 미국이 압도적 우위를 차지한다. 이는 중국 기업들의 기술력이 빠르게 성장하고 있으나, 글로벌 표준과 시장을 겨냥한 고가치 권리화에서 미국과의 격차가 여전히 크다는 뜻이다. 동맹망의 규모와 신뢰도, 경제·군사 지표 전반에서도 미국과의 격차는 여전히 크다. 또한 노벨상·피인용 등 질적 학술 지표를 보더라도 미국의 우위가 뚜렷하다. 아래는 주요 지표를 중심으로 미국과 중국 간 격차를 정리한 내용이다.

자료 18. 미 중간 노벨 물리, 화학, 생리학 및 경제학 상 수상자 비교

부문	미국 수상자 수 (1901~2023 기준)	중국 본토 수상자 수	격차 요약
물리학	약 100명 이상	2명	약 50배 이상
화학	약 70명 이상	1명(2023 윤기정 박사, 美 귀화자)	미국이 압도
생리학/의학	약 100명 이상	0명(본토 국적 기준)	사실상 전무
경제학	약 60명 이상	0명	미국 독점적 지위

출처: www.nobelprize.org, Nobel Prize Facts - Statista, Our World in Data 등

자료 19. 학술 논문 발표 수 vs. 인용 수 격차(2023년 기준)[40]

항목	미국	중국	차이 요약
논문 발표 수	약 60만~70만 건/년	약 80만~90만 건/년	중국이 수량에서 앞섬
논문 인용 수	약 9백만 회 이상/년	약 5백만 회 이하/년	미국이 약 2배 많음
고피인용 논문 비율 (Top 1%)	약 40% 이상	약 15~20%	미국이 2배 이상

출처: Nature Index, Elsevier, Clarivate (Web of Science), OECD, NSF(National Science Foundation) 등

자료 20. 분야별 논문 영향력(Top-cited 논문)

분야	미국 점유율 (Top 1% 논문)	중국 점유율	격차
의학/생명과학	45% 이상	5~8%	미국이 5~9배
물리학	30~35%	20~25%	격차 감소중
컴퓨터 과학	35%	30% 이상	근접해짐
AI(특화)	25~30%	30~35%	중국이 역전한 분야

출처: Nature Index, Elsevier, Clarivate (Web of Science), OECD, NSF(National Science Foundation) 등

중국 경제는 미국 경제와 매우 다르기 때문에 권력 전환을 가늠하는 지표로서 단순 GDP는 양국의 실제 격차를 과소평가한다. 한 가지 예로, 환경 훼손으로 인한 정화·의료 지출은 GDP에 플러스 요인으로 잡히지만, 시간이 지나면 수명 단축과 비용 증가로 경제 역량을 약화시킨다.

또 다른 문제는 GDP가 원래 20세기 중반의 제조 경제를 측정하기 위해 설계되었기 때문에 지식 기반의 글로벌화된 생산을

가진 국가일수록 그 경제 규모를 과소평가한다는 점이다. 유엔(UN)이 2012년 제시한 '포괄적 부(Inclusive Wealth)' 지표는 GDP가 중국의 상대적 힘을 과대평가할 수 있음을 보여준다. 이 지표는 인간의 삶의 질, 지속가능성, 환경, 형평성 등 전통적 지표가 포착하지 못하는 요소를 통합적으로 반영한다.

'포괄적 부'는 생산(제조)·인적·자연 자본을 합산해 국가의 '지속가능한 부'를 측정한다. 유엔 보고서에 따르면, 이는 국가의 자산을 '① 제조된 자본(도로·건물·기계/장비) ② 인적 자본(기술·교육·건강) ③ 자연 자본(지하자원·생태계·대기)'을 기준으로 산정한다.

2022년 기준으로 미국과 중국을 비교하면, 미국은 세 자본을 합친 포괄적 부의 절대 규모가 세계 최대이며 완만한 증가세를 유지한다. 중국 역시 빠른 성장으로 2위권에 근접했고 1992~2019년 사이 큰 폭으로 증가했다. 다만 보고서는 절대액 자체보다 구성별 기여도와 성장률을 중시하며, 종합하면 미국의 포괄적 부는 약 144조 달러, 중국은 약 32조 달러로 미국이 4.5배 수준으로 크다고 본다.

그러나 경제 규모와 무관하게 미국은 자원을 군사력으로 전환하는 능력에서 앞선다. 과거에는 떠오르는 국가들이 선도국과 유사한 기술력을 확보하면 경제 성장과 함께 군사적 도전을 시도할 수 있었다.

오늘날 중국은 핵심 원천기술에서 격차가 남아 경제가 성장하더라도 군사적으로 단기간에 추격하기 어렵고, 전 지구적 전략

동등자보다는 역내 핵심 플레이어에 머물 가능성이 크다. 9·11 테러(2001), 서브프라임 금융위기(2008), 코로나19 팬데믹(2020~) 등을 거치며 미국은 글로벌 표준·규칙 설정(rule-setting) 권위를 유지해왔다. 트럼프 대통령의 관세 중심 무역정책이 과연 이번에는 다를 수 있을까?

미국에게 던져진 숙제

1991년 구 소련의 몰락 이후, 미국은 다른 국가들에 비해 극적인 군사적 우위를 가지고 있지만, 군사적 우위의 지속과 경제적 패권의 약화가 미국의 절제(자제) 능력을 시험할 것이다. 그 시험은 네 가지 주요 방식으로 나타날 수 있다.

첫째, 동맹을 압박해 단기적 이익을 챙기려는 유혹이다. 미국의 동맹국들은 여러 면에서 워싱턴에 의존하고 있으며, 그 대가를 과도하게 요구하려는 충동은 늘 존재한다. 도널드 트럼프 대통령이 외국, 특히 중요한 동맹국들과의 거래에서 미국이 항상 실패했다고 주장하며 "속고 있다"고 말해온 맥락을 떠올리면 이해하기 쉽다. 그러나 현대 국제 질서의 핵심 규범은, 구성국들이 상대적 군사우위를 추구하는 대신 제도적 네트워크와 공동 규범을 따르기로 할 때, 미국이 그 지위를 동맹을 착취하는 데 남용하지 않는다는 신뢰다. 워싱턴이 이득을 얻기 위해 힘을 전혀 사용하지 않을 수는 없지만, 존 F. 케네디, 로널드 레이건, 조지 W. 부시, 버락 오바마 등 많은 대통령들이 다양한 순간에 자제를 보였다. 반대로 미국이 과도한 이익 추구로 권력을 남용하면 리더십과 질서의 정당성이 훼손된다.

둘째, 중국 같은 국가가 경제적 영향력을 확대할 때 미국은 과잉 반응할 유혹을 받을 것이다. 과거 떠오른 강대국(독일·일본·소련)은 대체로 경제보다 군사력이 앞섰다. 반면 중국은 상대적으로 오랜 기간 군사력보다 경제력이 더 클 것이다. 이는 국제질서에는 비교적 안정적 파급을 줄 수 있지만, 중국이 경제적 방식의 도전을 시도한다는 뜻이며, 신중한 관리가 필요하다.

이러한 시도 대부분은 질서를 근본적으로 위협하지는 않지만 베이징의 위신을 높일 수 있다. 대만 문제에 대한 베이징의 인식과 선택은 향후 미·중 경쟁의 성격은 물론 21세기 국제질서의 변화에도 큰 영향을 미칠 것이다.

워싱턴은 베이징을 제도권에 포섭하기 위한 비용을 일부 감수하는 것이, 보다 근본적 도전을 자극하는 제로섬 대치보다 낫다는 점을 인식해야 한다. 2013년 아시아인프라투자은행(AIIB) 논란이 좋은 예다. 중국은 AIIB를 통해 위상을 높이고 아시아 인프라에 투자하려 했다. 대출 기준이 완벽하진 않더라도 지역에 큰 해를 끼치거나 글로벌 구조를 무너뜨릴 위험은 낮았다. 그럼에도 미국은 동맹의 가입을 막으려는 공공외교 캠페인을 벌였고, 동맹들은 미국 반대에도 가입했다. 결과적으로 불필요한 제로섬 대치와 외교적 패배를 자초했다.

셋째, 미국은 핵심 이익이 직접 관련되지 않은 사안에 개입하려는 유혹을 항상 겪는다. 냉전기 미국의 베트남, 소련의 아프가니스탄이 그 예다. 오늘 미국에는 동등한 경쟁자가 부재하지만, 이 유혹은 여전하다. 오바마는 "바보 같은 짓 하지 마라(Don't do stupid stuff)"를 전략 격언으로 내세워 신중을 택했다는 비판을 받았지만, 무모한 개입이 대전략 수행 능력을 해친다면 올바른 지적이었다. 다만 "공을 놓치지 마라(Keep your eye on the ball)", 즉 핵심 목표—주요 지역의 안정과 글로벌 경제·질서 유지—에 대한 집착이 병행되어야 한다.

마지막으로, 미국은 핵심 이익이 걸린 상황에서도 지나치게 공격적인 군사 태도를 피해야 한다. 예컨대 베이징의 A2/AD(접근거부/지역거부) 역량 강화로 중국 인근에서의 미 군사작전 비용·위험이 커졌다. 워싱턴의 대응은 전략목표의 재정의에 달려 있다. 1990년대와 같은 완전한 군사적 자유를 되찾으려 들면 충돌 위험이 커진다.

반면 목표를 '동맹 방위와 유리한 제도·경제 질서 유지'로 한정한다면 관리 가능한 도전이다. '자체 A2/AD 전략'을 명확히 채택하면, 중국의 군사력 상승 속에서도 억제와 동맹 방어가 가능하다. 태평양 '공중-해양 전투(Air-Sea Battle)' 개념과 달리, 이 접근은 전투가 신속히 본토 타격으로 격화된다는 가정에 의존하지 않는다. 대신 '제1열도선'(일본·필리핀·대만 일부) 내에서 중국의 활동 능력을 제한하는 데 목표를 둔다. 이 전략 아래 미국과 동맹은 중국이 미 해·공군을 해안에서 밀어내려 썼던 수단을 역이용한다. 그런 점에서 인도-태평양 전략을 위해 쿼드(Quad)와 '한미일 안보협력'의 공고화는 핵심이다. 관세전쟁으로 이런 유용한 수단을 스스로 약화시키는 것은, 중국의 '제1열도선' 전략에 일방적 양보를 하는 자충수에 가깝다.

제2차 세계대전 이후 글로벌 경제·안보 질서를 형성해온 선두주자로서 미국은 다양한 전략 레버를 보유한다. 격차 확대의 부담을 동맹과 분담하려면, 미국 ― 혹은 더 바람직하게는 동맹들 ― 이 중국의 전략을 정확히 파악하고 그 지역에서 NATO·EU에 준하는 경제·안보 협력체계 구축을 지원해야 한다.

미국이 가진 또 다른 자산은 국제법이다. 영토 분쟁보다 경제 경쟁의 장에서 이러한 이점을 활용하는 방안으로 관세 부과를 택했다면, 그것은 여러 대안 중 최악의 수에 가깝다. 더구나 이해충돌 소지가 큰 가족 기업을 동원하는 방식은 미국의 자화상을 사익 추구의 권위주의 국가처럼 보이게 만든다.

어떤 접근이든, 미국의 글로벌 이익에서 중요한 것은 지정학적 영토 그 자체가 아니라, 전략·전술이 더 넓은 질서에 미치는 파급이다. 중국의 전략은 분명하다. "뒤처지지 않으면서 지속적으로 문제를 제기한다(pose problems without catching up)." 그렇게 미국의 실수를 유발해, 궁극적으로 미국의 경제(미 달러 패권)와 안보에서의 지위를 약화시키려는 것이다.

군이 무력을 동원해 미국을 쓰러뜨릴 필요는 없다. 스포츠에서도 '상대 실수 유도'가 가장 효율적 전략일 수 있다. 중국은 현 상태를 정면 도전하는 일이 얼마나 어려운지 잘 안다. 미국도 중국도 자기 자신을 알아야 할 때다.

금값의 상승,
달러의 불안을 비추다[41]

금융시장이 흔들릴 때마다 금은 늘 안전자산으로 주목받아 왔다. 최근 금값의 변동은 단순한 상승세가 아니라, 달러 체제의 불안과 지정학적 위기의 반영이다. 불확실성의 시대, 금은 국가가 의지할 마지막 보루로 자리매김하고 있다.

🪙 미국 달러화가 가진 권력에 대한 경고음

미국 달러는 제2차 세계대전 이후 세계 기축통화로서 세계 무역의 중심 역할을 해왔다. 언젠가는 무역 결제용 대체 통화를 준비하자는 논의가 커질 수 있다. 그 이면에는 러시아의 우크라이나 침공에 대한 제재로 인해 일부 주요 지도자와 글로벌 기업인들이 달러 권력의 과도함에 경고음을 내고 있기 때문이다.

러시아 같은 제재 국가들과 아르헨티나 등 일부 신흥국은 최근, 특히 대중(對中) 무역에서 '위안화' 사용을 확대하기 시작했다. 그럼에도 달러의 지배력이 가까운 시일 내 사라질 조짐은 없다. 세계 금융·무역 시스템에 깊이 뿌리내렸기 때문이다. 미 달러는 단연 세계에서 가장 지배적인 기축통화다. 세계 각국 중앙은행과 주요 금융기관이 투자·결제를 위해 보유하는 '준비자산'에서 가장 큰 비중을 차지한다.

1999년에는 세계 외환보유고의 70% 이상이 달러로 보유되고 있었다. 하지만 이 비율은 점진적으로 하락 추세다. IMF는 2022년 6월 블로그 게시물에서 2021년 4분기 기준 달러 비중이 60% 밑으로 내려왔다고 밝혔다. 2024년에도 달러가 여전히 세계 외환보유고의 약 57.39%로 최상위 비중을 차지하지만, 점유율은 완만히 하락하는 흐름이다.

다만, 달러 비중 하락이 미국의 전략적 경쟁자들이 패권 도전을 접었다는 뜻은 아니다. 스웨덴 크로나, 한국 원화, 호주·캐나다 달러 같은 비(非)주요 준비통화의 비중도 소폭 확대되며 달러 점유율을 조금씩 잠식하고 있다. 달러를 '완전 대체'할 통화는 없지만, 지배력을 '부분 대체·보완'할 수 있는 대체 자산 논의는 커지고 있다. 이 흐름은 금 수요와 가격에 직접적인 함의를 갖는다. 달러에 대한 신뢰가 흔들릴수록 금에 대한 헤지 수요가 구조적으로 증가하기 때문이다.

💲 미 달러화를 대체할 수 있는 다섯 가지 자산

미 달러화를 대체할 수 있는 자산은 크게 다섯 가지로 정리할 수 있다.

첫째, 중국 위안화다. 미국 달러의 가장 주목받는 대체 통화는 중국 위안화(RMB)다. 중국은 오랫동안 위안화 국제화를 추진해 왔고, 우크라이나 전쟁 이후 러시아 제재에 대응해 러시아산 석유 수입 대금의 상당 부분을 위안화로 결제하고 있다. 브라질 등과의 위안화 결제 확대 역시 중국이 자국 통화를 국내용에 그치지 않게 하려는 의도를 보여준다. 패권국들은 자국 통화가 결제 표준이 될 때 권력이 증폭된다는 것을 잘 안다.

다만, '위안화 사용 확대'와 '탈달러화'는 구분해야 한다. 위안화는 자본 통제, 제한적 환전성, 시장·제도 신뢰의 제약 등으로 글로벌 기축통화에 이르기엔 여전히 한계가 크다. 2023년 3월 기준 SWIFT 글로벌 결제에서 위안화 비중은 약 2.3%에 그친 반면, 달러는 약 42%를 차지했다. 즉 위안화는 '보완 통화'로의 존재감은 커지지만, 중·단기간에 달러를 대체하긴 어렵다.

둘째, 금이다. 가치 저장 수단으로서 금이 다시 주목받고 있다. 지정학적 불확실성과 달러 의존 리스크를 의식한 중앙은행들이 금 매입을 늘리며 구조적 수요를 형성중이다. 일부 신흥국 통화 가치 급락(예: 아르헨티나)은 외환보유 자산의 다변화를 재촉했고, 짐바브웨 중앙은행은 '디지털 짐바브웨 달러'를 금으로 뒷받침하는 실험도 했다. 가장 오래된 안전자산인 금은 달러의 '완전 대체'는 아니지만, 신뢰 흔들림 국면에서 '부분 대체·헤지' 역할을 강화하고 있다.

자료 21. 국가별 중앙은행의 금 보유량 (단위: 톤)

순위	국가/조직	보유량(톤)	외환보유액 대비 비중
1	미국	8,133.5	약 74.9 %
2	독일	3,351.2	약 77.1%
3	IMF	2,814.0	—
4	이탈리아	2,451.8	약 74.1%
5	프랑스	2,437.0	약 74.7%
6	러시아	2,332.7	29.5%
7	중국	2,292.3	6.5%

자료 22. 국가별 민간 부문의 금 보유량 (단위: 톤)

순위	국가/부문	민간 보유량(톤)	비고
1	중국	약 31,000톤	순수 민간 보유 추정 최상위
2	인도	약 24,000~30,000톤	문화적 전통으로 대량 보유
3	독일 가정+ETF 등	약 9,000톤	보존적 투자 풍조 반영
4	글로벌 ETF 등 투자상품	총 1,550톤 이상	SPDR, iShares 등 포함
—	개인 및 기타 (세계 추정)	총 95,000톤 (전 세계 보유의 약 50%)	주얼리, 금괴, 개인 투자 등

출처: IMF / World Gold Council 2025년 5월, thegoldobserve.com, businesstoday.in

셋째, 디지털화폐와 암호화폐도 달러의 점유율을 노리고 있다. 비트코인 같은 암호화폐를 포함한 디지털화폐는 달러의 지위를 겨냥하는 또 하나의 자산군이다. 중국의 디지털 위안화(e-CNY)는 2021년 공개 시범 이후 탈달러화 논쟁을 촉발했다. 인민은행이 실험적으로 발행·확대중인 e-CNY는 베이징이 구상하는 '달러 중심 질서의 대안'의 핵심 축이다. 하지만 벌써 e-CNY의 약세가 드러난 상황이다. 상해와 홍콩도 스테이블코인의 유용성에 점차 관심을 보이기 시작했다.

지정학적 경쟁 외에도, e-CNY 기반 국경 간 결제가 달러 기반 네트워크보다 비용·절차 면에서 효율적이라면 위안화의 국제 사용이 확대될 수 있다. 중국 전역에서 단계적 도입이 진행중이며, 장쑤성 창수(常熟)에서는 공공부문 급여를 e-CNY로 지급하기 시작했다. 한편 엘살바도르와 중앙아프리카공화국은 비트코인을 법정통화로 채택했고, 엘살바도르는 비트코인을 외환보유고 성격으로 일부 보유하고 있다. 이 흐름이 주요국으로 확산되면, '통화 발행·제재'라는 권력 지렛대의 일부가 재배분될 가능성이 있다.

최근 이더리움의 가치가 연초 대비 25~27% 상승한 배경에는, 스테이블코인 발행 기법이 이더리움의 '스마트 컨트랙트(스마트 계약)'와 밀접하게 연결되어 있다는 사실을 들 수 있다. 비트코인 역시 스마트 컨트랙트 방식을 도입하는 과정에서 스테이블코인 발행에 관심을 보이기 시작했다는 점을 주목할 필요가 있다.

넷째, 유로화는 이미 세계에서 두 번째로 많이 보유된 지역 기축통화다. EU와 미국은 동맹이지만, EU 집행위는 유로화의 국제 결제 사용 확대를 통해 달러 의존도 축소를 모색해왔다. 트럼프 전 대통령의 이란 핵합의 탈퇴(2018) 이후 EU가 유로화의 역할 강화를 공개 제안한 바가 이를 방증한다. 이후 톤은 다소 완화되었지만, 트럼프 2기 관세정책을 둘러싼 유럽의 강경 발언은 달러–유로 간 긴장과 경쟁 구도를 재확인시켰다. 프랑스 마크롱 대통령은 달러의 '초국경적 지배력(extraterritoriality)'에 우려를 표하며 유럽의 달러 의존 축소를 주장했다. 다만 유럽중앙은행(ECB)에 따르면 2024년 4분기 기준 유로화는 전 세계 외환보유고와 국제 부채의 약 19.8%를 차지, 여전히 달러에 크게 뒤처진 2위다. 그럼에도 달러를 대체할 '규모·신뢰·제도'를 갖춘 유일한 후보가 유로라는 점엔 이견이 적다.

다섯째, 신흥국 모임 BRICS는 공동 통화를 추진중이다. 브라질·러시아·인도·중국·남아공으로 구성된 BRICS가 공동 통화 도입을 검토하고 있으며, 블라디미르 푸틴이 2022년 처음 제안한 뒤 탈달러화 논쟁과 함께 재부상했다. 구체 설계는 불명확하지만, IMF와 세계은행 분석 기준 전 세계 GDP의 약 35~40% 차지하는 블록인 만큼 잠재력과 동기는 존재한다. 이는 IMF의 특별인출권(SDR: 달러·유로·위안·엔·파운드로 구성된 국제 준비자산)에 대응하는 대안적 준비통화 체계로 거론된다. 한편, 공동 BRICS 통화는 해당 신흥국들의 지정학적 영향력 제고에 기여할 수 있지만, 통화정책 조율·거버넌스·신뢰 축적이라는 높은 허들을 넘어야 한다.

💲 금의 가치를 재발견하다

역사 내내 문명들은 금을 권력과 부의 상징으로 여겨왔다. 오늘날에도 금은 여전히 최고의 상징이다. 금은 단순한 부의 상징을 넘어 명예·사랑 등 다양한 상징성을 지니며, 인간 업적의 절정을 나타내는 보편적 아이콘으로 기능한다. 아울러 금은 시장 심리의 지표로도 활용된다.

무엇보다 금은 희귀한 금속으로, 세계 역사상 채굴된 총량은 약 18만 7천 톤에 불과하다. 전 세계 정부들이 금을 외환보유고로 보유한다는 사실은 금의 중요성을 방증한다. 역사적으로 많은 정부가 금을 자국 화폐의 가치를 담보하는 기반으로 삼아 금본위제를 유지하기도 했다.

금 가격은 보통 미 달러로 표시되기 때문에 달러 가치 변동이 금 가격에 영향을 미칠 수 있다. 금과 달러는 투자자 심리와 거시 변수 탓에 대체로 역행하는 경향이 있지만, 고정된 상관식은 없다. 금·달러의 동학에는 금리, 인플레이션, 통화정책, 수급 같은 요인이 함께 작용한다.

금은 자산의 한 종류이기도 하다. 변동성은 있지만 '장기적 가치 저장 수단'으로 분류되며, 달러 가치가 다른 통화 대비 상승하면 달러 기준 금 가격은 하락하는 경향이 있다. 희소 자원인 탓에 한 번 상승 추세가 형성되면 공급 조절이 더디게 반응해 상승이 지속되기도 한다.

반대로 미 달러 가치가 하락하면 금은 다른 통화 기준으로 상대적으로 저렴해 보여 수요가 늘고, 달러 기준 금 가격은 상승하는 경향이 있다. 달러 표시 금 가격이 글로벌 벤치마크이지만, 세계 인구의 다수는 자국 통화 환율로 환산해 체감한다. 또한 금 가격에는 '법정화폐에 대한 신뢰'라는 심리 요인이 크게 작용하며, 불확실성·지정학적 혼란기에 '안전자산' 역할을 수행한다. 역사적으로 금은 곧 돈이었다. 아리스토텔레스가 정의한 내구성·분할성·동질성·편의성·내재가치를 금은 모두 충족했다.

그렇다면 금이 미 달러를 대체할 수 있을까? 전 세계 중앙은행들은 최근 금 보유를 유례없이 빠른 속도로 확대하고 있다. 2022년 이후 추세가 가속되며 금의 비중이 일부 지역통화(예: 유로화)의 몫을 능가했다는 해석도 등장하고, 달러의 지배력은 점진적으로 약화되는 듯한 조짐을 보인다.

한편 2025년 6월 11일 기준, 1년 후인 2026년 6월 금 선물은 사상 최고치인 온스당 3,474.2달러를 돌파, 5년 후물은 4,156달러에 거래되고 있다. 왜 금값은 구조적으로 상승하는가? '본위제' 회귀의 전조인가? 금은 오랫동안 시장 변동성에 대한 헤지로 간주되어 왔다. 지정학적 긴장, 금융시장 변동성, 미·중 갈등 심화, 경기 둔화 우려가 복합 작용하면서 금 수요가 체계적으로 증가했고, '달러 신뢰'에 균열이 생길 때마다 금의 상대 매력은 강화된다.

또 다른 핵심은 통화정책의 방향 전환이다. 미 연준을 비롯한 주요국 중앙은행들이 완화 기조로 선회하거나 금리 인하 사이클에 진입하면서, 무이자 자산인 금의 기회비용이 낮아져 상대 매력이 커졌다. 결과적으로 금은 위험 방어용 '보호 자산'으로의 위상을 더욱 공고히 하고 있으며, 상승 추세의 지속 가능성도 높아졌다.

💲 금의 기축자산으로의 부활 가능성

미국 달러 가치가 만약 급락해 기축통화 지위가 실질적으로 약화된다면, 금은 국제 부채 결제의 보조 단위이자 가치 저장 수단으로 존재감을 더 키울 수 있다. 중앙은행들이 법정통화와의 직접 태환을 부활시키지는 않더라도, 외환보유고의 통화 구성을 다변화하면서 금 비중을 높이는 흐름은 패러다임 전환기에 대비한 방어적 선택으로 해석된다. 법정통화 기반 준비자산이 인플레이션으로 실질 가치가 줄어들 때, 금은 중앙은행 대차대조표의 완충재 역할을 할 수 있기 때문이다.

대표적으로 그리스는 약 112.5톤의 금을 보유하고, 이는 준비자산의 약 2/3에 해당한다. 현 체제에서는 이 구성이 비효율적으로 보일 수 있으나, 금 중심의 안전자산 선호가 심화되는 국면에서는 상대적 유리함이 될 수 있다는 주장도 가능하다. 다만 이는 구조적 전환이 실제로 진행될 것이라는 조건부 가정 아래에서만 의미가 있다.

최근 디지털 기술 확산은 법정통화 시스템의 신뢰 관리에 새로운 과제를 던졌다. 향후 10년 동안 금의 '재평가'가 진행될 것이라는 전망이 있으나, 이를 곧바로 금본위제 회귀로 단정하기는 어렵다. 역사적으로 화폐 신뢰가 흔들릴 때 소비와 교환이 앞당겨지며 물가 급등을 자극해 위기를 심화시키는 자기강화 메커니즘이 관찰되지만, 이것이 항상 하이퍼인플레이션으로 귀결되는 것은 아니다. 중앙은행들이 금 매입을 확대하고 보유 금을 역내 반입하는 사례는, 제재·지정학·제도 신뢰 리스크에 대한 포트폴리오 헤지로 보는 것이 타당하다.

그렇다면 개인도 현금을 버리고 금을 사야 할까? 2차 대전 이후 달러는 국제 거래의 핵심 매개이자, 미 국채와 함께 전 세계의 대표적 안전자산으로 기능해왔다. 미 금리 수준은 달러 수요를 좌우하는 핵심 변수이며, 향후 연준의 완화 전환은 달러에 단기 약세 요인이 될 수 있다. 또, 러시아-우크라이나 전쟁 이후 달러의 제재 수단화는 일부 국가의 준비자산 다변화를 자극했다. 중국·브라질·인도·말레이시아 등에서 양자 통화 결제를 확대하려는 시도도 이런 맥락이다. 그럼에도 불구하고 완전한 '탈달러'는 대체 결제 인프라·유동성·법제 등에서 높은 진입장벽을 마주한다.

요약하면, 달러의 구조적 위상 조정(diversification)은 금 수요를 지지할 수 있으나, 법정통화 중심의 결제 시스템 위에 금(및 일부 원자재·디지털 준비자산)이 보조 축으로 비중을 높이는 시나리오가 현실적이다. 개인 투자자는 모든 현금을 금으로 치환하기보다, 인플레이션·정책·지정학 리스크에 대한 분산 헤지의 하나로 금을 활용하는 접근이 합리적이다.

💲 금이 미 달러를 대체할 수 있는가?

전 세계적으로 금 보유고가 눈에 띄게 증가하고 있음에도 불구하고, 금이 달러를 완전히 대체할 수 있다고 보긴 어렵다. 최근 미 달러와 금값의 변화는 단순한 대체 효과라기보다는, 미국 재정적자 누적과 트럼프 행정부의 관세 정책으로 달러의 매력이 일시 약화된 결과로 보인다.

이 변화의 주요 촉매 중 하나는 연방준비제도(Fed)의 통화정책인데, 트럼프 대통령의 압력에 미 연준이 금리를 1%p 내릴 경우 달러 가치는 하락할 가능성이 크다. 일반적으로 높은 금리는 외국 자본을 끌어들이며 강달러를 지지하지만, 낮은 금리는 반대로 작용해 금 같은 실물·대체자산 선호를 높인다.

또한 세계 무역의 역학도 변하고 있다. 더 많은 국가가 중국 위안화나 인도 루피화 등 대체 통화로 거래를 확대하며 달러 의존도를 줄이고 있다. 세계금위원회(World Gold Council)에 따르면, 중국과 인도를 포함한 여러 국가가 달러 지배력에서 벗어나기 위해 적극적으로 금 보유량을 늘리고 있다.

현재 전 세계 중앙은행은 평균적으로 보유 외환의 약 17%를 금으로 보유하지만, 일부 전망은 향후 몇 년 내 이 비율이 30% 이상으로 상승할 수 있다고 본다. 서방 선진국(미국·유럽)들은 약 50~70% 이상 금으로 외환보유를 하고 있다. 이러한 변화는 금 가격에 지속적인 상승 압력을 가할 수 있다. 그러나 이는 달러 대비 다변화 신호이지, 금본위제로의 회귀를 의미하진 않는다. 미 달러는 여전히 세계 무역과 금융에서 지배적이다.

결론적으로, 금이 달러를 완전히 대체할 가능성은 가까운 미래엔 매우 낮다. 다만 재정적자 누적, 신용등급 강등, 경기 침체, 리더십 약화 등으로 미래 전망이 불확실할 경우, 달러 변동성 증가는 금값 상승으로 연결될 가능성이 높다.

달러가 기축통화인 한 미국의 경상·재정 적자가 곧바로 통화 급락으로 이어지진 않지만, 국채 공급 확대·정책 불확실성·준비자산 다변화가 그 완충력을 약화시키고 있다. 이 조합은 실질금리·기간 프리미엄 변동성을 키워 달러 수요의 탄력성을 낮추고 금 수요를 자극한다. 따라서 이후 논의는 무역수지의 세부 구조가 아니라 금의 수급과 정책 변수에 초점을 맞춘다.

$ 금 가격은 어디로 향하고 있는가?

현재 금 가격 상승은 단기 현상이 아니라 구조적 변화의 산물이다. 금 가격은 앞으로도 상승세를 이어가며 새로운 사상 최고치를 기록할 것으로 예상된다. 한때 심리적 저항선으로 여겨졌던 3천 달러는 이제 추가 상승을 위한 단단한 지지선이 되었고, 2025년 연말 3,100달러를 보던 일부 애널리스트들은 온스당 3,543.3달러로 목표가를 상향했다. 단기 변동성과 조정 가능성은 늘 존재하지만, 큰 흐름은 '지속적 강세의 새로운 국면' 진입을 시사한다. 이 추세는 향후 수년간 글로벌 자산배분의 기준점을 바꿀 수도 있다.

금이 안전자산으로 선택되는 이유는 분명하다. 트럼프 대통령의 관세 정책으로 무역 불확실성이 확대되고, 동맹 체계 균열 우려가 커지자, 안전자산 선호가 금으로 쏠리고 있다. 그 결과 금 가격 급등은 자연스러운 귀결이며, 반대로 미 국채와 달러에는 하방 압력이 가해진다. 재정적자 누적은 국채 발행 여력을 제약하고, 설사 발행이 늘어도 이자비용 상승을 감내해야 한다. 경기 부양을 위한 추가 발행이 이루어져도 가격은 하락(수익률 상승)하기 쉽다.

이 흐름은 정책 방향이 갈팡질팡할수록 더 두드러질 수 있다. 달러의 기축통화 위상이 약화될 경우, '금본위제도와 유사한 고정환율 체제'로의 회귀를 점치는 가정까지 등장한다. 세계금협회(WGC)가 지적하듯, 이것이 '달러의 종말' 시나리오를 뜻하는 것은 아니지만, '미국 리스크'에 대한 신뢰 저하는 분명하다. '무역 불확실성 심화 → 미 국채·달러 매도 → 금 매수'의 연쇄가 금값 급등을 자극하고 있다.

JP모건은 2025년 4분기 3,675달러, 2026년 2분기 4천 달러를 전망한 바 있다. 하지만 이미 금 가격은 트라이 온스당 3,800달러를 넘어설 태세고, 이미 2030년 12월 물은 2025년 9월 29일 기준 4,558달러 선이다. 달러 지수(DXY)는 2025년 9월 기준 약 9.55% 하락, 30년물 미 국채 수익률은 연초 대비 2bp 상승했지만 관세 발표 직후 일주일 새 30bp 이상 급등, 10년물도 30bp 상승했다. 현물 금 가격은 올해 들어 약 25% 상승했다. 미 달러 자산에 대한 신뢰는 약화되었고, 비록 '달러의 죽음'은 아니어도 달러·미 국채의 안전자산 프리미엄은 낮아진 모습이다.

시장은 무역전쟁을 정책적 실수로 보는 경향이 강하다. 이때 금의 통화·재정정책으로부터의 독립성이 부각된다. 금은 신용위험이 없고 특정 국가의 정책 경로에 종속되지 않으며, 달러 약세 국면에서는 달러 표시 상품의 상대가치 상승으로 비달러권 수요까지 자극한다.

신흥국 중앙은행은 과거 선진국 대비 금 비중이 낮았으나 다변화 수요가 본격화되는 중이다. 준비자산의 '탈달러화'(다변화) 흐름 속에서 구조적 수요가 공급을 앞지를 가능성이 크며, 금 가격의 추세적 상향 압력은 당분간 유지될 공산이 크다.

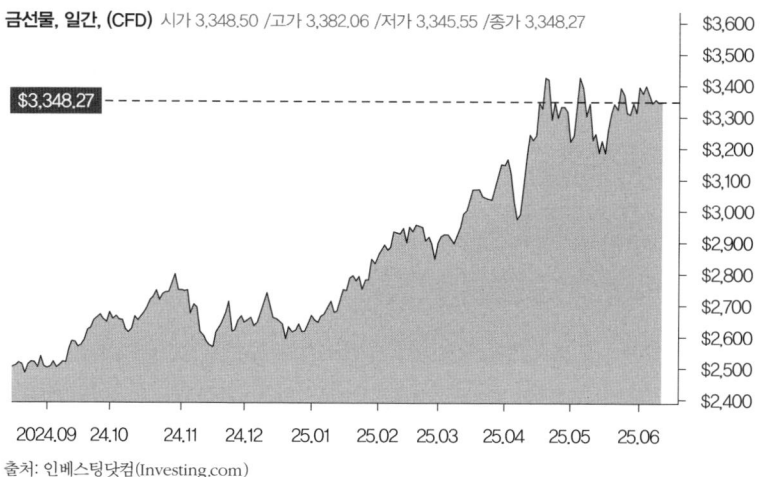

자료 23. 금 선물 가격의 변화 추이

출처: 인베스팅닷컴(Investing.com)

금 가격 상승요인들을 요약하면 다음과 같다. 첫째, 최근 달러 매도와 탈달러화(de-dollarization) 논의 확대로 달러의 기축통화 매력에 의문이 커졌다. 트럼프 행정부의 관세·보호무역 강화, 글로벌 성장 둔화 우려, 미·중 갈등 심화, 재정적자 누적으로 인한 국채 공급 확대와 이자비용 상승이 달러에 구조적 역풍으로 작용할 수 있기 때문이다. 둘째, 금은 준비자산의 '대체·보완재'로 재부상했다. 일부 국가는 달러 자산 동결 리스크에 대비해 금을 외환보유고의 헤지로 확대하고 있다. 셋째, 스테이블코인 등 디지털자산 확산으로 담보·준비자산 수요가 증가하며 금 수요를 자극하고 있다.

다만 미국 재무부 채권의 안전자산 지위는 일부 재평가되고 있으나, 유동성과 시장 깊이 측면에서 단기간에 대체되기는 여전히 어렵다. 요컨대 금값 상승은 단기 피난이 아니라 준비자산 다변화와 정책 불확실성이 맞물린 구조적 현상이다.

비트코인,
달러를 흔드는 혁명인가?

트럼프 행정부는 2025년 국가 차원에서 비트코인을 비축하겠다고 선언하며, 디지털 자산을 '가상 포트 녹스'로 격상시켰다. 비트코인은 달러 패권에 도전할 새로운 화폐인지, 아니면 투기적 거품에 불과한지 논쟁은 여전히 현재진행형이다.

$ 달러 '대체'가 아닌 '보완': 암호화폐의 자리

일반적으로 다양하고 수많은 경제지표 가운데 거시경제의 사실상 척추에 해당하는 것은 10년·30년 만기 미 재무부 국채금리와 연방준비제도(Fed)의 정책금리(연방기금금리)다. 재정정책에는 예산과 회계 원칙이 각각 존재한다. 간단히 경기 흐름을 보려면 연준의 기준금리 변화와 소비자물가, 노동시장(실업률·고용), 부동산 시장을 함께 살피면 된다. 이처럼 '화폐'와 그에 수반되는 정책수단은 겉과 속이 다른 별개 이슈가 아니라 하나의 체계로 보아야 한다.

앞서 우리는 달러가 기축통화 지위를 상실할 경우의 대체 후보로 금, 위안화, 유로화, BRICS 공동통화, 암호화폐를 검토했다. 그렇다면 암호화폐는 달러를 대체하는 기축통화로 기능할 수 있을까? 결론은 '아니다'. 다만 보조적 기능을 일부 수행할 여지는 있다.

예컨대 최근 논의되는 스테이블코인을 통해 민간 부문이 미국 국채를 대규모로 매입하고, 그 결과 달러의 위상을 간접적으로 지지할 수 있지 않느냐는 질문이 나온다. 그러나 스테이블코인 자체가 다시 현금·국채·금 등으로 담보되어야 한다는 점에서 '고양이가 제 꼬리를 무는' 구조적 한계가 있다.

또한 암호화폐가 달러를 대체할 수 있는지에 대한 평가는 전공과 관점에 따라 크게 갈린다. 전통 경제학자들은 암호화폐를 '자산'으로서의 가치는 일부 인정하더라도 법정통화로의 기능은 곤란하다고 본다. 물가 안정과 고용을 목표로 하는 통화정책의 전달경로를 설계하기 어렵고, 설령 설계한다 해도 그 과정에서 발생할 '국가와 국민을 대상으로 하는 대규모 실험'의 실패 비용이 천문학적일 수 있기 때문이다. 사회과학, 특히 경제학의 기본 원칙은 '국민을 대상으로 한 무모한 실험을 지양'한다는 점이다.

반면 암호화폐·디지털자산 전문가들은 초연결·초실시간의 디지털 경제에서 지폐·주화 중심 결제 인프라가 비효율적이라고 지적한다. 화폐의 형식을 디지털 신호·암호 프로토콜로 전환하는 문제 제기는 원칙적으로 타당하다. 따라서 여기에서는 '암호화폐가 달러를 대체할 수 있는가'라는 질문에 답하기 위해, 먼저 암호화폐 진영의 논리를 요약하고, 이어 전통 경제학의 반론을 정리한다.

💲 비트코인의 출범과 그 의미[42]

비트(Bit)는 Binary Digit, 즉 이진수의 한 자리를 뜻한다. 비트는 0과 1, 곧 꺼짐과 켜짐 두 값만 가질 수 있으며, 참과 거짓 두 상태만 표현할 수 있다. 정보의 최소 단위로서, 8개의 비트가 모이면 1바이트(Byte)가 되고 이는 컴퓨터가 의미 있는 정보를 처리하는 기본 단위가 된다. 8비트는 2의 8승, 즉 256가지 조합을 표현할 수 있다. 초기 문자 인코딩 체계인 ASCII는 1바이트를 기준으로 설계되어, 문자 하나(예: 'A' '8' '?')를 저장할 수 있었다.

비트코인은 이러한 '비트'에서 이름을 따와, 2008년 서브프라임 모기지 사태 직후 처음 등장했다. 희소성과 활용성에 기반해 가치가 상승했으며, 2025년 5월 한때 1비트코인 가격이 11만 달러를 돌파하기도 했다. 이후 비트코인을 본뜬 도지코인(Dogecoin) 같은 '밈코인(memecoin)'과 다른 암호화폐들은 훨씬 더 극단적인 가격 변동을 보였다.

최근 가격 하락에도 불구하고 암호화폐 전체 시장 가치는 3.4조~3.5조 달러를 웃돈다. 2025년 6월 기준으로 비트코인은 약 2.16조 달러, 이더리움은 약 0.33조 달러를 차지한다. 단순한 코드에 불과한 가상의 자산으로는 경이적인 수치다. 그렇다면 암호화폐가 미래 금융의 핵심이 될 수 있을까? 가격의 극심한 변동성이 금융 시스템 전체의 불안을 증폭시키지는 않을까? 여전히 풀리지 않은 의문이 남아 있다.

비트코인을 처음 고안한 사토시 나카모토(개인인지 집단인지 불명)는 중앙은행이나 금융기관 같은 제3자 개입 없이 거래가 가능하도록 하는 것을 목표로 삼았다. 정체는 밝혀지지 않았으나, 2008년 글로벌 금융위기로 은행과 정부에 대한 신뢰가 흔들리던 시기에 비트코인이 등장했다는 점은 의미심장하다.

비트코인은 디지털 신원만으로 거래를 허용함으로써 일정 수준의 익명성을 제공했다. 이로 인해 랜섬웨어(ransomware) 공격 등 불법 활동의 결제 수단으로 자리 잡았다.[43] 이는 마치 페이팔이 이베이 성장의 촉매였던 것처럼, 암시장 플랫폼 결제를 손쉽게 만든 셈이다.[44]

비트코인의 극단적인 가격 변동이 주목을 받지만, 더 중요한 것은 비트코인이 촉발한 금융 혁명이다. 이는 장기적으로 긍정적이든 부정적이든 우리 모두에게 큰 영향을 미칠 가능성이 크다.

시간이 지나면서 비트코인은 속도가 느려지고 비용이 높아졌다. 평균 거래 확인에는 약 10분이 걸리며, 2025년 6월 기준 중간 거래 수수료는 약 0.35달러(약 1.2 sat/vB)~0.53달러(약 1.7 sat/vB) 수준이다. 평균 수수료는 1.37~1.57달러로, 앞서 언급한 중간값보다 높다.

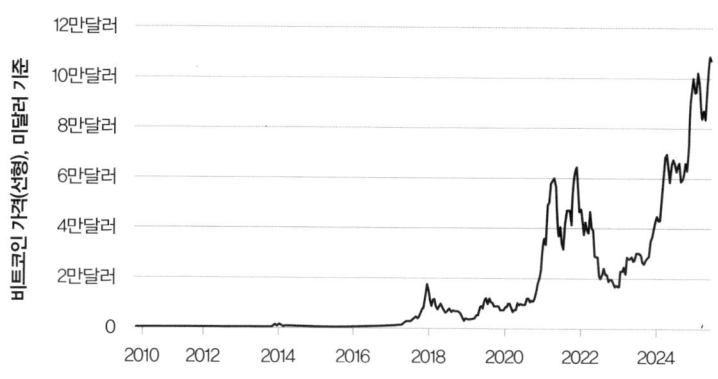

자료 24. 2009년 이후 비트코인 가격 변화 추이

출처: bitbo.io

　게다가 비트코인의 가격 불안정성은 일상적 화폐로서의 기능을 사실상 무력화한다. "오늘은 10달러로 맥주 한 잔을 사지만, 내일은 고급 와인 한 병을 살 수 있다"는 말처럼 극단적 변동성이 따른다. 또한 비트코인이 완전한 익명성을 제공하지 않는다는 사실도 점점 분명해지고 있다. 미국 정부가 콜로니얼 파이프라인 랜섬웨어 사건에서 해커 조직 다크사이드가 받은 비트코인의 일부를 추적·회수한 사례는, 비트코인 거래가 완전히 추적 불가능하지 않음을 보여준다.

　결국 비트코인은 본래의 목표에는 실패한 채 투기성 자산으로 변모했다. 그러나 이는 아이러니하다. 비트코인은 내재적 가치가 없고, 어떤 실물 자산에도 연동되어 있지 않기 때문이다. 다시 말해 지지자들끼리 한정판 굿즈를 사고파는 것과 크게 다르지 않다. 지지자들은 금처럼 희소성에 의미를 부여하며, 발행 한도가 2,100만 개라는 점을 강조할 뿐이다. 이는 명품의 '한정판(limited edition)'과 같은 성격이다.

2025년 6월 기준 거래중인 비트코인은 약 1,988만 개다. 블록은 평균 10분마다 생성되며, 매번 3.125 비트코인이 채굴된다. 하루 약 900개가 새로 공급되며, 앞으로 남은 물량은 120만~150만 개에 불과하다. 최종 채굴 시점은 2140년경으로 전망되지만, 희소성만으로는 가치를 설명할 수 없다.

에스와르 프라사드 교수 등은 투자자들이 결국 "더 큰 바보 이론(Greater Fool Theory)"에 의존한다고 본다. 즉 누군가 더 비싼 값에 사줄 사람이 있다는 믿음뿐이라는 것이다. 비트코인과 다른 암호화폐가 이론적으로 높은 평가를 받는다 해도, 금융 시스템 전체를 뒤흔들 가능성은 낮다. 주요 은행들이 신중한 태도를 유지해 왔기 때문이다.

다만 최근 트럼프 정부가 규제를 대거 철폐하고, 그 자신과 가족까지 암호화폐 사업에 뛰어들면서 위험성은 커지고 있다. 비트코인 거품은 다른 투기적 거품과 마찬가지로, 가장 큰 손실을 입는 쪽이 대개 늦게 뛰어든 개인 투자자들일 것이다.

비관론자들은 정부가 이들에게 경고해야 한다고 본다. 게임스톱 사태처럼, 리테일 투자자는 스스로 위험을 감수한다는 점을 분명히 해야 한다는 것이다. 이미 비트코인 가격 투기를 가능케 하는 금융상품은 규제를 받고 있으며, 추가 규제는 필요하지 않다는 의

견도 있다.

그러나 비트코인은 결코 무해하지 않다. 거래는 '채굴자(miners)'들이 대규모 컴퓨팅 자원을 동원해 처리하며, 그 대가로 보상을 받는 구조다. 이 과정에서 네트워크는 아르헨티나나 노르웨이에 맞먹는 전력을 소모하는 것으로 알려져 있다. 채굴 장비는 수명이 짧아 대규모 전자 폐기물을 발생시키기도 한다.

비트코인의 운명이 어떻게 되든, 기반 기술인 블록체인(blockchain)은 분명 혁신적이다. 블록체인은 금융기관 같은 중개인 없이도 국가 간 결제를 안전하게 처리할 수 있는 가능성을 보여준다.

예컨대 해외 이주노동자들이 본국 송금 시 기존 금융기관의 높은 수수료는 큰 부담이고, 비정상적 경로 이용은 위험이 따른다. 그러나 블록체인은 결제를 더 빠르고 저렴하며 투명하게 만들어, 소비자와 기업 모두에게 이익을 주고 국제 상거래를 촉진할 수 있다. 또한 비트코인 기술을 변형한 다양한 형태는 금융상품과 서비스를 저비용으로 대중에게 제공하며, 저축자와 대출자를 직접 연결하는 새로운 가능성을 연다.

이러한 발전은 각국 중앙은행이 CBDC(중앙은행 디지털화폐) 발행을 검토하도록 만들었다. 중국, 일본, 스웨덴 등은 이미 시범 운용중이다.

그러나 단점도 있다. 페이스북(현 메타)은 한때 자체 암호화폐 '디엠(Diem)'을 발행하려 했다. 이는 달러 등 주요 통화 준비금으로 뒷받침되어 안정성을 갖추도록 설계되었지만, 공익보다 사익을 우선시해온 전례 탓에 신뢰는 높지 않았다.

특히 다국적 기업들이 준비금 없이 암호화폐를 발행한다면, 미국 달러 같은 주요 통화에는 위협이 되지 않더라도, 규모가 작은 국가들의 통화 체계는 쉽게 붕괴될 수 있다. 나아가 이를 담보로 거래하는 금융기관·기업들도 차례로 '디폴트 위험(default risk)'에 노출될 수 있다.

또한 비트코인에 대한 맹목적 추종은 다음과 같은 네 가지 우려를 낳는다.

첫째, 전 세계 통화 주권의 불균형을 초래할 수 있다. 아이러니하게도 이는 금융 민주화가 아니라 불평등 심화로 이어질 수 있다. 둘째, 금융 지식과 디지털 접근성의 격차로, 정교한 투자자만 혜택을 누리고 취약 계층은 위험을 떠안을 수 있다. 셋째, 신용 평가와 금융 의사결정 알고리즘이 기존의 차별과 편견을 강화할 수 있다. 마지막으로, 디지털 결제가 확산되면 개인의 남아 있는 사생활마저 사라질 위험이 있다.

결국 비트코인의 급등락이 주목받지만, 더 중요한 것은 이 기술이 촉발한 금융 시스템의 근본적 변화다. 그 변화는 장기적으로 우리의 삶에 영향을 미칠 것이며, 긍정과 부정이 동시에 뒤따를 수 있다. 이에 대해서는 뒤에서 더 자세히 살펴보겠다.

💲 현대적 가치 저장 수단으로 평가되는 비트코인

세계 5대 암호화폐 거래소 중 하나인 코인베이스[45] CEO인 브라이언 암스트롱(Brian Armstrong)은 최근 미국 국가부채가 37조 달러 돌파를 앞두고 있다고 경고했다. 그는 부채가 이 수준을 넘어서면 장기적 재정 안정성에 대한 우려와 함께, 달러 신뢰성 자체가 흔들릴 수 있다고 지적했다.

암스트롱은 의회가 급증하는 부채 문제를 해결하지 못한다면, 비트코인이 결국 미국 달러(USD)를 세계 기축통화로 대체할 수 있다고 주장했다. 그는 또 "나는 비트코인을 사랑하지만, 강한 미국도 세계에 매우 중요하다"며 "우리는 재정을 통제해야 한다"는 글을 자신의 X 계정에 올렸다.

현재 하원에서 공화당은 트럼프 전 대통령이 지지하는 지출 법안을 통과시켰고, 법안은 상원에 계류중이다. 이 법안에는 세금 감면 연장, 국방 예산 증액, 메디케이드·식량지원·청정에너지 프로그램 대폭 삭감이 포함되어 있다. 비판론자들은 이 법안이 향후 10년간 1.5조~5조 달러의 재정적자를 유발해 국가 부채를 악화시킬 것이라고 주장한다.

반면 미 의회예산국(CBO)은 2025년 초 부과된 신규 관세가 10년간 약 2.8조 달러의 재정적자 감축 효과를 낼 것으로 추산했다. 이에 따라 재정 위기 시 소득세 인상보다는 관세율 인상이 정치적으로 선호되고, 트럼프 퇴임 이후에도 관세 정책이 유지될 수 있다는 전망도 나온다.

　2008년 금융위기 이후 비트코인은 고정된 공급량과 인플레이션 저항성을 지닌 자산으로 설계되었고, 기관투자자의 수요 증가에 힘입어 일부 분석가들로부터 신뢰할 만한 헷징 수단으로 평가받고 있다. 그렇다면 치솟는 부채에 대응하기 위해 비트코인 준비금 제도가 실제로 도입될 수 있을까?

　2024년에 신시아 루미스(Cynthia Lummis) 상원의원은 비트코인을 전략적 준비자산으로 삼는 법안을 발의했다. 이 법안은 비트코인을 인플레이션과 재정 불안정에 대한 헤지 수단으로 활용하기 위한 것이다. 트럼프의 대선 승리 이후 법안은 다시 주목받았으며, 미국 재무부가 전체 비트코인 공급량의 약 5%에 해당하는 100만 BTC를 점진적으로 매입하도록 지시하는 내용이 담겼다.

　이 준비금은 금 보유와 유사하게 분산 네트워크 보안 금고에 보관되며, 매입 자금은 기존 재무부 자산으로 충당된다. 루미스 의원은 "비트코인 준비금은 달러 가치 하락을 상쇄하고, 인플레이션의 장기적 영향으로부터 미국 가정을 보호할 수 있다"며 "우리는 경제적 미래를 확보하기 위해 과감한 조치를 취해야 한다"고 강조했다. 그녀는 비트코인을 "현대적 가치 저장 수단"이라고 평가했다.

　트럼프 대통령 역시 미국을 "지구상의 암호화폐 수도"로 만들겠다고 약속했으며, 실제로 대선 승리 직후 비트코인 가격은 40% 이상 급등해 2025년 5월 처음으로 11만 달러를 돌파했다.

전략적 비트코인 비축 아이디어는 주 차원에서도 확산되고 있다. 펜실베이니아에서는 공화당 하원의원 2명이 일반기금·비상기금·투자기금의 최대 10%를 비트코인에 투자할 수 있도록 허용하는 법안을 발의했다. 연방 차원에서도 루미스 의원은 계속해서 전략적 비트코인 비축 법안을 추진중이다. 지지자들은 이것이 인플레이션에 대한 헷징 수단이자 금융 혁신을 선도하는 계기가 될 것이라 주장한다. 반면 비판론자들은 비트코인의 변동성과 달러 기축통화 지위 약화 가능성을 들어 우려를 제기한다.

💲 전략적 비트코인 비축의 잠재적 장단점

전략적 비트코인 비축이란 미국이 대량의 비트코인을 매입해 보유하는 것이다. 국가 비축은 시장 변동성에 대한 완충 장치로 기능하며, 대표적인 예가 전략 비축유(Strategic Petroleum Reserve)다. 미국은 금과 응급 의료물자도 비축하고 있다. 루미스 의원의 법안이 통과되면 미국은 전체 비트코인 공급량의 약 5%를 장기적으로 매입하는 프로그램을 시작하게 된다.

이 경우 비트코인 가치는 새로운 정점을 찍을 수 있으며, 루미스 의원은 이 제안이 국가 부채 감축에도 기여할 수 있다고 주장한다. 비트코인 정책연구소(BPI)는 최근 보고서에서 전략적 비축의 필요성을 강조하며, 이를 통해 통화 가치 하락 우려를 완화하고 미국 금융 시스템의 신뢰성을 강화할 수 있다고 분석했다.

BPI는 미국이 비트코인을 채택하면 달러 패권을 약화시키려는 중국과 러시아보다 우위를 확보할 수 있다고 주장한다. 두 국가는 금에 집중하고 있지만, 미국은 디지털 금으로 대응할 수 있다는 것이다. 비트코인의 장점은 공급량이 한정되어 있어 인플레이션 압력에 쉽게 노출되지 않는다는 점이다. 총 발행량은 2,100만 개로 제한되어 있으며, 이미 약 1,990만 개가 채굴된 상태다. 이론상 수요가 유지된다면 장기적으로 가격 상승이 가능하다.

그러나 가격이 급등하면 인플레이션이나 독점적 가격 착취로 이어질 수 있으며, 무차별적인 시장 교란을 초래할 위험이 있다. 만약 미국이 이를 달러 대체 수단이나 최소한 달러 방어 수단으로 삼는다면, 가장 큰 위험은 변동성 그 자체다.

화폐의 변동성은 금리·환율로 어느 정도 조정이 가능하지만, 비트코인은 그렇지 않다. 실제로 2021년 11월 약 6만 9천 달러까지 올랐던 비트코인이 2022년 1월 약 3만 3천 달러로 급락하며 몇 달 만에 절반 이상을 잃었다. FTX 붕괴 직후인 2022년 말에는 1만 7천 달러 이하까지 떨어졌다.[46]

이처럼 극심한 변동성과 함께 투명한 재무제표와 신뢰성 확보가 이뤄지지 않는다면, 미국 정부는 막대한 손실을 입을 수 있다. 더구나 비트코인은 금과 달리 실물 자산이 아니라는 점이 우려를 키운다.

암호화폐는 기초적 펀더멘털이 부재한 채, 공급과 투자자 심리에 따라 가격이 움직인다. 이 경우 '큰손'의 조작이나 일부 세력

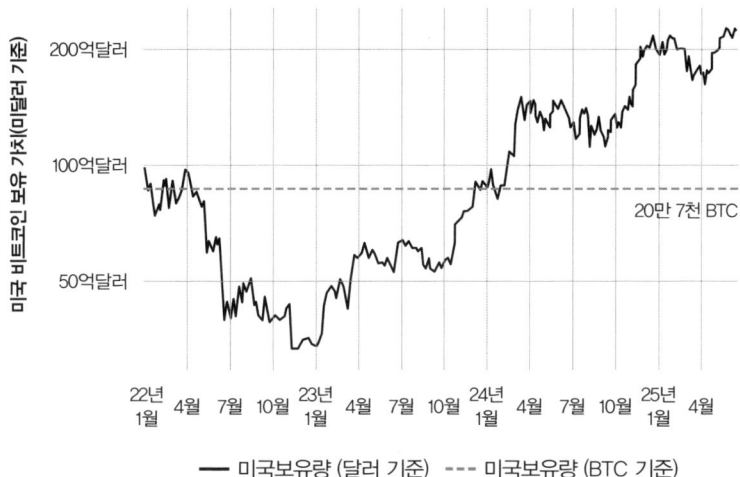

자료 25. 2022년 1월 이후 미국 비트코인 비축량 변화 추이

주: 2025년 6월 기준, Bitbo의 추정에 의한 미정부의 BTC비축량(진한 선)은 207,189개. 이들 총가치(연한 점선)는 221.8억 달러
출처: bitbo.io

의 담합·작전 개입 가능성도 배제할 수 없다. 즉 비트코인이 본래 목적보다 희소성만으로 가치를 지니는 투기성 자산으로 전락한다면, 소수가 다수나 국가를 상대로 재정적 폭력을 행사하는 사태도 일어날 수 있다.

결국 석유 비축과 비트코인 비축을 동일선상에서 보는 것은 근본적 오류다. 석유는 경제와 일상을 움직이는 핵심 자원이지만, 암호화폐는 그렇지 않다. 이는 마치 정부가 미래에 아이폰 가격을 낮추기 위해 아이폰을 대량 비축하는 것과 같다. 비트코인은 우리 경제의 필수 원자재가 아니라는 점을 분명히 인식해야 한다.

트럼프와 암호화폐

트럼프 2.0 시대에는 암호화폐 거래 붐이 본격화될 전망이다. 파격적 규제 완화와 함께 주류 사회의 관심이 급격히 높아지고 있기 때문이다. 트럼프 대통령은 가족회사를 통해 '월드 리버티 파이낸셜(World Liberty Financial)'을 운영하며, 이 회사에서 트럼프의 '밈코인(memecoin)' 토큰을 판매했다. 해당 법인이 트럼프 가족 소유이므로 사실상 트럼프 본인의 회사라 해도 과언이 아니다.

둘째 아들 에릭 트럼프는 이사회에 참여하고 있으며, 트럼프 대통령은 월드 리버티 웹사이트에서 "최고 암호화폐 홍보대사"로 소개된다. 대통령이 디지털 화폐를 적극 수용하자, 규제 완화와 주류 관심을 기대한 기업들이 잇따라 시장에 뛰어들고 있다.

새로운 비트코인 기업인 트웬티원 캐피털(Twenty One Capital)도 출범했다. 이 회사는 트럼프 대통령의 측근이자 현 상무장관 하워드 루트닉(Howard Lutnick)의 아들 브랜든 루트닉이 이끌고 있으며, 36억 달러 규모 SPAC과 합병해 상장을 추진중이다.[47] 테더(Tether)와 일본 소프트뱅크(SoftBank) 등 자금력이 풍부한 투자자들이 참여해, 수십억 달러 규모 비트코인을 확보하고 추가 매입을 위해 부채 발행까지 준비하고 있다. 이는 소프트웨어 기업에서 비트코인 투자 기업으로 전환한 마이크로스트래티지(MicroStrategy)가 선도한 고위험 모델이다. 트웬티원의 합병은 불과 두 달 만에 발표된 세 번째 10억 달러 이상 거래이며, 트럼프 행정부의 관세·

반독점 정책 불확실성으로 전반적 M&A가 위축된 상황에서 이루어져 주목받고 있다.

2025년 4월, 리플(Ripple)은 프라임 브로커 히든로드(Hidden Road)를 12억 5천만 달러에 인수하기로 합의했다. 이어 3월에는 암호화폐 거래소 크라켄(Kraken)이 선물 브로커 닌자트레이더(NinjaTrader)를 15억 달러에 인수했다. 이는 암호화폐와 전통 자산 플랫폼 간 최대 규모 거래 중 하나다.

토론토증권거래소 상장사인 갤럭시 디지털(Galaxy Digital)도 5월 중순 나스닥에 직접 상장할 예정이다. 미국 증권거래위원회(SEC)가 오랜 심사 끝에 승인했으며, 상장 후에도 토론토 상장을 유지한다. 2025년 5월 기준 암호화폐 기업들은 총 88건, 82억 달러 규모 거래를 성사시켰다. 이는 2024년 전체(188건, 약 28억 달러)의 3배에 달한다.

SEC가 규제 완화, 더 나아가 철폐 방향을 잡으면서 낙관론이 확산되었다. 대형 기업들은 다시 성장 모드에 진입했고, M&A가 주요 성장 수단으로 자리 잡고 있다.

불과 2년 전, 샘 뱅크먼-프리드(Sam Bankman-Fried)의 FTX 붕괴로 시장은 침체했고, 규제 강화와 토큰 가격 하락이 이어졌다. 그러나 트럼프 대통령 복귀 이후 투자은행과 자문사들은 다시 디지털 자산 거래 붐을 기대하고 있다. 그는 친(親)암호화폐 규제자를 임명하고, 미국을 "비트코인의 절대 강국"으로 만들겠다고 공언했다. 공화당 주도의 의회는 디지털 자산 규제 법안을 추진중이며, 지금은 디지털 자산 거래 측면에서 역사상 가장 긍정적 분위기가 형성되었다.

결국 규제 환경을 활용할 수 있는 암호화폐 시장은, 기존 M&A 시장이 부진한 가운데서도 활발한 기업 활동이 기대되는 영역으로 부상하고 있다. 가장 최근 발표된 대형 거래는 투자자들에게 비트코인 레버리지 투자 구조를 제공하는 것을 목표로 한다. 트웬티원은 마이크로스트래티지가 주도한 '비트코인 재무 전략'을 따르며, 출범과 동시에 40억 달러 규모 비트코인을 확보할 계획이다. 주요 투자자는 스테이블코인(Stablecoin)[48] 기업인 테더(Tether), 그 자매사이자 암호화폐 거래소인 비트파이넥스(Bitfinex), 그리고 소프트뱅크(SoftBank) 등이다.

테더와 비트파이넥스는 트웬티원의 최대 주주가 되며, 회사는 추가로 5억 8,500만 달러를 조달해 비트코인을 더 매입할 예정이다. 트웬티원이 상장에 활용하는 SPAC 캔터 에쿼티 파트너스(Cantor Equity Partners)의[49] 주가는 합병 소식 직후, 거의 3배 급등했다. 그러나 단순 매입·보유 모델은 위험하고 지속 불가능하다는 월가의 경고도 있다. 가격 급락 시 막대한 손실이 발생할 수 있기 때문이다.

실제로 마이크로스트래티지는 3월 말 기준 59억 1천만 달러 손실을 기록했으나, 5월 말 비트코인 가격 급등으로 58만 250개를 보유, 약 58억 달러 흑자로 전환되었다. 한편 2021년 처음 비트코인을 매입한 테슬라는 2025년 5월 말 기준 1만 1,509개 비트코인을 보유하고 있으며, 약 12억 5천만 달러 규모, 미실현 평가이익은 8억 6천만~9억 달러 수준이다.

미국을 비트코인 초강대국으로 만들겠다는 트럼프

한때 암호화폐 회의론자였던 트럼프는 2024년 대선 유세에서 디지털화폐 수용을 공식화했다. 암호화폐 기업들은 수천만 달러를 트럼프와 관련 기술을 지지하는 의회 후보들에게 쏟아부었고, 이후 트럼프는 직접 시장에 뛰어들었다.

2024년 가을, 그는 아들들과 위트코프(Jack Witkoff) 부자와 손잡고 월드 리버티(World Liberty Financial)를 출범시켰다. 이 회사는 암호화폐 대출·차입 플랫폼으로 홍보되었으며, 자체 코인 WLFI를 보유하고 있다. 트럼프 일가는 판매 수익을 직접 배분받는다.

2025년 1월 20일 취임 며칠 전, 트럼프는 밈코인($Trump)을 출시했다. 이 코인은 급등 후 급락해 투자자들에게 총 20억 달러 손실을 안겼다. 당선 이후 트럼프는 친(親) 암호화폐 인사들을 행정부 고위직에 임명하고, 연방 기관에 새로운 규제 접근 방식을 마련하라고 지시하는 등 산업 부양 조치를 취했다.

2025년 3월 6일, 그는 비트코인 및 기타 암호화폐의 국가 비축 시스템 구축 행정명령에 서명했다. 업계는 이를 국가 부채 축소 전략으로 홍보했으나, 회의론자들은 극소수 투자자만을 위한 사기라고 비판했다. 심지어 트럼프 지지 성향의 기술계 인사들조차 우려를 표했다. 트럼프가 SNS에서 해당 계획을 예고하자, 벤처투자자 조 론스데일(Joe Lonsdale)은 "정부가 이런 '크립토 브로(Crypto Bro)' 계획에 돈을 낭비해서는 안 된다"고 X에 글을 올리기도 했다.[50]

2025년 3월 7일, 백악관 국빈식당(State Dining Room)에서는 '암호화폐 정상회의'라 불린 모임이 열렸다. 트럼프 대통령은 에이브러햄 링컨 초상화 아래에서 미국 암호화폐 업계 거물 20여 명을 맞이했고, 참석자들은 기립 박수로 응답했다. 이는 트럼프가 암호화폐 산업을 전폭 수용하고 있음을 보여주는 상징적 장면이었다.

취임 이후 트럼프는 미국 연방 정부의 암호화폐 정책을 전면적으로 재편했다. 증권거래위원회(SEC)는 바이든 행정부 시절 추진하던 강경 단속을 사실상 철회했다. 2025년 2월 이후 SEC는 법적 가이드라인을 속속 발표하고, 주요 기업에 대한 수사를 중단했으며, 코인베이스(Coinbase)와 크라켄(Kraken)에 대한 소송도 취하했다.[51]

SEC의 태도 전환은 전격적이었다. 규제 기조는 '대체로 불가'에서 '대체로 가능'으로 바뀌었다. 이는 미래 기술에 대한 적극적 접근이라는 긍정 신호이기도 하지만, 동시에 심각한 우려를 낳았다. 종신형을 받은 인물의 석방, 대통령 아들의 사업 참여, 측근 아들의 암호화폐 회사 창립, 규제 당국의 감독 부재 등은 "21세기 대공황의 전조"라는 비판까지 불러왔다.

다만 이러한 우려는 비트코인 기반 암호화폐가 미래의 디지털화폐이자 교환 수단으로 자리 잡을 경우 기우에 그칠 수 있다. 그러나 이날 회의는 트럼프가 암호화폐에 직접 투자하고 있다는 사실을 다시금 각인시켰다. 이는 윤리 전문가들이 "심각한 이해 충돌"로 지적하는 대목이다. 회의에는 트럼프의 친구이자 중동 특사인 스티브 위트코프(Steve Witkoff)의 아들 잭 위트코프(Jack Witkoff)도 참석했다. 그는 트럼프가 홍보했던 월드 리버티 파이낸셜의 공동 창업자로, 이 회사는 트럼프 일가가 직접 수익을 얻는 구조다.

이날 정상회의에서는 공개적 이견은 드러나지 않았다. 트럼프 대통령은 백악관 암호화폐 정책 책임자 데이비드 삭스(David Sacks)와 재무장관 스콧 베센트가 지켜보는 가운데 선언했다. "미국을 세계 최고의 비트코인 초강대국이자 암호화폐 수도로 만들겠다."

트럼프는 새롭게 출범할 국가 비트코인 비축 시스템을 "가상 포트 녹스(Fort Knox)"로 비유하며, "절대 비트코인을 팔지 말라"고 강조했다. 삭스는 트럼프의 리더십을 치켜세우며 "이 행정부는 기술 산업의 속도로 움직이고 있다"고 평가했고, 바이든 행정부 시절 암호화폐 산업이 "기소와 박해"를 당했다고까지 비판했다.

$ 미국 정부는 보유한 비트코인을 활용할 계획

트럼프 대통령은 2025년 3월 6일, 비트코인과 기타 디지털 자산을 기반으로 한 '미국 국가 암호화폐 비축기금(Crypto Reserve)' 창설을 위한 행정명령에 서명했다. 이는 미국 역사상 최초 시도로, 정부가 이미 법적 압수로 확보한 약 170억 달러 규모 비트코인을 기초 자산으로 활용할 계획이다.

행정명령은 즉각 논란을 불러일으켰다. 지지자들은 이를 미국을 '세계 암호화폐 수도'로 만들기 위한 중대한 조치라 평가했지만, 비판자들은 특정 투자자에게 막대한 부를 안겨주는 이해충돌적 계획이라 지적했다. 트럼프 대통령은 이를 '가상 포트 녹스(Fort Knox)' 구상으로 치켜세우며, 본인과 가족의 이해관계를 국가적 이벤트로 포장하려 한다는 비판에 직면했다.

트럼프 대통령의 암호화폐·AI 정책 수석 데이비드 삭스(David Sacks)는 SNS를 통해 "이번 조치는 트럼프 대통령의 세계 암호화폐 수도 비전을 반영한다"고 밝혔다. 그는 비축기금이 '디지털 포트 녹스'가 될 것이라며, 정부가 이를 절대 매각하지 않고 세금 부담 없이 추가 비트코인 확보 전략을 마련하겠다고 덧붙였다.

이번 계획은 법적 압수 자산으로 출발한다. 다만 새로 구입하는 디지털 자산은 비트코인 한정이다. 행정명령에 따라 정부는 향후 민·형사 사건에서 압수한 암호화폐 중 일부를 별도로 보관해 '비트코인 외 디지털 자산 비축기금'을 조성할 예정이나, 솔라나(Solana), 카르다노(Cardano), 이더리움(Ether), 리플(XRP) 등은 신규 매입 대상에서 제외된다.

문제는 트럼프 대통령의 개인 이해관계다. 이번 조치는 그의 암호화폐 관련 사업과 직접 얽혀 있어 윤리 전문가들 사이에서 심각한 이해충돌 우려를 불러왔다. 트럼프는 2024년 아들들과 함께 암호화폐 금융회사 월드 리버티 파이낸셜(World Liberty Financial)을 설립해 WLFI라는 자체 코인을 출시한 바 있다.

따라서 비트코인 비축이 37조 달러 규모의 국가부채 문제를 해소하는 전략적 선택인지, 아니면 단순히 '가격 펌핑'을 위한 정치적 쇼인지 논란이 가시지 않는다. 지지자들은 국가 비축기금이 미국 부채 일부를 상쇄하고, 미래 경제가 디지털화폐 중심으로 재편될 경우 미국이 주도권을 잡을 수 있다고 주장한다. 실제로 암호화폐 업계는 이번 발표에 열광적 반응을 보였다.

그들은 백악관이 장기적 시각에서 비트코인과 디지털 자산을 보유하기로 한 것은 "미래지향적 접근"이라 평가하며, 다른 정부와 기관의 암호화폐 채택에도 촉매제가 될 것이라고 본다. 반면 비판자들은 이를 "가격 펌핑 수단"으로 간주하고, 변동성이 극심한 자산에 국가 재정을 의존하는 것은 무모한 도박이라고 지적한다. 일부 업계 인사조차도, 정부가 장차 비트코인 외 코인까지 포함할 가능성을 거론하며 불편한 심기를 드러냈다.

비트코인이 달러를 대체할 수 있을까?

결국 핵심은 비트코인이 달러를 대체할 수 있느냐는 문제다. 결론부터 말하면, 그럴 가능성은 없다. 점점 더 많은 기업이 암호화폐를 결제 수단으로 받아들이고 있지만, 가까운 미래에 비트코인이 달러를 대체할 가능성은 매우 낮다. 달러의 기축통화 지위 역시 단기간 내 약화될 전망은 없다.

2008년 서브프라임 모기지 사태로 대규모 금융 혼란이 발생했을 때조차 세계 경제는 미국을 떠나지 않았다. 오히려 달러화는 안전자산으로서 강세를 보였다. 금 가격이 상승하긴 했지만, 달러에 대한 수요 역시 증가했다는 점은 주목할 필요가 있다.

설령 모든 소비자와 기업이 비트코인을 사용할 수 있다 해도, 극심한 가격 변동성은 그것을 일상적 결제 수단으로 만들기 어렵게 한다. 비트코인을 담보로 알트코인이나 스테이블코인을 발행하더라도, 공급량 제한 탓에 심리적·기술적 조작과 왜곡 가능성은 여전하다.

코넬대학교 에사와르 프라사드 교수는 이를 "당신의 10달러 지폐가 어떤 날에는 맥주 한 잔, 다른 날에는 고급 와인 한 병을 살 수 있다면, 그것을 과연 화폐라 할 수 있겠는가"라고 비유했다. 더구나 비트코인은 높은 거래 수수료와 느린 처리 속도라는 한계까지 있어, 효율적 결제 수단으로 기능하기 어렵다.

제2차 세계대전 이후 달러는 세계 기축통화로 자리 잡았고, 여전히 국제 무역에서 가장 널리 사용된다. 최근 지정학적 변화로 달러 지배력에 균열 조짐이 보이며 일부 국가는 대안을 모색하고 있다. 그러나 그 대안 중 하나로 떠오른 비트코인이 달러를 대체할 가능성은 극히 미미하다.

모건스탠리는 보고서에서 비트코인과 같은 디지털 자산이 통화 환경을 바꿀 잠재력을 지닌다고 언급했다. 그러나 이는 달러 패권을 약화시킬 기회이자 동시에 강화할 수 있는 양면적 변수에 불과하다. 그 연장선에서 미국 달러 기반 스테이블코인 논의가 등장한 것도 이해할 만하다. 하지만 '탈달러화'가 현실화되려면 수십 년 이상이 걸릴 것이며, 기축통화국가가 경제 기반을 상실하는 극단적 상황에서나 가능하다.

바이든 행정부 시절 기업의 비트코인 채택은 규제 위험으로 간주되었지만, 트럼프 대통령 집권 이후 분위기는 달라졌다. 그는 2025년 3월 6일 '미국 전략적 비트코인 비축령'에 서명하고, 연방기관이 비트코인을 장기적 가치 저장 수단으로 다루도록 지시했다. 백악관 암호화폐·AI 책임자 데이비드 삭스는 이 비축분이 범죄·민사 몰수 자산으로 충당되며, 정부 예산 부담 없이 추가 확보 방안도 검토된다고 설명했다. 더 나아가 연방정부는 약 20만 개 디지털 자산 보유 현황을 전면 감사할 예정이며, 이번 행정명령은 비트코인 매각을 금지해 국가 영구 자산으로 규정했다.

비트코인은 이제 거스를 수 없는 흐름처럼 보이지만, 기업계의 저항은 여전하다. 2024년 말, 마이크로소프트 주주들은 회사의 현금을 비트코인에 투자하자는 제안을 거부했다. 비트코인은 자산 포트폴리오의 한 축으로 가치는 인정받을 수 있어도, 화폐로서 달러를 대체할 수는 없다. 금처럼 실물 기반을 지닌 것도 아니며, 블록체인은 어디까지나 보안 기술이자 기록 체계일 뿐이다. 공공재인 화폐와 동일시할 수는 없다.

더구나 트럼프 대통령 가족의 이해관계가 얽혀 있고, 지난 10여 년간 암호화폐를 둘러싼 사건사고를 고려할 때, 비트코인은 여전히 불확실성과 불투명성에 덮여 있다. 특히 스테이블 달러코인을 활용해 미국 채권 매입을 추진한다면, 미래 중앙은행이 최소 두 개의 지주 구조로 재편될 가능성까지 거론된다.

따라서 당분간 비트코인과 암호화폐는 투자 자산으로서의 기능을 충실히 수행해야 하며, 본질적 신뢰 구축이 최우선 과제다. 트럼프 정부 2.0이 비트코인 비축을 추진하더라도, 금융 범죄자들이 시장의 불투명성을 악용할 위험성은 여전히 존재한다.

$ 스테이블코인, 미 달러화 기축통화 지위 유지를 위한 보루?

트럼프 대통령은 스테이블코인을 통해 미 단기 채권을 매입, 즉 매일 미 재무부 채권(Treasury bonds)에 투자함으로써 1달러 가치를 유지하게 한다는 설정은 얼마나 설득력이 있으며, 더구나 안전한가? 먼저, 대부분의 스테이블코인은 달러 가치 연동을 목표로 한다. 이를 위해 일부 스테이블코인은 주로 미국의 단기채권(T-bills)을 담보로 보유하게 된다. 미 재무성 채권은 초저위험 자산으로 간주되지만, "무위험"은 아니다. 이미 지난 2024년 3월 10일 발생한 미 캘리포니아주 '실리콘밸리 은행' 사태에서 입증된 바 있다. 즉 규모, 만기, 거래 구조에 따라 위험이 발생할 수 있다.

그 주요 위험 요인들을 요약하면 다음의 다섯 가지로 정리할 수 있다. 첫째, 금리 위험(Interest Rate Risk)으로, 채권 가격은 금리와 반대로 움직인다. 즉 금리가 오르면 기존 채권 가격은 하락한다. 스테이블코인이 매일 채권을 사고판다면, 단기 금리 변동에도 일부 평가손실이 발생할 수 있다. 더구나 30년물 장기채를 포함하면 가격 변동성이 더 커질 위험도 있다. 이때 실시간으로 스테이블코인의 가격이 1달러에 안정되지 않으면, 시장은 일순간 패닉에 빠질 수 있다. 누가, 왜, 어떻게 그런 상황을 초래했는지 서로 신뢰할 수 없는 구간과 기간이 새로운 제도가 도입된 지 얼마 지나지 않았을 때 더욱 심각한 결과를 초래할 수 있다.

둘째, 유동성 위험(Liquidity Risk)이 잠재한다. 스테이블코인이 하루 단위로 대량 국채를 거래할 경우, 유동성 부족 시 원하는 가격에 매도하지 못할 수 있다. 특히 채권 시장이 급격히 불안정할 때 대규모 환매 요청이 몰리기라도 하면 스프레드가 확대되어 손실 가능성이 증가하고, 이는 금융시장에 또 다른 불확실성을 증가시키게 된다.

셋째, 재투자 위험(Reinvestment Risk)이 존재한다. 만기 채권이 재투자될 때, 금리가 이전보다 낮으면 예상 수익률이 감소한다. 스테이블코인 담보 운용 구조에서, 낮은 수익률은 담보 유지 비용 증가로 연결될 수 있다.

넷째, 신용 및 제도적 위험(Credit / Regulatory Risk)이다. 미국 국채는 사실상 무디스, S&P AAA 등급으로 초우량이다. 그러나 극단적인 시나리오(예: 정부 채무 상환 지연, 미국 디폴트 가능성)는 이론상 존재한다. 아울러 최근 케네스 로고프(Kenneth Rogoff) 교수는 미국이 일부 미 국채 보유국을 대상으로 한 한정적 디폴트 선언 시나리오에 이 위험성을 지적한 바 있다. 뿐만 아니라, 미국만 하더라도 50개 주가 서로 다른 규제법과 각양각색의 규제 변화로 인해 스테이블코인이 국채를 담보로 운영하는 구조에 법적 제한이 생길 수도 있다.

연방정부 차원의 지원은 물론 관리 및 감독체계가 이루어지지 않는다면, '탈중앙화'는 투기세력과 글로벌 경제의 다양한 음성적 거래 유혹으로부터 자유롭지 못할 수도 있다.

마지막으로, 운영 및 시스템 위험이 존재한다. 매일 채권을 사고파는 구조에서는 거래 시스템 오류, 가격 산정 오류, 스마트 계약 오류 등이 위험 요인이 될 수 있다.

비트코인과 이더리움도 해킹에서 자유롭지 않다. 운영 및 시스템이 존재하지 않는 탈중앙화된 노드조차 해킹으로부터 자유롭지 않다면, 사실상 미 1달러에 고정시킨다는 스테이블코인은 사실상 유토피아적 화폐에 불과할 뿐이다. 담보 자산 가격 평가가 실제보다 높게 반영되면 스테이블코인 페그 유지 실패 가능성은 거의 확실해진다.

이러한 점들을 감안할 때 스테이블코인이 매일 국채를 거래하더라도 단기물 위주라면 위험은 낮지만, 장기물 또는 대규모 운용 시에는 금리·유동성 위험이 현실적 위험 요인으로 작용할 수 있다. 또한 비록 단기물 중심으로 운용된다 하더라도, 향후 파생될 다양한 파생 금융상품과 2008년 서브프라임 사태에서 보듯 '월가의 탐욕'을 누가 어떻게 제어할 것인가를 단지 '도덕과 윤리적 가치'에만 맡긴다는 것은, 자칫 고양이에게 생선을 맡기는 형국과 다름없다는 점도 간과해서는 안된다.

참고문헌

Ana Swanson and Alan Rappeport, *Tariff Truce With China Demonstrates the Limits of Trump's Aggression*. NYT, May 12, 2025.

Anastasia O'Grady, *China Fills the U.S. Void in the Americas*. WSJ. May 18, 2025.

Perry Mehrling, *Money and Empire: Charles P. Kindleberger and the Dollar System*. August 2022.

Chloe Taylor, *U.S. Treasury yield spike has investors rethinking the rest of the world*. CNBC, May 22, 2025.

Ed Ballard, *The Tariff Climbdown: Six Takeaways From Economists and Analysts*. WSJ, May 12, 2025.

Eiji Ogawa and Kentaro Kawasaki, *Possibility of Creating a Common Currency Basket for East Asia*. Discussion Paper No. 5, Japan Bank for International Cooperation, September 2003.

Elena Fabrichnaya and Guy Faulconbridge, *What and where are Russia's $300 billion in reserves frozen in the West?*. Reuter, December 28, 2023.

Elliot Gulliver-Needham, *US dollar shifting towards 'risky' currency status, analysts warn*. MSN, 16 April, 2025.

Eswar Prasad, *The brutal truth about Bitcoin*. Brookings Institute, July 20, 2021.

German Lopez, *Tariff Flip-Flops*. New York Times. May 13, 2025.

H.H. Gerth and C. Wright Mills, *From Max Weber: Essays in Sociology*. New York: Oxford University Press, 1946, pp. 77-128.

Hugh Son, *This is why Jamie Dimon is always so gloomy on the economy*. CNBC, 30 May, 2025.

Jennifer Sor, *3 reasons the dollar can't be dethroned as the world's dominant currency, according to Morgan Stanley*. Business Insider, November 19, 2024.

Jon Sindreu, *How to Think About the Stock Market When Earnings

Guidance Becomes Meaningless. WSJ. May 12, 2025.

Joseph C. Sternberg, *The Big Beautiful Bill Isn't What's Driving Bond Yields Up*. WSJ, May 22, 2025.

Kenneth Rogoff, *Trump vs. the Dollar*. New York Times, May 2, 2025.

Kenny Malone, Mary Childs, Jess Jiang, Sam Yellowhorse Kesler, *The case for Fed Independence in the Nixon Tapes*. January 10, 2025.

Lee Ying Shan, *As the dollar falters, the world's central banks tread a tightrope — devalue their currency or not*. CNBC, April 21, 2025.

Lee Ying Shan, *Why gold became the safe haven of choice as U.S. Treasurys and dollar sold off*. Business Insider. April 24, 2025.

Liza Lin and Raffaele Huang, *China's Huawei Develops New AI Chip, Seeking to Match Nvidia*. WSJ, April 28, 2025.

Mary Anastasia O'Grady, *Beijing is making the most of Trump's trade war by cozying up to Latin nations*. WSJ, May 18, 2025.

Megha Bahree, *As US and China escalate trade war, the world asks, 'Who will blink first?'*. Aljazeera, April 16, 2025.

Michael Posner, *Trump Is Destroying a Core American Value. The World Will Notice*. Foreigna Affairs, May 18, 2025.

Monica Duffy Toft, *The Return of Spheres of Influence: Will Negotiations Over Ukraine Be a New Yalta Conference That Carves Up the World?* CFR, March 13, 2025.

Morris Goldstein and Nicholas Lardy, *Two-Stage Currency Reform For China*. WSJ, September 12, 2003.

Paul Krugman, *Donald Trump on the Dollar, in His Own Words*. New York Times, September 9, 2025.

Pierre Marteau, *"Sir Isaac Newton's state of the gold and silver coin (25 September 1717)"*. 9 March, 2008.

Ray Dailo, *Principles for Dealing with the Changing World Order*. Avid Reader Press / Simon & Schuster, 2021.

Rebecca Patterson, *America's Debt Is Officially Tarnished. Here's What Must Happen Next*. NYT, May 19, 2025.

Sam Goldfarb, *Tariff Shock Reverberates in the Bond Market*. WSJ. May

11, 2025.

Spencer Jakab, *Wall Street Is Sounding the Alarm on U.S. Debt. This Time, It's Worth Listening*. June 3, 2025.

Stephen G Brooks & William C Wohlforth, *The Once and Future Superpower: Why China Won't Overtake the United States*. Foreign Affairs, May/June, 2016.

Stephen Miran, *A User's Guide to Restructuring the Global Trading System*. Hudson Bay Capital, November, 2024, pp. 28-29.

Steven Levitsky, Lucan Way and Daniel Ziblatt, *No One Has Ever Defeated Autocracy from the Sidelines*. Wall Street Journal, May 8, 2025.

Sven Smit, Rebecca J. Anderson, et al, *In a moment of tariffs, can the world find balance and trust to thrive?*. McKinsey & Company, May 2, 2025.

Talmon Joseph Smith, *'Don't Need a Deal': Top Trump Economic Adviser Is All In on His China Hardball*. NYT. May 10, 2025.

The Editorial Board, *Washington Deserved a Downgrade U.S. debt is a spending problem, which neither party wants to stop*. WSJ, May 19, 2025.

The Economicst, *How Trump might topple the dollar. For the first time in many decades, the greenback looks vulnerable*. April 16, 2025.

The Ezra Klein Show, *Trump vs. the Dollar by the Economist Kenneth Rogoff*. New York Times, May 2, 2025.

Wayne Duggan, *De-Dollarization: What Would Happen if the Dollar Lost Reserve Currency Status? Could countries around the world ditch the dollar in 2025*. US News and Report, 15 April, 2025.

미주

1 '금 몰수령'은 1917년의 '적과의 거래법(Trading with the Enemy Act)'에 근거해 이루어졌으며, 1933년 3월 '긴급은행구제법(Emergency Banking Relief Act)'에 의해 개정된 내용에 따라 발동되었다.
2 '금본위제법(Gold Standard Act)'은 1900년 3월 14일 미국 의회에서 제정되고 매킨리(William McKinley) 대통령이 서명한 법이다. 이 법은 달러 가치를 금의 무게로 정의하고, 재무부가 지정된 지폐를 금화로 즉시 상환하도록 규정했다. 또한 1873년 은을 화폐에서 제외한 '화폐주조법(Coinage Act of 1873)'과, 1875년 법정화폐의 금 태환을 가능하게 한 '금태환법(Resumption Act of 1875)'을 제도적으로 완결한 것이었다.
3 '자유채권(Liberty Bond)' 또는 '자유대출(Liberty Loan)'은 1917~1918년 제1차 세계대전 당시 연합국 전쟁 수행을 지원하기 위해 미국에서 판매된 전쟁 채권이다. 이는 미국 시민들에게 처음으로 금융 증권(securities)의 개념을 소개한 계기가 되었다. 미국 정부는 참전 자금을 조달하기 위해 자유채권을 발행했으며, 재무장관 윌리엄 깁스 매커두(William Gibbs McAdoo)는 공공정보위원회(Committee on Public Information)와 협력해 대대적인 판매 캠페인을 전개했다.
4 닉슨 대통령은 1973년 인플레이션 억제를 위한 경제 조치를 시행했으나, 그 여파로 1973~1975년 경기 침체가 이어지며 S&P 500은 9.9% 하락했다. 이후 워터게이트 스캔들로 인해 1974년 사임에 이르렀다.
5 Sven Smi, at al. *In a moment of tariffs, can the world find balance and trust to thrive?* McKinsey & Company, May 2, 2025 인용 및 참고.
6 중앙은행이 긴축 시나리오를 선택한다는 것은, 미 연준이 금리를 인하하기보다는 물가와 고용 지표의 뚜렷한 변화를 지켜보며 금리를 동결하거나 소폭(0.25%p) 인상하는 경우를 뜻한다. 만약 글로벌 경제가 최근의 경제·안보·사회적 충격에서 회복하지 못하고 뚜렷한 변화를 보이지 않는다면, 각국은 재정 균형과 무역 패턴에서 우위를 점하기 위해 경쟁하며 불안정한 흐름을 이어갈 가능성이 크다.
7 1938년 영국 총리 네빌 체임벌린(Neville Chamberlain)은 독일 지도자 아돌프 히틀러와 회담하며, 외교로 그를 제약하기보다 양보를 통해 팽창주의가 멈출 것

이라 기대했다. 그러나 이러한 정책은 오히려 베를린을 더욱 대담하게 만들었고, 결국 제2차 세계대전으로 이어졌다.

8 러시아가 동유럽 NATO 국가들과 미국의 양보를 포함한 새로운 협약을 모색한다면, 미국은 이를 저지하되 이익이 충돌하는 지역에서는 제약을 강화하고, 이익이 일치하는 지역에서는 완화하는 방식으로 대응해야 한다. 이를 위해 미국은 우크라이나 요구를 충족하는 대신 러시아 극동 지역에 대한 대체 투자 기회를 아시아 동맹국과 조율할 수 있다. 군비 통제 역시 같은 맥락에서 작동한다. 우크라이나 침공 이후 러시아는 재래식 전력 보강으로 장거리 핵무기 예산을 줄일 수밖에 없었는데, 이는 1980년대 소련이 핵무기 지출을 축소하고 레이건과 고르바초프가 군비 협정을 체결한 상황을 떠올리게 한다. 트럼프 또한 러시아가 전략무기에서 일정한 위험을 감수하도록 유도하는 새로운 군비 협정을 제안할 수 있다.

9 셔먼 반독점법(The Sherman Anti-Trust Act)은 1890년 제정되어 주간 및 대외 무역을 제한하는 모든 트러스트 결합을 불법으로 규정했다. 그러나 1895년 대법원은 E. C. Knight 사건에서 제조 과정을 무역으로 보지 않는 판결을 내려 사실상 무력화했다. 이후 루스벨트 대통령의 '트러스트 해체' 운동과 태프트 대통령의 집행으로 Northern Securities(1904), 스탠더드 오일·아메리칸 토바코(1911) 등이 해체되며 위력을 회복했다. 이 법은 20세기 후반에도 AT&T 해체와 마이크로소프트 제소 등 거대 기업 규제의 근거로 활용되었다.

10 브레턴우즈 회의에서 세계 금 보유량의 3분의 2를 통제하던 미국은 체제를 금과 달러에 기반하도록 주장했다. 소련은 이를 "월스트리트의 지점"이라 비난하며 협정 비준을 거부했다. 경제학자 배리 아이켄그린은 체제가 성공할 수 있었던 요인으로 '낮은 국제 자본 이동성, 엄격한 금융 규제, 미국과 달러의 지배적 지위'를 꼽았다.

11 미국과 유럽 8개 중앙은행은 1961년 11월 고정환율제와 금 가격(온스당 35달러)을 방어하기 위해 '금 풀(Gold Pool)'을 결성했으나, 1968년 3월 해체되었다. 이후 이중 시장체제가 유지되다가 1971년 닉슨 대통령의 금 태환 정지 선언(Nixon Shock)으로 완전히 종말을 맞았다.

12 Eiji Ogawa and Kentaro Kawasaki, *Possibility of Creating a Common Currency Basket for East Asia*. Discussion Paper No. 5, Japan Bank for International Cooperation, September, 2003.

13 Morris Goldstein and Nicholas Lardy, *Two-Stage Currency Reform*

For China. WSJ, September 12, 2003.

14 중국이 미국 정부보증 MBS(Agency MBS)에 투자한 구체적 수치는 공개되지 않았으나, 미 재무부·연준 자료와 전문가 분석에 따르면 2006~2008년 사이 수천억 달러 규모를 보유했던 것으로 추정된다. 특히 패니메이(Fannie Mae)와 프레디맥(Freddie Mac) 발행물이 중심이었으며, 금융위기 직후에는 일부 매각이나 보유 축소가 이루어진 것으로 알려졌다.

15 부채담보증권(CDO, Collateralized Debt Obligation)은 자산유동화증권(ABS)의 일종으로, 2002년 이후 주택저당증권(MBS) 재융자 수단으로 활용되었다. CDO는 보유 자산의 현금흐름을 기반으로 투자자에게 지급을 약속하며, '트랜치(tranche)'라는 계층 구조로 나뉘어 상환 우선순위에 따라 위험과 수익이 달라진다. 가장 안전한 '시니어(senior)' 트랜치는 낮은 금리를 받지만 손실 위험이 적고, '주니어(junior)' 트랜치는 높은 위험을 부담하는 대신 수익률이 높다.

16 버락 오바마 대통령은 2011년 연두 국정연설에서 지금을 '스푸트니크 모멘트'라 표현했다. 스푸트니크는 1957년 소련이 인류 최초로 발사한 인공위성으로, 서방에 큰 충격을 주어 미·소 우주 경쟁을 촉발했다. 오바마는 이를 빗대어, 급부상하는 중국과의 경쟁 속에서 미국과 세계가 힘을 모아야 할 순간임을 강조한 것이다.

17 맨해튼 프로젝트는 제2차 세계대전 중 미국 정부와 민간이 협력해 최초의 원자폭탄을 개발한 사업이다. 이는 급격한 기술 변화가 세계 권력 균형과 산업 발전을 바꿀 수 있음을 보여준 사례였다. 최근 미국은 중국의 AGI 상업화 전략을 의식해, 데이터센터 인허가 간소화와 같은 조치로 정부·민간 협력을 강화하며 AI 개발을 가속화하는 '맨해튼 프로젝트형' 투자를 논의하고 있다.

18 Paul Krugman, *Donald Trump on the Dollar, in His Own Words*. New York Times, September 9, 2025.

19 Charles P. Kindleberger and the Dollar System, *Money and Empire*. August, 2022.

20 Kenneth Rogoff, *Trump vs. the Dollar*. New York Times, May 2, 2025.

21 시뇨리지(seigniorage)는 화폐의 액면가에서 제조·유통 비용을 뺀 차익으로, 봉건시대 영주가 화폐주조로 얻은 이득에서 유래했다. 오늘날 국가도 발행권을 통해 이익을 얻는데, 특히 기축통화 달러를 찍는 미국은 발행비용 대비 막대한 실물가치를 확보하는 특권을 누린다.

22 데레사 델팍 프랑스 핵연구소 원장, 브루킹스 연구소 세미나

23 러시아 중앙은행은 자국의 금·외환보유액을 주요 통화, 금, 국채 등에 투자했으며, 이 중 절반가량이 서방에 보관되어 있었다. 2022년 서방은 약 3천억 달러 규모의 러시아 자산을 동결했고, 당시 총 보유액은 6,120억 달러에 달했다. 푸틴 대통령은 이를 "도둑질"이라 비난하며 경제전쟁이라 규정했다. Elena Fabrichnaya and Guy Faulconbridge, *What and where are Russia's $300 billion in reserves frozen in the West?* Reuter, December 28, 2023.

24 '페드 게이트(Fedgate)'는 닉슨 대통령이 연준 의장 아서 번스(Arthur Burns)에게 재선을 위해 금리 정책을 압박한 사건을 가리킨다. 이는 연준의 독립성이 왜 중요한지 보여주는 대표적 사례로, 이후 10년에 걸친 인플레이션의 원인 중 하나로 꼽힌다. 오늘날에도 트럼프 대통령의 연준 간섭 논란과 비교되며 자주 회자된다. Kenny Malone, Mary Childs, Jess Jiang, Sam Yellowhorse Kesler, *The case for Fed Independence in the Nixon Tapes*, January 10, 2025 참고 및 인용.

25 제롬 파월 연준 의장 파면 가능성이나 이를 위한 법률적 검토는 트럼프 대통령의 발언을 통해 언론에 자주 보도되었다. 이러한 보도는 지난 5월 29일, 트럼프 대통령과 파월 의장이 취임 후 처음 만날 때까지 계속 이어졌다. Colby Smith, *Trump Criticizes the Fed in a Private Meeting With Powell*, New York Times, May 29, 2025 참조.

26 트럼프 대통령은 제롬 파월 연준 의장과의 비공개 회동에서 연방준비제도(Fed)를 다시 공개적으로 비판하며, 금리를 인하하지 않은 것은 "실수"라고 주장했다. 이 회동은 트럼프 대통령의 요청으로 성사된 것으로, 그가 백악관에 복귀한 이후 처음 열린 만남이었다. 주요 의제는 인플레이션, 노동시장, 경제 성장 등 경제 전반의 변화였다. 연준은 성명을 통해 파월 의장이 트럼프 대통령의 통화정책 전망 기대를 공유하지 않았다고 밝혔다. 성명에 따르면, 파월 의장은 "향후 통화정책 결정은 경제 지표와 전망에 전적으로 달려 있으며, 이는 오직 신중하고 객관적이며 정치적으로 중립적인 분석에 근거해 이뤄질 것"이라고 설명했다.

27 H.H. Gerth and C. Wright Mills, *From Max Weber: Essays in Sociology*, pp. 77-128, New York: Oxford University Press, 1946.

28 The Ezra Klein Show, *Trump vs. the Dollar*, the Economist Kenneth Rogoff, New York Times, May 2, 2025 참고 인용.

29 Spencer Jakab, *Wall Street Is Sounding the Alarm on U.S. Debt. This Time, It's Worth Listening*. June 3, 2025.

30 Monica Duffy Toft, *The Return of Spheres of Influence: Will Negotiations Over Ukraine Be a New Yalta Conference That Carves Up the World?* CFR. March 13, 2025.

31 도널드 트럼프 대통령은 취임 44일 만에 파나마 운하 운영권을 사실상 확보했다. 이는 미국의 세계적 자산운용사 블랙록이 CK 허치슨으로부터 해당 운영권을 인수하면서 가능해졌다. 2025년 3월 4일(현지시간) CK 허치슨 홀딩스는 블랙록·글로벌 인프라 파트너스·터미널 인베스트먼트 리미티드 등 블랙록 컨소시엄에 파나마 운하 항구 운영권 매각을 발표했다.

32 민주주의·인권·노동국은 1977년 의회의 초당적 지지로 설립되었다. 이는 베트남 전쟁 이후 의회가 외교정책에 더 큰 영향력을 행사하려 했던 흐름 속에서, 미국이 칠레·한국 등 권위주의 정권(authoritarian regimes)을 지원했던 문제에서 비롯되었다. 지미 카터 대통령의 종교적 신념과 인권에 대한 헌신이 초기 동력을 제공했지만, 기관의 목적은 실용적이었다. 즉 미국의 대외 원조와 무역 결정이 전 세계 인권 상황에 대한 신뢰할 만한 평가에 근거하도록 보장하는 것이었다. 이 기관은 매년 의회가 요구하는 인권 보고서를 작성한다.

33 Winston Churchill, "Appeasement, as Churchill warned, is like feeding a crocodile and hoping to be the last one eat"

34 이 기업은 1970년 설립되어 1989년 민영화된, 미국 최대 규모의 정부후원 기업(GSE)이다. 자산 기준으로는 패니 메이와 JP모건체이스에 이어 미국 3위 규모를 차지한다. 1차 모기지 시장에서 모기지론 업체들의 저당권을 인수하거나 담보하고, 이를 미국 정부가 보증하는 주택담보부증권(MBS) 형태로 증권화해 2차 모기지 시장을 형성한다. 이를 통해 1차 모기지 업체들은 리스크를 줄이고 유동성을 높여 모기지 시장을 활성화할 수 있도록 설계되었다.

35 Stephen Miran, "A User's Guide to Restructuring the Global Trading System", November, 2024.

36 Hugh Son, *This is why Jamie Dimon is always so gloomy on the economy*. WSJ Fri, May 30, 2025 인용 및 참조.

37 The Three Stooges는 1930년대부터 1970년대까지 190편이 넘는 단편 영화(shorts)를 제작했으며, TV 재방송을 통해 꾸준히 인기를 유지했다. 한편, 1986년 개봉한 코미디 영화 The Three Amigos(쓰리 아미고스)는 미국의 세

코미디 배우가 출연한 서부극 패러디 영화다. '세 친구' 또는 '삼총사'라는 의미로 해석된다.

38 GAAP(Generally Accepted Accounting Principles)와 IFRS(International Financial Reporting Standards)는 세계의 주요 회계기준으로, 기업의 재무보고에 중요한 기준이다. GAAP는 미국에서 주로 사용되는 규칙 기반(Rule-based) 접근방식으로, 상세한 지침과 규정을 제공한다. 반면 IFRS는 140개 이상의 국가에서 사용되는 원칙 기반(Principle-based) 접근 방식으로, 포괄적 원칙을 제시하고 전문가의 판단을 중시한다.

39 Stephen G. Brooks & William C. Wohlforth, "한때의 슈퍼파워와 미래의 슈퍼파워: 중국이 미국을 능가하지 못하는 이유". Foreign Affairs. 제95권, 제3호. 2016년 5월/6월. 참조 및 인용.

40 중국의 연구 추격 속도는 매우 빠르다. 일본 과학기술정책연구소(NISTP)가 2022년에 발표한 보고서에 따르면, 2018~2020년 사이 중국은 세계에서 가장 많이 인용된 상위 1% 논문의 27.2%를 차지했다. '인용 영향력(citation impact)'은 학계에서 널리 쓰이는 지표로, 후속 연구에서 많이 인용될수록 영향력이 크다고 평가된다. 같은 기간 미국은 24.9%로 2위, 영국은 5.5%로 3위를 기록했다. 또한 중국은 연평균 407,181편의 과학 논문을 발표해 미국의 293,434편을 앞섰고, 세계 연구 성과의 23.4%를 차지했다. 분야별로는 중국이 재료과학·화학·공학·수학에서 강세를 보인 반면, 미국은 임상의학·기초생명과학·물리학에서 우위를 유지했다.

41 Lee Ying Shan, April 24, 2025 참고 및 인용.

42 Eswar Prasad, *The brutal truth about Bitcoin*. Brookings Institute, July 20, 2021 참고.

43 랜섬웨어(Ransomware)는 '몸값(ransom)'과 소프트웨어의 합성어로, 중요 파일을 암호화해 접근을 막고 복호화 대가로 금품을 요구하는 악성코드다. 복구키 없이는 복구가 거의 불가능하며, 돈을 지불해도 복구가 보장되지 않고 클라우드·파일 서버로 확산될 수 있다.

44 비트코인 초기에 실크로드와 실크로드 2.0의 개발자인 울브라이트(Ross Ulbricht)와 벤달(Blake Benthall) 등이 각각 2013년과 2014년 마약거래를 하기 위해 익명의 토르와 다크웹을 이용해 만든 사이트도 마약 결제 수단을 비트코인으로 했었다.

45 세계 5대 암호화폐 거래소는 거래량 기준 1위인 바이낸스(Binance), 미국 최

대 거래소 코인베이스(Coinbase), 낮은 수수료 경쟁력을 앞세운 샌프란시스코 기반 크라켄(Kraken), 두바이 기반의 바이비트(Bybit), 그리고 선물·옵션 등 파생상품에 강점을 가진 OKX다.

46 암호화폐 업계에서는 FTX 파산을 '리먼 순간'에 비유한다. 설립자 샘 뱅크먼-프리드(Sam Bankman-Fried)의 사임과 불투명한 재무 운영은 고객들을 공황 상태에 빠뜨렸고, 투자자들은 한때 혁신의 상징으로 여겨졌던 FTX에 대한 기대를 접게 되었다.

47 잭 말러스(Jack Mallers)가 운영하는 트웬티원 캐피털(Twenty One Capital)은 그가 스트라이크(Strike)와 잽(Zap)을 이끌며 축적한 경험을 토대로 설립된 회사다. 2025년 5월 말러스는 회사를 소개하며, 비트코인과 전통 자본시장을 연결하는 대담한 전략이라고 강조했다. 목표는 전 세계에서 가장 큰 비트코인 금고를 구축하는 것이며, 최대 4만 2천 BTC 보유 계획을 밝힌 바 있다. 이 수치가 실현될 경우, 세계 최대 규모의 기업형 비트코인 보유자 중 하나로 자리 매김하게 된다.

48 스테이블코인은 달러 등 법정화폐의 가치를 일정하게 유지하도록 설계된 암호화폐. 비트코인처럼 가격 변동성이 큰 자산과 달리 안정적 거래에 적합하다. 발행사는 예치된 준비금을 바탕으로 코인을 발행하고, 이를 운용해 차익을 남기는데, 이 점에서 은행의 예금·대출 모델과 유사하다.

49 SPAC은 일반 기업공개(IPO) 대신 비상장 기업을 상장시키기 위해 존재하는 특수목적 회사다.

50 비트코인 열풍이 확산되며 2017년경에는 '비트코인 브로(Bitcoin bro)'라는 신조어가 등장했고, 이후 '크립토 브로(crypto bro)'라는 표현으로 자리 잡았다.

51 트럼프 대통령은 한때 암호화폐에 비판적이었으나, 2024년 대선 캠페인 당시 디지털 자산을 적극 수용하며 업계의 지지를 얻었다. 현재 그는 SEC 전 위원장 게리 겐슬러의 후임으로 암호화폐 친화적 인사인 폴 앳킨스(Paul Atkins)를 지명했다. 앳킨스는 조지 W. 부시 정부 시절 SEC 위원을 지낸 인물로, 규제에 느슨한 접근을 선호해왔다. 임시로 위원장직을 맡은 우예다 상원 의원은 곧바로 디지털 자산 규제 재검토 태스크포스를 발족했으며, 위원 헤스터 피어스(Hester Peirce)가 이를 이끌고 있다. 피어스는 과거 SEC의 암호화폐 규제를 "도로 위를 통제 불가능하게 질주하는 자동차"에 비유하며 강하게 비판한 바 있다.